浙江省民政厅副厅长江宇调研行业协会党建工作

浙江省民政厅基政处处长陈小德调研社区治理工作

浙江省民政厅基政处二级调研员秦新春指导两约工作

嘉兴市民政局副局长徐国炎指导居民会客厅建设

平湖市委书记仲旭东、副市长宋怡玲调研社会组织参与基层治理工作

平湖市市长周军波调研社会组织参与社会心理服务

平湖市委副书记毛捷调研五社联动工作

举办平湖市党建统领“五社联动”基层治理专题研讨班

平湖市创建全国农村社区治理实验区推进会

市委社工委第十三次全体（扩大）会议暨五社联动助力一老一小部署会现场

社会组织助力共同富裕行动发布暨红领百汇成果展示

承办嘉兴市首届邻里节活动现场

友邻基金项目成果展示活动

平湖市第五届社会组织公益慈善创投现场评审会

第五期“幸福自治家园”项目专家评审会现场

疫情期间社区居民向社区捐赠物资

独山港镇开展五社联动专题培训

平湖邻管家基层队伍成立仪式

“花样少年”青少年成长项目活动

当湖街道启元社区滨江友邻点开展暑期儿童活动

“钟溪棹歌・隐世田园”精品旅游线

独山港镇聚福村文化礼堂内部

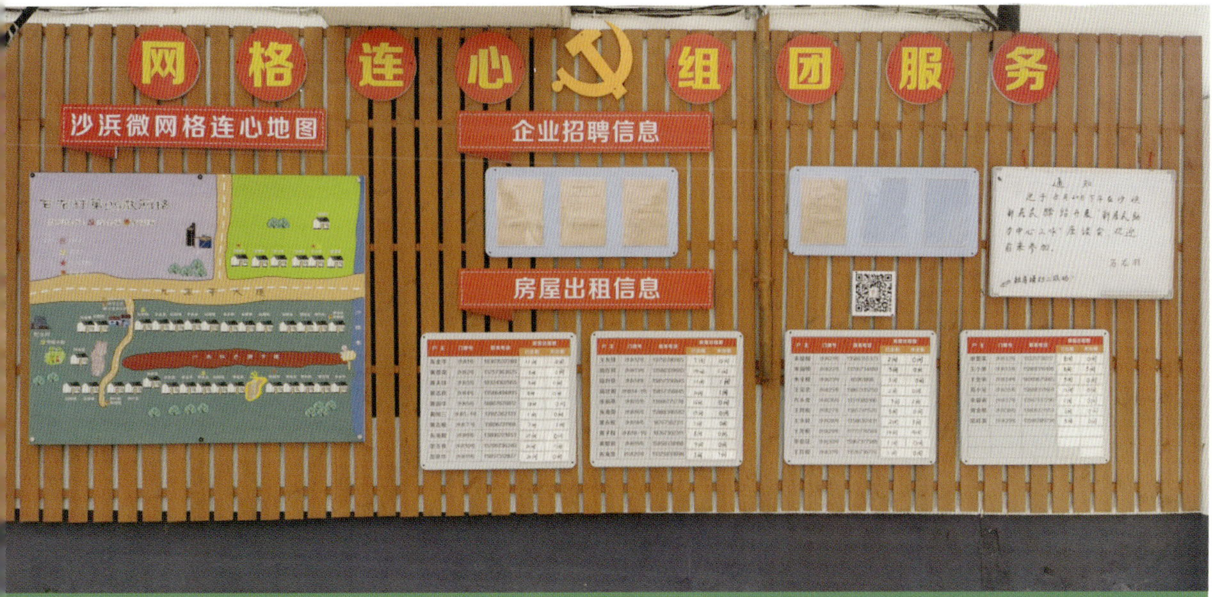

曹桥街道石龙村“连心角”

日球村与新黎村两村党员共同协商美丽乡村建设现场会议

浙沪两地毗邻社会组织党建联盟打卡活动

钟埭街道钟埭社区居民会客厅改造前后对比图

东阳市民政局调研参观平湖市独山港镇社会工作站

当湖街道梅兰苑社区在议事广场开展白事简办议事协商

北河溇社区“三点伴”学堂项目开展家庭教育实践

平家圩中共海北工委驻地（20世纪80年代摄，今已拆除）

无讼调解员调解纠纷现场

楼道风采展示墙

平湖市钟埭街道社会工作站

当湖街道东湖未来社区开放空间建设

绿色社区建设

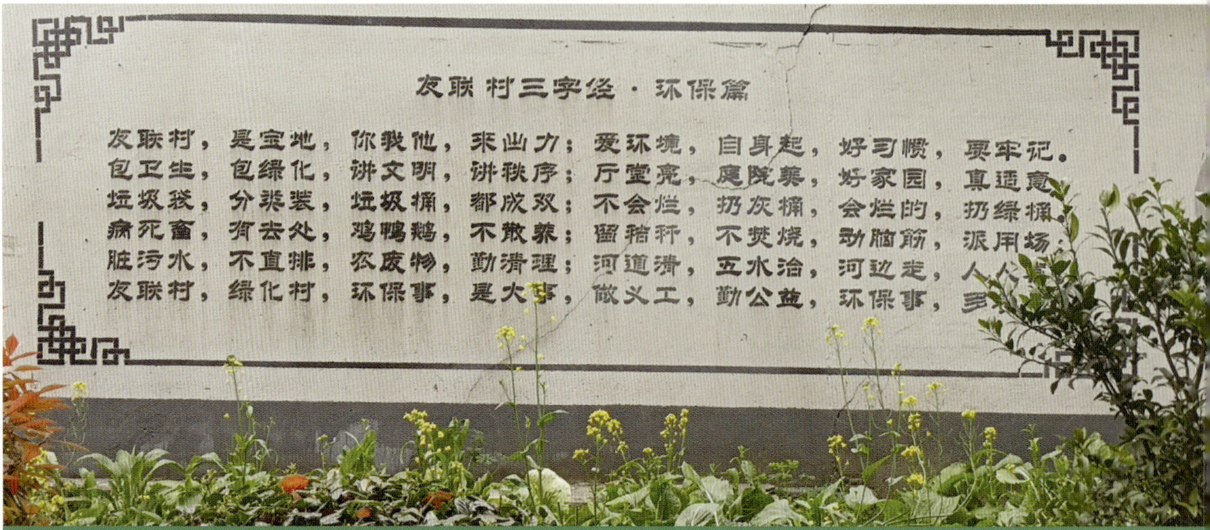

新仓镇友联村村规民约

钟埭街道钟南社区“平安书记”工作现场

五社联动助力一老一小，为社区百岁老人上门提供关爱

“10分钟品质文化生活圈”宣传照片

本书系 2022 年国家各科基金一般项目“新时代党建引领社区治理机制创新研究(22BDJ114)”的阶段性成果，得到华中师范大学政治学一流学科建设项目的支持。

邻善之治

新时代农村社区治理现代化的平湖经验

LINSHANZHIZHI

XIN SHIDAI NONGCUN SHEQU ZHILI

XIANDAIHUA DE PINGHU JINGYAN

袁方成◎著

长江出版传媒
湖北科学技术出版社

图书在版编目(CIP)数据

邻善之治：新时代农村社区治理现代化的平湖经验 / 袁方成著．—武汉：湖北科学技术出版社，2023.9

ISBN 978-7-5706-2567-3

Ⅰ．①邻…　Ⅱ．①袁…　Ⅲ．①农村社区－社区管理－经验－平湖　Ⅳ．①D669.3

中国国家版本馆 CIP 数据核字（2023）第 091332 号

策　　划：章雪峰　邓　涛　兰季平
责任编辑：王小芳　许　可
责任校对：陈横宇　　　　封面设计：胡　博

出版发行：湖北科学技术出版社
地　　址：武汉市雄楚大街 268 号（湖北出版文化城 B 座 13—14 层）
电　　话：027-87679468　　　　邮　　编：430070

印　　刷：湖北新华印务有限公司　　　　邮　　编：430035

787×1092　1/16　17.25 印张　4 插页　250 千字
2023 年 9 月第 1 版　　　　2023 年 9 月第 1 次印刷
定　　价：48.00 元

序

党的十八大以来,中共中央、国务院高度重视农村社区建设。2013 年习近平总书记在中央农村工作会议上指出:“小康不小康,关键看老乡。一定要看到,农业还是‘四化同步’的短腿,农村还是全面建成小康社会的短板。中国要强,农业必须强;中国要美,农村必须美;中国要富,农民必须富。”2022 年党的二十大再次强调,要全面推进乡村振兴,坚持农业农村优先发展,巩固拓展脱贫攻坚成果,加快建设农业强国,扎实推动乡村产业、人才、文化、生态、组织振兴。

乡土中国是以血缘和亲缘关系为纽带建立起来的农村社会关系,“熟人社会”是主要特征,人们更多依靠约定俗成的家法族规来达成信任,解决内部矛盾和冲突。几千年来,我国农村社会的变化总体上非常缓慢,这种真正的“熟人社会”几乎一直延续到新中国成立。

新中国成立后,社会形态和生产生活状态发生变化最大的就是农村,先后经过了土地改革、农业合作化、人民公社化运动,在较短的时间内,中国农村发生了巨大的变化。党的十一届三中全会开启了改革开放的伟大事业,农村更是实现了飞跃发展。特别是党的十八大以来,脱贫攻坚和全面建成小康社会战略取得全面胜利,创造了人类减贫史奇迹和农村发展奇迹。

与此同时,我们也应该看到以小农经济、儒家文化、宗族社会为支柱的传统农村和以传统村落、传统建筑、生态环境为载体的农村在一些发达地区正在慢慢消失,真正从事种植业的农村人口锐减。在经济发达的“长三角”和“珠三角”地区的很多农村,外来人口数量甚至开始超过本地农村原住人口的数量,传统的“熟人社会”逐渐开始解构,新媒体的发达也使得各种外来文化冲击了农村传统文化。

从好的方面说,农村现代化了,农民也住上了过去只有城里人才能住上的楼房,农民的思想观念也更新了。但是从另外一个角度来审视,我们在很多农村地区似乎越来越看不见青山、看不见绿水,也记不住乡愁了。在经济发达的农村,特别是城乡接合部的农村,在改善居住条件的同时,也开始出现了“有缘千里来相会,无奈对门不相识”的原子化居住样态。

2013 年 8 月,习近平总书记在沈阳指导社区治理时指出:“社区建设光靠钱不行,要与邻为善、以邻为伴。”突出强调了新时代社区治理体制机制建设的重要性。新时代社区治理“两邻”理念不仅能够指导城市社区建设,同时也可以成为发达地区农村社区建设的指南。

农村社区建设,既不等同于简单的村庄翻新,也不仅仅是实现农村人口聚居,而是要加快缩小城乡差距,在农村营造一种新的社会生活样态,让农民享受优质的社区公共服务。在中央层面出台的首个推进农村社区建设的政策文件《关于深入推进农村社区建设试点工作的指导意见》中提出要通过整合各类资源,强化村民自治,促进农村社区经济、政治、文化、社会、生态全面协调可持续发展,提升农村居民生活质量和文明素养,健全村民自我服务与政府公共服务、社会公益服务有效衔接的农村基层综合服务管理平台,形成乡土文化和现代文明融合发展的文化纽带,打造一批管理有序、服务完善、文明祥和的新型农村社区。

为了推动城乡社区融合发展,2017 年中央《关于加强和完善城乡社区治理的意见》突出强调要加快城乡社区公共服务体系建设,促进城乡社区服务项目、标准相衔接,逐步实现均等化。开展以生产互助、养老互助、救济互助等为主要形式的农村社区互助活动。开展农村幸福社区建设示范创建活动和城乡社区结对共建活动。美好的蓝图为广大农民呈现了一个和谐有序、绿色文明、创新包容、共建共享的幸福梦想家园。

为了实现农村社区建设的美好蓝图,各级党委和政府主动适应农村改革发展新形势和顺应农村居民新期待,坚持和发展农村社会治理有效方式,注重发挥农村居民首创精神,推进农村社区治理的理论创新、实践创新和制度创新,发挥村规民约积极作用,努力提高农村社区治理社会化、法治化、智能化和专业化水平。

各地区出实招、重创新,建设幸福美好农村新社区,形成了各具特色的农村社区治理新样板。《邻善之治:新时代农村社区治理现代化的平湖经验》就是袁方成教授带领研究团队多年在浙江省嘉兴市平湖市(以下简称平湖)进行田野调查的辛苦结晶,也是“把学问写在大地上”的精彩呈现!多年来,华中师范大学对农村问题的研究非常深厚,袁方成教授就是该校一位经常让学界同仁感叹什么叫作“厚积而薄发”的代表性学者,特别是建立在实地调研基础上的理论呈现更是令人钦佩。这本书将平湖的农村社区治理放到整个中国农村社会变迁的大平台上加以审视,通过实践总结和理论阐释,为读者全景展示了独特的平湖经验。

作为深入践行新时代社区治理“与邻为善、以邻为伴”的“两邻”理念的典型代表,平湖市在农村社区治理过程中构建起“新、乡、邻”三维一体的“新乡邻”社区。在《邻善之治:新时代农村社区治理现代化的平湖经验》一书中,我们可以看到平湖农村社区治理以“新”为突破点,将“友邻中心、友邻站、友邻点”以各类服务、活动等形式串联起来,形成了以友邻中心为中枢、友邻站为关节、友邻点为触角的三级“友邻网络”运行机制;创建了“新主体、新阵地、新机制”的支点,创新善治工作体系;以“邻”为着眼点,将“邻半径”从邻里扩展到干群、商居、社企、民族和地域,共绘爱邻、亲邻、益邻、善邻、睦邻、友邻的“同心圆”;以“乡”为靶心,通过主体联动和资源盘活,释放乡村治理活力,创建涵括乡农、乡规、乡风和乡情的农村美好生活共同体。

平湖新型农村社区治理与服务创新的探索,正是在“与邻为善、以邻为伴”的“两邻”理念指导下呈现出的发达地区农村新型邻里关系,平湖通过汇聚多方力量,以村民为主体,助力农民享有农村社区发展所带来的物质和精神成果的邻里新格局。农村的外来人口也不再把自己割裂为“局外人”,而是农村社区大家庭的一分子,广泛的、包容的、可调和的公共利益被进一步发掘。

在全面建成小康社会之后,扎实推进共同富裕是当代中国共产党人又一个新的历史担当和伟业,中国式现代化是全体人民共同富裕的现代化。农村社区建设就是新形势下缩小城乡差距实现共同富裕的一个重大举措,也是农业农村发展战略与时俱进的升级版。通过农村社区建设可以把村民更好地组织起来,通过自治、自助、互助等形式,满足村民更丰富的公共服务需求,解决农村发展不充分、城乡发展不平衡的重大问题。

在平湖的农村社区治理新经验中,我们可以得出这样一个结论,就是农村社区建设绝不能简单复制城市社区建设的经验和模式,而是要因地制宜和把握农村特色,让我们"望得见山,看得见水,记得住乡愁"。平湖经验给我们建立了一个可借鉴和可复制的农村社区治理模板。我们也有理由相信,随着我国农村社区建设的普遍推进和城乡基本公共服务均等化的实现,广大农民憧憬的幸福美好乡居生活画面将成为近在眼前的真实生动场景!

东北大学教授 张雷

2022 年 10 月 22 日写于沈阳

前　言

党的二十大报告指出，完善社会治理体系，健全共建共治共享的社会治理制度，提升社会治理效能，畅通和规范群众诉求表达、利益协调、权益保障通道，建设人人有责、人人尽责、人人享有的社会治理共同体。社区是以共同居住的地域为基础，具有共同的社会联系和价值认同的社会生活共同体，不同的联系网络形成社区多元化的边界属性，又会赋予社区不同的组织功能，将其置于中国式现代化的目标下，推进农村社区治理，既事关农民幸福感、成就感和获得感的底色与成色，也是实现乡村全面振兴的必然举措，更是推动国家治理转型的应有之义。为此，要在建构党领导下的“自治、德治、法治”相结合的乡村基层治理体系框架中持续探索和建设具有中国特色和中国风格的农村社区“治理—生活”共同体。

从中国特殊的历史进程和社会现实出发，农村社区治理根植于乡村建设的历史镜像之中。现代化进程中乡村重建问题是一个极为重要和迫切的现实命题，包含国家权力的进入与退场、国家合法性的权威力量与乡村内生性权威及秩序的合理对接和农民组织化等方面的复杂性问题。早在20世纪前半叶，梁漱溟等学者充分认识到，中国农民的散漫几乎到了自生自灭的程度，农民不关心国家，国家也不关心农民。农民散漫，缺乏团体组织。面对基层政权疯狂延伸导致的内卷化和农民弱组织化的双重困境，以建立“村学”为代表的乡村建设运动并没有实现现代性因子与中国国情的调适，反而陷入“乡村运动而乡村不动”的现实窘境。但值得肯定的是，乡村建设运动关注到了乡村重建的议题核心——农民组织化的难题。

马克思曾形象地将19世纪中叶法国农民离散化的生活状态比喻成“马铃薯式的生活”,这种离散化的状态势必会影响农业生产效率和农民自身的利益表达。同样遵循着“组织起来”的思想,毛泽东时期的农治战略旨在强调在依循基本国情的先在性基础上,通过农业合作化实现集体化生产与生活,达到农民个体与生产的组织化。习近平总书记曾旗帜鲜明地指出,要走组织化的农村市场化发展路子,使分散的农民联合成为一个有机的整体,以形成强大的市场竞争力。由此可见,农民组织化策略贯穿于我国农村社会建设与治理的始终。农民组织化所要解决的中心问题是如何组织基层农村组织关系,即通过一系列的组织过程和组织策略,让分散化的个体通过组织化的方式参与农村社区治理与服务,使得农民可以准确识别和及时解决农村公共事务治理中出现的各类问题。具体包含生产组织化、人的组织化以及社会组织化。其核心内容是通过制度规范、关系互动和个体组织化参与建立地方性关系,发挥地方性规范的整体功能,实现农民个体与地方社群的关系联结、个体与集体利益的协调与整合以及村社面向的集体行动。

从某种程度上讲,我国农民的弱组织化与乡村秩序衰败互为表里。在市场经济与文明新生活等因素的催化下,私人生活变革以及礼俗社会向外扩张引致出乡村物质空间的变化,物质空间的坍塌与重构在一定程度上又会引发情感和文化空间的崩溃与重构,其结果是,血缘和地缘牵引的差序格局被趣缘和业缘主导的“关系情理化”逻辑所取代,形成原子化的农民个体与离散化的村社集体,随着人民公社的解体,农民组织化所维系的基本价值认同单元再次退缩至村组乃至家庭。尤其是在改革开放后,农民组织化所依循的逻辑从强政治性转向经济理性与乡土理性并存。原本守望相助的“熟人社会”逐渐蜕化为“半熟人社会”,甚至是一种“陌生人社会”。农民组织化的社会基础逐步消解,农民再次陷入难以组织起来的困境,而这种实践困境随着工业化与城镇化的快速推进表现得尤为明显。

面对快速城镇化进程带来的“社区冷漠症”和农民弱组织化等诸多现实问题，2013年8月，习近平总书记在沈阳考察，他在与社区居民座谈时强调，社区建设光靠钱不行，要“与邻为善、以邻为伴”。这成为社区治理“两邻”理念的发展开端。在乡村振兴的现实背景下，面对农民日益增长的美好生活需要，农村社区的功能定位不再局限于行政和地域意义上的空间单元，而是具有高度自我组织能力、发展能力和社会服务功能的“治理—生活”共同体。

社区是社会的缩影，也是基层社会服务与治理的基础单元。其中，“与邻为善”强调要充分汲取我国传统道德教化和优秀文化的内在价值涵养，将“睦邻友善”的治理理念贯穿于农村社区治理与服务的整个过程，推动社区居民将“友善”的价值观念内化于心，外化于行。“以邻为伴”则强调依靠形塑稳固的社区空间形态来整合和动员原子化的居民个体，通过城乡居民的组织化，激活社区治理内源性动力，消弭社区异质性的影响，重构社区空间内人与人之间的新型社会关系。前者根植于睦邻友好的邻里氛围，后者指向社区关系重构。

国家的治理体系和治理能力与国家的历史传承和文化传统密切相关。我国自古就有“远亲不如近邻”的说法，稳定且充满活力的社区秩序是实现社区善治的基本前提。另一方面，现实社区邻里关系又正面临着情感和物理的双重阻隔。新时代社区治理“两邻”理念具有深厚的人文关怀与实践涵指，着眼于解决人民日益增长的美好生活需要和不平衡不充分的发展之间的矛盾，回答的正是社区治理为了谁、依靠谁的问题，其目标指向构建新时代人与人之间新型社区关系，推动农民实现自我管理、自我服务、自我教育与自我监督，推动社区关系从家庭亲缘性关系扩展至社区邻里地缘性关系。

正是在上述理论和实践背景下，2017年，为完善农村社区治理机制，扩大农村公共服务供给，民政部将平湖市等在内的48个单位确认为首批全国农村社区治理实验区。在中央有关政策精神的指引下,平湖市依托首批全国农村社区治理实验区建设,实施“加快构建乡村美好生活共同体”三年行动计划,紧紧围绕“两邻”理念做大做实农村社区治理的文章,以整合和重构传统乡邻关系为切入点,以“同心党建、立体共治”为总体思路,深化“三社联动”,促进“三治融合”,以“邻机制、邻体系、邻模式、邻生态”为主要内容,变自上而下的社会管理为上下结合的社区治理,打造“新乡邻”社区,推动农村社区转型升级为和谐有序、绿色文明、服务完善、共治共享的美好生活共同体。

平湖农村治理实验区创建的核心是构建“新、乡、邻”三维一体的农村新型社区。首先,以“新”为突破点,创建“新主体、新阵地、新机制”的支点,创新善治工作体系;其次,从“邻”处着眼,尝试将“邻半径”从邻里扩展到干群、商居、社企、民族和地域,共绘爱邻、亲邻、益邻、善邻、睦邻、友邻的“同心圆”;最后,要求以“乡”为靶心,通过主体联动和资源盘活,释放乡村治理活力,创建涵括乡农、乡规、乡风和乡情的农村美好生活共同体。

具体而言,在平湖农村治理实验区的创建过程中,从重塑治理理念到重构治理体系再到激活治理路径,提炼出生态创新型、邻域联动型、城乡融合型、多元发展型四种富有平湖特色的农村社区治理模式,构建起政府善治、合作共治、全民德治、社会法治、基层自治、社区智治的治理格局。另一方面,积极利用本地城乡社区具有内部治理单元小、文化认同高、利益联结紧等特点,巧妙地把“邻距离”和“微治理”结合起来,努力发掘农村社区“微治理”的潜力,注重构建社区治理微平台、培育发展社区社会微组织、开展各类社区治理微项目、打造特色社区治理微品牌,实现农村社区的精细化治理与精益化服务。

与全国同一批次的其他47个农村社区治理实验区创建工作相比,平湖实验区创建的特色之处在于,坚持“两邻”理念的实践指引,厚植平湖“文化之邦”的基础优势,围绕“农村基层党建为统领,构建自治、法治、德治相结合的农村社区治理体系"的实验主题，从重塑治理理念到重构治理体系再到激活治理路径，将中国传统文化氤氲出的睦邻友好、"与邻为善、以邻为伴"等价值理念植入农村社区治理全过程，把和谐的邻里关系作为农民组织化的依托和动力，奋力争当"两邻"理念的样板地与"模范生"。

作为一项新时代基层农村社区治理创新工程，平湖市农村治理实验区的创建工作为我们提供了丰富的观察样本和实践素材。从"开局之年"的"重构乡村治理体系"到"关键之年"的"提高社区精细化治理水平"再到"收官之年"的"构建社区治理的平湖样板"，这是一个社区治理从基础巩固到服务优化再到全域提升的过程，也是习近平总书记所强调的社区治理既要见"物"也要见"人"的辩证统一过程，更是一个解决城乡社区治理的"组织化"与"过制度化"难题的完整过程。平湖农村社区治理实验区创建的 3 次治理转型与升级，其背后蕴含的是国家与乡村关系的不断调适和城乡系统内部不同治理主体利益的协调，而贯穿其中的正是"两邻"理念的核心内涵："与邻为善、以邻为伴"。

本书立足于对平湖农村治理实验区创建的实践经验，分析平湖市创建全国农村治理示范区的优势依托、创建历程和主要治理模式，从对"新乡邻"理论意涵和政策实践的全方位解读中洞察和探析潜藏于实验区创建背后的国家与社会的关系互动、治理与服务的逻辑互构以及农民个体的组织化机制，探讨在党的政治、组织、制度与能力引领下农村社区治理机制创新的驱动要素与生发条件，详细梳理了该市在农村治理实验区创建全过程中如何构建以农村基层党建为统领，自治、法治、德治相结合的农村社区治理体系，探索形成支撑农村社区长效发展的支撑保障体系，形塑"与邻为善、以邻为伴"的新型社区关系，打造人人负责、人人尽责和人人享有的社会治理共同体。

项目研究与实验区创建实践同步进行，在系统考察平湖市实验区创建的治理历程和创新经验的同时，也持续关照全国农村治理实验区创建的最新经验和趋势延展。研究团队由华中师范大学中国农村综合改革协同创新研究中心项继权教授、华中师范大学政治与国际关系学院院长胡宗山教授担任顾问,民政部全国基层政权建设和社区治理专家委员会专家委员、华中师范大学中国农村综合改革协同创新研究中心主任袁方成教授为负责人,与平湖市有关部门领导及社会组织负责人组成了联合课题组,共同完成了实验区创建和课题研究工作。

研究团队的博士和硕士研究生如刘桓宁、李文洁、董欣欣、柯年美、李敏佳、曾心怡、毛伟、熊景坤、孙浩和周韦龙积极参与实地调研、案例搜集、经验提炼和报告撰写等各项工作。同时,感谢平湖市委组织部、市民政局、市妇联和当湖街道、钟埭街道、曹桥街道领导们对研究团队的充分信任和大力支持。

2022 年 8 月,平湖市顺利通过全国农村社区治理实验区的结项评估与最终验收。事实上,实验区的成功创建并不全然意味着当前农村社区治理工作的终结。相反,未来社区的试点创建为今后平湖市农村社区治理增添新的目标,指明了新的方向。2019 年 3 月,浙江省人民政府出台《浙江省未来社区建设试点工作方案的通知》,正式提出未来社区建设的总体要求和主要任务。未来社区将人本化、生态化、数字化作为“三个维度”的价值坐标,以和睦共治、绿色集约、智慧共享为内涵特征讨论不同治理场景之下的人居、人社和人际关系的重构与互动。质言之,如何将“与邻为善、以邻为伴”的治理理念熔铸到未来社区的建设过程中,更加凸显未来社区的“邻里性”与“社会性”的基本特质,实现人们对美好生活的向往,成为本课题之后又待解决的一个新的治理命题!

目 录

Contents

第一章

一枚乡愁:乡村在流动

“乡愁”是传统文化与乡土文化在人们心灵上的刻痕与烙印,反映出人们对自己出生、成长的地方所产生的依恋和眷恋[①]。随着新中国成立、改革开放政策的实施及至进入中国特色社会主义新时期,绵延几千年的以血缘地缘为纽带的乡村邻里关系不断经受巨大冲击,旧的邻里关系遭到破坏,而新的社区邻里关系却未很好建立,邻里关系何去何从成为亟待解决的难题。2013 年,习近平总书记关于“两邻”理念的提出,为恢复温情脉脉的邻里关系指出方向。基于此,浙江省嘉兴市平湖市以和谐邻里、社区善治为目标大力实践“邻治”理念,在城乡基层社会孕育出乡的人情、故事和味道。

① 丁晓东. 守住乡愁 振兴乡村[J]. 社会主义论坛,2021(11):54 – 55.

第一节　流动的“乡”

一、农村：自然性与社会性的空间重构

对中国人来说，乡愁是一种极为高尚的情感。过去，乡愁是诗人艾青心中爱得深沉的一片热土，其内涵的故土难离、安土重迁的思想折射出亿万农民的始终不渝留守故乡的热忱与坚毅。然而，时过境迁，在史无前例的城镇化、工业化进程中，为了谋求更好的发展，涌入城市的村民越来越多，在享受到城市便捷生活的同时，离开故土、远离乡亲的村民则更大程度体会到了机械、繁忙城市生活所造成的巨大心理失重感。

面对当下情感无所依归的困境，习近平总书记提出：“农村绝不能成为荒芜的农村、留守的农村、记忆中的故园。”[①]在城镇化工作中，我们“要依托现有山水脉络等独特风光，让城市融入大自然，让居民望得见山、看得见水、记得住乡愁”。可以说，习近平总书记对于“乡愁”的诗意描绘是对中华民族固有乡愁情怀的继承和凝练，体现了农耕文明和乡土文化的血脉延续性，触动了人们对于田园牧歌式乡村生活的回忆和向往。因而在不可阻挡、不可逆转的现代化历程之中，乡村振兴不应是城镇化的翻版，在去传统化、去历史化、去乡愁化的浪潮中过度追求景观化的乡村振兴，而是要从根本上厚植中华民族优秀传统文化的精神根基来留住乡愁，利用乡愁。

（一）从地缘到文化：传统农村社会的保守与封闭

中国历史和文化的深厚性决定着中国式乡愁的独特性。区别于西方以资本为中心的发展逻辑，中国是具有几千年悠久农耕文明历史的国度，传统中国就是“扎根于简单的农业生产经济基础之上”的国家。正如费孝通所言，“从基层上看去，中国社会是乡土性的”。在这样的环境下，传统

---

① 习近平．农村绝不能成为荒芜的农村[N]．新华网，2013－07－22．

文化基因和文化血脉皆根植于广袤的乡土社会之上，小农社会的风俗习惯根深蒂固，乡音难改、乡情难忘、乡亲难舍、乡土难离的乡愁情怀深深地烙印在每一个中国人的精神血脉和精神家园里。

乡愁因流变的乡土社会而生，它是由承载着血缘、地缘关系网络的乡土差序格局形塑的结果。从概念上看，乡村不仅泛指有限的地理空间，更是抽象意义上具有自然、社会、经济特征的地域综合体。作为“乡愁”文化的主要物质载体，乡村凝结着当代中国人的浓郁的乡土情怀。费孝通在《江村经济》中谈道，“一直在某块土地上劳动，一个人就会熟悉这块土地，这也是对土地产生个人感情的原因”[①]。也就是说，农耕经济由于其封闭性、协作性和精细化生产的特性，将人世世代代圈缚在某一地域，封闭性的农业生产形成了一个“熟悉”的社会。费老将这种社会格局概括为“差序格局”，就像是将一颗石子丢进池塘中形成的水波，围绕一个点呈同心圆形式向四周扩张，中国人就是在这种以“己”为中心的格局中，通过地缘、血缘的亲疏远近划分与他人产生联系，对外建立日常人际关系，编织社会关系网络。相应地，乡愁也会因为处于差序格局中不同位置与网络节点的人的流动与结合，不断被赋予不同的意义。

在对传统中国社会的考察中，乡土社会历来被认为“是一个生活很安定的社会”[②]。究其原因，很大程度上是由于中国传统乡村治理结构表现出一种“双轨政治”倾向，一是自上而下的“皇权”，二是乡村内发的“族权”和“绅权”，两者相互平行、相互作用，“政不下县”是对当时乡村治理的集中表述[③]。在这种政治传统下，一方面，国家政权为了更好地管理乡村、汲取资源，主要依靠士绅阶层完成对乡村基层的渗透与控制。乡绅领导下的自我管理，除了税费征收等对乡村资源的汲取之外，也会遵守“无讼”的传统和方法来化解村庄内部的社会矛盾，整体来说对乡村事务的干预较少。另一方面，政府基本上没有或很少限制农村土地买卖的制度设计，土地一

① 费孝通. 江村经济[M]. 北京：商务印书馆，2001.

② 费孝通. 乡土中国 生育制度 乡土重建[M]. 北京：商务印书馆，2011.

③ 费孝通. 乡土中国 生育制度 乡土重建[M]. 北京：商务印书馆，2011.

般是可以自由买卖的。然而，从百余年来的土地交易情况来看，农村土地事实上优先卖给本族或本村人，且族产不得随意出卖，这些千百年来传承的宗族观念、土地政策使得外来人口在村庄难以融入①。

礼俗社会成为乡土本色。在村庄的封闭场域下，很少有陌生人闯入，所有人都是互相熟悉的，人们更多依靠约定俗成的规矩来达成信任，而不是契约和法律。因而，这是一个信任到极致的“熟人社会”，乡土社会里的每个人的生产、生活、思维方式都被纳入其中。传统村庄依靠“家—族—村”这一基本社会结构关系构成乡村空间形态，并围绕这一结构主线蔓生出其他受到血缘、地缘等因素影响的各类支线，最终形成了具有特定等级秩序与分工格局的复杂关系网络。在村落中，每个人都能找到属于自己的位置，个体也因此拥有了归属集体的安全感与稳定感。因而，传统村落具有人身体与灵魂的双重“家园”意义，很大程度上是由于其文化空间与生产空间、生活空间的高度重叠。

作为文化空间，乡村不仅仅是简单的载体，很大程度上它意味着文化和情感本身。乡土文化不仅塑造出了中国人民朴素而自然的性格，而且给中国人民建设家乡提供了源源不断的精神动力和情感支撑。各类传统诗书典籍中关于村居悠然、田园耕作、山水寄情、牧童吹笛、莺飞草长、鸡鸣狗吠等各种乡村美好生活记忆与向往的记载，无不展示着在外游子的拳拳乡愁之情和异乡人还乡的复杂情感。“独在异乡为异客”“乡音无改鬓毛衰”等思乡诗句已经融入中华民族的文化记忆之中，随着中国人的对外游学、迁徙、旅居，乡愁情感变得格外深刻、复杂。

现代化进程中，农民的大规模流动和进城风潮日益打破了传统乡土社会的封闭和保守②。特别是改革开放后，我国农村社区也同样经历着从建设到治理的阶段性转变。这不仅体现在生产、生活空间上，也表现在人的思想、观念和情感上。封闭的乡土社会渐渐被撬开了缺口，农民进城的规

---

① 邹心平．乡村的封闭性及其对新乡贤培育的阻碍[J]．农业经济，2018(06):56－58.

② 朱战辉．农民分化视角下小农经济转型与乡村秩序再造[J]．华南农业大学学报(社会科学版)，2021，20(05):50－58.

模也在不断扩大。在“外来”物质、文化的冲击之下,乡村生产、生活等空间被改造和重塑,与之相伴的则是乡村组织结构、治理机制、人居环境等方面的深刻变革,以及附着其上的经济、社会、政治关系的变化。

(二)从解体到重构:现代农村社区的变迁与转型

当前,前所未有的工业化、城镇化进程迅速改变着中国传统村落形态。从生产空间来看,农村经济合作组织、专业合作社和产业协会通过优化配置不同生产要素,引导农民广泛参与产业协作和社会分工,使农业生产逐步走向集约化①。而在工业化的大背景下,编制及实施城乡一体化的空间布局规划,将技术密集型或资金密集型的产业布局在城镇地区,使越来越多的村民不断向区位条件优越、基础设施完善的商贸区集中,逐步加剧了农村空心化问题。

生活空间变化与生产空间变化互为表里。一直以来,广大乡村居民用地“大杂居、小聚居”的客观状况,决定了无论是土地利用抑或生产布局都无法趋于最优。因此,以农村土地整治与乡村生活空间重构为重点,纵深推进农村产业分工和要素集聚成了乡村治理改革的重中之重。特别是从20世纪80年代末开始,为了推动乡村土地集约化管理、农村基础公共设施改善,我国开展了村庄合并、合村并居等专项行动,以及行政区划重组和居民点集中整治,使得城乡居民居住和流动情况发生了翻天覆地的变化。通过“空心村”整治与农村组织整合的方法,促进了农村聚落分散化布局问题的解决,但也降低了农村社区网络的认同感和归属感。尤其是对于部分“合村并居”被迫上楼后的失地农民而言,生活方式和社交圈层的强行改变,使其对融入新成立的社区共同体产生了较强的抵触情绪。

农村物理空间的变化一定程度上导致情感和文化空间的崩溃。城镇化带来外来文化的侵袭,使得可供传统文化生根发芽的空间土壤逐渐流失,村庄面临着自我价值的迷失②,人们从农耕文明以来的文化情感容易

① 张永琴.以空间重构为抓手补齐乡村振兴短板[J].人民论坛,2020(15):96-97.

② 陈文胜.论城镇化进程中的村庄发展[J].中国农村观察,2014(03):52-56.

陷入无所依归的境地,"乡村消失""村落终结"的惶惑感在不少人心头萦绕不去。同时,随着人口向城市的聚集,以及市场经济的规范化程度不断提高,村民的职业分化和社会分工不断变化,引发了收入结构的改变,进而又催动着乡村的道德、规范、人情、礼俗等朝着更加功利化的方向发展,例如,红白喜事盲目攀比、大操大办、天价彩礼事件就成为农村社区难以根治的痼疾,"儿子娶媳妇,爹娘脱层皮"等说法是其典型写照。

客观来看,村容村貌在短时间内的巨大改变,尽管有利于城乡统筹发展、产业发展集聚、农民集中居住和资源利用集约,但也使得农村社会不得不面临村庄空心化、土地荒芜化、社群陌生化等问题。具而言之,人口向城镇的加速流动、熟悉面孔的消失、邻里关系的消解使得乡村社会"抱团"式的生产生活共同体被日益拆散为独立的原子式个体,"熟人社会"渐渐解体,开始向"半熟人社会"及"陌生人社会"转变。

但是,长久以来的文化记忆决定传统价值不会在短时间内彻底断裂,新型农村建设需要恢复乡土原初的脉脉温情。伴随居民疏离化等问题在心理和情感上对村民产生的严重困扰,加之人们的日常生活中也充满了原有乡土文化的符号,长期厚植在村民心底的乡村生活习惯和价值认同并未随着生活、工作环境的改变而完全湮没,"乡愁"成了这些被城镇化的新居民对于原有村庄"小圈子"社会亲密关系深切怀恋的产物。可以说,现代化进程中的"乡愁"就是人们对经受现代化冲击的历史印记、文化传统、生活记忆、生态风光以及伦理价值观念的怀念情感。

二、农业:人口流动与农业经济发展

亚当·斯密曾坦言:"中国向来是世界上最富的国家,就是说,土地最肥沃,耕作最精细,人民最多而且最勤勉的国家。"中国的富庶离不开以农立国的政策支撑。中国一直以来都是一个农业大国,在自给自足的小农经济驱动下以农立国成为传统帝制时期历代统治者治国理政的策略必然。尤其是明清以前,优越的地理位置、精细化的耕作技术、政府政策对农业的重视等多重因素使得中国农业经济空前繁荣。

随着现代化的进程缓步开启,西方列强的坚船利炮摧毁的不仅是腐朽无能的封建统治,还有传统产业与新兴产业间漫长且激烈的竞争与替代,中国经济结构的变化使得曾经居于主导地位的农业经济不得不接受大势旁落的现实。尤其是在飞速现代化和城镇化的今天,城市对农村的虹吸效应不断增强,不仅体现在物理空间的迭变致使农耕土地减少上,而且表现为农民进城规模的扩张与进城效率的增进。农民的家庭生计模式也随之转向"半工半耕"的代际帮扶。

(一)人地紧密结合与"农为国本"的传统经济底色

在传统社会中,"农业"既是民之大事,也为国之大事。商周之际,"重农"思想业已有存,正如虢文公劝谏周宣王亲耕籍田所言,"夫民之大事在农,上帝之粢盛于是乎出,民之蕃庶于是乎生,事之供给于是乎在,和协辑睦于是乎兴,财用蕃殖于是乎始,敦厖纯固于是乎成,是故稷为大官"①。农业作为民生之根基不能不加以重视,劝农是周天子管理民众的主要职责之一。"农,天下之大本也,民所恃以生也……道民之路,在于务本"②"大哉,农桑之业,真斯民衣食之源,有国者富强之本"③等言论中也无一不在说明,农业这一要务是关涉民生福祉和国家富强的"大"事,是天下、国家之根"本"。"民之大事在农"意味着农业既构成了普通民众衣食之来源,同时又成为国家富强稳定、治理有序的根本。君主的"大事"就是要劝民"以农为本",而百姓的"大事"则是要勤恳务实,勉力劳作。

"以农为本"的农耕文明和农业社会进而成了维持传统宗法人伦社会秩序的深厚根基。随后历朝历代更替交接,在各类战乱、灾祸频仍的历史长河中,"丰衣足食、富足安定、敦伦教化"成为普通民众最迫切的愿望和中华历史最深层的文化心理,而这几乎都建立于农业繁荣丰足的基础之上。无数历史经验证明,一旦国家遭遇天灾致使农业收成不利,普通民众生活水平恶化,民间往往爆发出或大或小的动乱,甚至掀起农民起义等能颠覆国家政权的群体性事件,威胁一个王朝的统治。例如,明天启、崇祯年

---

① 徐元诰.国语集解:上[M].北京:中华书局,2002.

② 任继周.中国农业伦理学汇编[M].南京:江苏凤凰科技出版社,2015.

③ 马宗申.农桑辑要译注[M].上海:上海古籍出版社,2008.

间，陕北连年干旱、农业收成骤减，导致底层群众食不果腹、衣不蔽体，农民暴动增多，加之明末朝廷政治衰朽、军事孱弱，直接引发了李自成起义。

“扬本抑末、重视农耕”的政治思想与一以贯之的治国策略进一步稳固了农业的根本地位。春秋战国时期，《管子·富国》篇强调，“治国之道，必先富民。为此要求禁末作，止奇巧，以利农事”，“重农”思想初见雏形。秦汉之后，儒家思想成为之后中国历代统治阶层的治国理念根基。儒家认为国以民为本，而民以食为天，从而将民本与农业牢牢联结在一起。正如《汉书》所言，“积贮乃天下之大命，宜引导民众而使之归于农，以农为本，使天下各食其力”，农桑能为百姓提供最基本的生活资料，所以农桑既是民生根本，又是国家根本。因而，王朝统治阶级不仅将“农”列为除“士”阶层之外各行各业之首，而且施行了大量“重农抑商”的政治、经济政策以稳固农业的发展。例如，统治者反复强调农业为本业，商业为末业的思想分化，不断强化本末意识，驱使民众勤于农桑。在土地问题上，则多采取抑制兼并的政策，防止民众大量破产而流离于土地之外，从而稳固农业生产基础，稳定社会秩序。人口管理上，采取不断强化对人口户籍的管理以限制人口流动，将体量最大的农民群体牢牢束缚在土地之上，保证农业生产总量，维护农业经济地位。在传统国家对于农业生产的日益重视和政策强化下，农民成为国家徭役赋税的主要承担者，农业经济成为国家长治久安的重要命脉。

（二）人地分离与农业经济的退位

当今时代，我国农业正面临着现代化、全球化和生态环境危机的挑战。进入现代社会后，随着产业化、全球化和城市化的快速推进，作为时代发展趋势，城市、城镇的地位越发重要，以“农桑之业”为主导的小农经济模式和将多数民众拘执于狭小之乡土与田地之上的传统农业生产生活方式不再适用于愈发商业化及人口和信息流动愈发频繁的现代社会，农民群体获得内外就业机会的环境逐渐改善，拥有了更多的非农就业资本，越来越多的农民群体逐渐进入各行各业，农业经济不可抑制地面临产业地位下降和“以农为本、重农抑商”的农业文化传统消逝等多重危机。

经济效益作为影响农业生产的主要因素,获取经济效益动机的强化驱使农民对自身职业展开重新定位与选择。进入 20 世纪 80 年代,在继农村改革之后的城市经济体制改革和国民经济全面改革引起的经济关系、经济格局和城乡新秩序内外环境要素日益复杂化的影响下,农民收入增长缓慢,农业生产积极性受到极大打击,投入持续减少,不同的经济区域都存在着对土地粗放经营甚至退田撂荒的现象[①]。尤其是在东部沿海经济取得巨大发展后,很多农民失去了从事农业生产的兴趣和意愿,转而离开祖辈赖以维持生计的土地。在这个过程中,一部分农民抓住发展机遇,主动寻求身份转变,通过外出求学、务工等方式向"市民"身份过渡;一部分农民在国家和区域经济发展政策的影响下成为"失地"农民,成为被城镇化后的新居民。

城市对于农村各项资源的汲取加剧了农业经济地位的衰落。从 20 世纪 50 年代开始,中国现代化开始走上以城市为中心的建设道路。农村尤其是农业为城市工业化提供了基本的资金积累以及可供汲取的大量劳动力,城市成为财富的发生和配置中心,农业经济逐渐被边缘化。而又随着城乡二元结构的愈发失衡,使得乡村资源环境破坏、农村青壮年劳动力外流、基础设施与公共服务不完善等问题日益严峻,不良的发展环境也致使农业经济相对于二三产业而言缺乏核心市场竞争力,整体性发展较为缓慢[②]。

户籍"藩篱"松动后,农业人口落户城镇的政策加速了农业人口与土地间关系的疏离化趋向。2011 年,我国城镇化率首次突破 50%,城乡结构发生了历史性变化,城乡二元户籍制度不再适应新形势的发展需要。国家开始不断放松户籍管制,逐步放宽大中城市户口迁移限制,允许符合条件的农业转移人口在城镇落户并享有城镇居民同等的权益,在全国范围内实行居住证制度,取消农业户口与非农业户口的二元性质区分,建立城乡统一的"居民户口"登记制度,突出户籍制度的人口登记管理功能,淡化户籍

---

① 李成贵,王现军. 中国农业:困境、原因和出路[J]. 农业经济问题,1994(12):45-49.

② 贺艳华,邬建国,周国华,等. 论乡村可持续性与乡村可持续性科学[J]. 地理学报,2020,75(04):736-752.

“身份”界线和“管控”色彩。在这一政策背景下，农村人口社会结构分化速度加快，人对土地的依赖渐弱，农业生产不再成为农业人口的唯一选择，农业经济面临大量劳动力“出走”而发展受限的困境。

（三）“三农”问题解决与“乡愁”经济探索

农业作为一种无法取代的人类生产和生计方式，是我们保障粮食供给和提供重要农产品的根基命脉。作为最为基础性的产业体系，农业的稳定繁荣，从产业发展、市场波动、粮食安全、政策影响等不同角度都深入影响着国家经济社会生活。从纵深推进“三农”问题解决的角度而言，农业的发展关涉到城乡二元体制的改革变化、社会福利保障体系的建立完善、社会公平正义的真正实现、生态文明建设的保障与推进等诸多方面。因而，对于农业的发展不仅不能忽视、遗忘，而且要将其置于国家战略地位的高度从整体性、全局性角度加以谋划。

历年中央一号文件都高度重视“三农”问题，强调“三农”问题在社会主义现代化建设过程中具有“重中之重”的地位，其中农业的基础地位不可动摇，要不断促进农民扩大就业和增收致富，不断推进农村综合改革和农业的现代化。习近平总书记在《推动新型工业化、信息化、城镇化、农业现代化同步发展》中也指出，推动新型工业化、信息化、城镇化、农业现代化同步发展，是事关现代化建设全局的重大战略课题。要着眼于加快农业现代化步伐，在稳定粮食和重要农产品产量、保障国家粮食安全和重要农产品有效供给的同时，加快转变农业发展方式，加快农业技术创新步伐，走出一条集约、高效、安全、持续的现代农业发展道路。我们全面建设社会主义现代化国家，既要建设繁华的城市，也要建设繁荣的农村，推动形成工农互促、城乡互补、协调发展、共同繁荣的新型工农城乡关系。

在当下乡村振兴战略的大力推动下，越来越多人意识到了“民族要复兴，乡村必振兴”的内涵与价值，开始重新检视农村、农业对于中国治理发展的基础性意义。近年来，党和政府的实际行动一直在贯彻“中国要强，农业必须强;中国要美,农村必须美;中国要富,农民必须富”的理念[1],在对各类资源的整合与利用中,“乡愁”作为一种可持续利用的隐性经济资源、资产,可以在对其活化、转化、物化、商业化、产品化、市场化的过程中,催生出新型的“乡愁”产业业态,以促进乡村经济的大力发展,如依托乡愁文化的乡村旅游休闲度假模式,立足于现在发达的数字和网络技术,“乡愁”越发可以通过一张“看不见的网”进行传递,促进农业生产的自然景观、文化价值等属性变现,将小农户技术应用差、经营规模小、标准化程度低的竞争劣势转变为诸如“手工劳作”、“原生态”和“定制化”的比较竞争优势。

作为一种独特的精神资源,“乡愁”所具备的凝聚人心、促进价值认同等情感功能也不容忽视。尤其是针对于农村出身的人而言,“乡愁”意识的唤醒可以大力激发其对于乡村振兴的认同感和建设乡村的幸福感,是实现乡村振兴最深厚的力量。不少地方,尤其是一些风景较为秀美、文化比较独特的地域尝试将“乡愁”作为对外文化宣传的重要品牌,以此与文化产业、生态旅游等新兴产业样态联动发展,取得了较为明显的成效。浙江省在大力构建以“乡愁”为特色的文化认同体系上取得良好效果,通过经济上精品旅游路线的开发、社会治理上的“三治融合”“邻治理”建设,唤起乡民及其他群体的传统文化记忆,激发乡民对于乡村建设的认同感,提升乡村治理的整体效能。

作为内生于乡土社会的“乡愁”文化,乡村应该把握住这一特殊资源,以各种方式强化乡愁记忆空间的情感性、社会性和物质性,使村民成为抒发乡愁记忆的主体,增加村民之间情感的沟通,打造不同村庄不同时期的乡愁记忆。在乡村治理中,应当将“乡愁”作为吸引乡贤回乡建设、激发普通村民积极性,提升政治参与效能的情感纽带。在农业经济建设和复兴中,通过村民的自主、自为建设再造乡村,走出一条新型乡村城镇化之路,重新打造起一片欣欣向荣、向好的乡村政治、文化、经济风貌。

---

① 2016 年 4 月 25 日,习近平总书记在考察小岗村期间召开农村改革座谈会,强调“中国要强,农业必须强;中国要美,农村必须美;中国要富,农民必须富”。

三、农民：人口迁移与邻里关系裂变

乡土人情，对于城乡居民而言是一处共同的桃源。然而，随着旧城改造和新区扩展以及城市住房制度的商品化改革，城镇化率不断攀升。截至2021年末，我国全国常住人口城镇化率达到64.72%①。当前，已有逾60%的人口居住生活在城镇之中，穿梭于电子网络、无边界社区以及熙攘纷乱的社会图景当中。“以前吃饭可以左邻右舍跑一圈，现在连对门住着的是谁也不认识。”无论是现在过上了城里人生活的新居民，还是继续扎根于乡土生活的老村民，很多人都十分想念原先富有人情味的乡土生活，特别是亲切、随和、轻松的邻里文化。而农村生产和生活空间的迭变，最先消解的恰好是之前融洽和谐的邻里关系。

（一）乡土记忆：立足乡村地缘血缘的封闭型邻里关系

“邻里”是我国社会关系中的重要组成部分，邻里关系则是住地毗连的人群之间构成的持久的互动关系，是一定区域范围内居民互动的实践产物，人际关系网络是其重要内容。所谓“海内存知己，天涯若比邻”，对于中国人来说，“邻居”二字就有着独特的意涵，毕竟“远亲不如近邻”，邻里和睦作为人们一直以来积极倡导并孜孜以求的美好生活向往，也是中华民族长久以来的优良传统。它就像一张晴雨表，是社会关系的缩影，也是社会文明进步与否的重要标志。

过去，由于社会整体生产水平较低和小农经济的脆弱天性，出于自身生存的需要，具有血缘姻缘关系的家庭、宗族和村落不得不紧密联结在一起，形成了天然的邻里单元和生产生活共同体，以单元的形态对抗自然和人为灾害。同时，以血缘为纽带的宗族关系，维系着乡村生产生活共同体的价值认同。稳定固态的空间形态，将孤立的个体凝聚成为社区结构的重要原子，厚实了邻里之间相对紧密的耦合关系，由此塑造了“远亲不如近邻”的紧密亲和的社区关系纽带。从形式上看，邻里之间总是展现出毗邻而居、地缘相邻的特征，加之通信技术落后、交通不便，以及“安土重迁”

---

① 国家统计局.《中华人民共和国2021年国民经济和社会发展统计公报》，2022－02－28.

“父母在、不远游”等传统观念的影响，大多数人并不排斥偏安一隅，并依靠信息互享、资源分享等互帮互助，而这就使得传统邻里关系总是体现出非常浓厚的亲和力。

不同时期的统治者为了加强对民众的控制，一般施行较为严格的户籍管制政策。早在商周时期，《周礼》中就有明文规定“五家为邻，五邻为里”[①]，可见邻里关系在封建社会之前就被纳入基础性人际关系范畴。秦时，邻里关系发展出一种十分残酷的方式——连坐制，邻居之间形成一种较为紧张的监视与被监视关系，邻里也因此被绑定、联结在一起，成为一种利益相关的社会关系。汉代，“五家为邻，五邻为里，四里为族，五族为常，五常为州，五州为乡”使邻里联系成为一种制度规范，“邻里一家亲”成为个人小家庭的外延。虽然汉高祖刘邦在律条上摈弃了“一人犯罪殃及亲邻”的秦代条款，但是同样通过举荐制的形式不断强化邻里、乡里关系，并由此成为我国和谐邻里关系形成的重要基础。

魏晋南北朝时期，邻里关系则继承了汉魏以来品评人物的传统，社会舆论受到了邻里之间的广泛重视。到了唐代，“百户为里，五里为乡。四家为邻，五家为保。在邑居者为坊，在田野者为村。村坊邻里，递相督察”得以延续[②]。两宋时期，士大夫则在“五家为邻，二十五家为里，万二千五百家为乡，五百家为党”的基础之上逐渐形成了较为系统的以“齐家”为核心的居家理念，同时各种形式的“乡约”也被当作一种道德规范，邻里关系相处得如何是评价一个人道德是否高尚的极为重要的标准，“千金难买是乡邻”成为乡间津津乐道的俗语。明清时期，基层社会结构没有发生重大断裂，守望相助仍然是邻里间朝夕相处的主旋律。正如清末民初石成金编著的《传家宝》所描绘的邻里关系那样，“生来同里共乡邻，不是交游是所亲”，邻里的亲近熟稔可见一斑。

传统社会的道德调节和道德规范构成乡邻关系的核心内涵，形成了一

① 班固.汉书[M].北京：中华书局，1962.

② 〔唐〕杜佑撰.通典[M].北京：中华书局，1988.

以贯之的乡土记忆。例如，亲仁善邻、乡邻和睦、相融相让、相扶相助等思想[①]是邻里文化的一贯标识。一般来说，血缘伦理作为中国传统伦理的基础，仁爱精神则构成了传统道德的精神渊薮和价值基础。虽然大多邻里关系未必具有血缘联系，而更多表现为在居住空间上毗邻而居、相互扶助的地缘联结，但是在社会结构相对单一的乡村社会中，一定范围内集聚的人互联、互帮、互助显得尤为重要，邻里关系相较于其他社会关系往往具有难以替代的现实作用，因而处理好邻里关系成为人们的内在生活需求。

（二）现代化过程中城乡邻里关系的疏离化趋势

邻里关系的转变与城乡社会发展变化具有一致性。自新中国成立后，我国城乡社区大致经历了四大发展阶段，即新中国成立初期的“革命型”社会发展阶段、20世纪六七十年代高度组织化的社会管控模式、改革开放至党的十八大的社会管理阶段、党的十八大以来的社会治理阶段。在这些时期内，我国邻里关系也先后经历了单位社区的邻里关系、商品房社区的邻里关系以及新时代的邻里关系。

在单位制时期，党和政府为高效推进工业化进程，实行了职宿一体的管理形式。“单位大院”成为城市居民聚居的主要形式，“公社、大队”则成为农村村民聚居的主要形式。“单位制”这一体制是特殊社会阶段的产物，概而言之，就是在单一公有制和集体所有制以及优先发展重工业的基础上，将所有社会力量与资源纳入行政权力的控制范围内，受到国家统一指令计划的调控，国家依靠各种类型的单位实现对社会力量的整合与控制，建立起了个人、家庭对单位及国家的资源依赖。在这样的体制下，无论是生产、工作，还是娱乐生活都围绕一个单位或者一个集体展开，居民的生老病死被牢牢限制在一个单位内。

单位空间所呈现的封闭性以及对单位人员流动的限制使得单位成为居民进行社会交往的主要空间，构成了居民的邻里空间。居民的邻里大都由单位的同事或者一个大队的居民构成，整个邻里空间呈现单位聚集和同

---

① 肖群忠.论中国古代邻里关系及其道德调节传统[J].孔子研究,2009(04):17－23.

事聚集的特征,所以此时的邻里关系实际上成为业缘关系和邻里关系的叠加,关系表现得格外亲密。但同时涌现出不少问题。例如,集体化一定程度上改变了传统邻里自主交往模式,由于资源配置受到严格管控,乡村社会时期邻里间的“礼尚往来”减少,以及农村集体化进程中出现的诸如“磨洋工”“单干风”等问题,虽是个体与集体间博弈,但在“大锅饭”的情况下,对邻里关系造成了一定的损害。

改革开放后,随着单位制社区解体、福利分房结束和住房补贴的出现,具有一定积蓄的人们开始尝试在外买房,步入商品房社区时期,城市社区的管理体制也逐渐从街居制缓慢转型为社区制。社区本质上属于一种“陌生人”社会或者“半熟人”社会。一般来说,“社区内种族的异质性越高,社区信任越低,人口流动性强的社区居民信任程度也低”[①],这一时期社区邻居之间的共同体标记消失,居民个体在社区内部或外部都没有太多的社会联系,地缘、血缘、业缘的联系纽带俱失。邻里空间的打散、重组导致生活空间内部旧邻居减少,新邻居增多,邻居之间彼此互不相识,邻里认同感被极大削弱,新居民之间的邻里空间归属感和身份认同感难以及时成形,邻里交往呈现一种内倾化倾向。

乡村社会中,邻里关系的消解受到更多因素的影响。第一,经济层面,随着市场经济对农村区域的影响,原有邻里间以血缘情感、地缘地理为基础的“生存型救助”关系几乎消失殆尽,而宗族观念对新一代农村居民的束缚减弱,农村居民逐渐成为独立社会人和“理性人”,邻里间情感往来、文化联结减少,反而基于利益考量的交往增多,邻里关系的冷漠化特征越发显著。第二,治理层面,尽管以村民为主体的自治力量使得国家政策落实有了基层承载,然而制度设计及其执行却在实践中出现了偏差,长期务工、旅居在外的村民由于与乡村邻里的利益、情感联结渐失和对村庄的个人归属感较弱,对村庄治理的关心度普遍降低、参与热情整体表现较为低

① 蔡禾,贺霞旭.城市社区异质性与社区凝聚力:以社区邻里关系为研究对象[J].中山大学学报(社会科学版),2014,54(2):133-151.

迷，基层自治面临形式化和空转化的困境。第三，技术层面，随着现代通信和互联网技术的日益发达，各种智能手机、电视、电脑进入千家万户，农村社会的信息化程度也在显著提升，带来的就是居民日常沟通、交往的半径被极大拓宽，交流方式受到地理位置的限制越来越小，可以说足不出户就能认识天下人，以交换、共享生活信息为基础的邻里联系的必要性被大大削弱。

（三）重构社区新型邻里关系的反思与面向

当前，城乡社区居民所面临的形势是就算推开邻居家的门，看见的大多是陌生面孔，想找人拉家常也不好意思开口；路怎么走省力、坐哪路公交车最便当，也全凭自己留心起来……邻里间的互帮互助变得越发疏离。这固然是科学技术发展下的时代产物，但传统邻里关系的逐渐消解，破坏的却不仅仅只是生活的舒适感，打碎的也不仅仅只有充满人情味的乡土记忆，更严重的是城乡的价值认同和制度基础逐渐瓦解。

面对以农民、城镇居民等为主体的城乡邻里关系的瓦解带来的困局，人们逐渐认识到社会经济的发展不应该以人情淡漠和治权弱化为代价，和谐社会建设离不开对人情感的关注，未来社会必然是“以每个人的全面而自由的发展为基本原则的社会形式”[①]。伴随着乡村振兴战略的大力推进，改革开放进程中“失落”的农村社区邻里关系也开始了自我重构之路。《中共中央关于制定国民经济和社会发展第十四个五年规划和二〇三五年远景目标的建议》中明确指出，“十四五”期间要“推进以人为核心的新型城镇化”。之所以把“人”放到更加突出的位置，是因为以人为核心的新型城镇化，其本质目标不仅是要实现农业转移人口身份上的市民化，更是要实现农业流动人口在思维、生活习惯和行为方式上的嬗变，以及实现包括医疗卫生、国民教育、城市福利等在内的公共服务均等化。

2006 年取消农业税后，党的十六届六中全会首次完整提出了“农村社区建设”这一概念，要求“积极推进农村社区建设，健全新型社区管理和服

---

① 马克思．资本论［M］．北京：人民出版社．1975.

务体制,把社区建设成为管理有序、服务完善、文明祥和的社会生活共同体”。随着基层政府部门职能由管理型向服务型转化,基层政府部门开始把精力从单一的行政管理转移到为农民提供优质服务上,新农村公共服务社区化正是缓解我国农村公共服务供给不平衡这一难题的有效途径。在农村公共服务社区化政策的指引下,“农村居民将不再是‘乡下人’,城市居民也不再是‘城里人’”,由户籍制度带来的城乡二元对立格局开始被打破,农民与市民从生活水平到生活质量方面的差距都发生了很大改变。同时,针对税费改革后,村委会与村民之间的联系减弱,农民对村干部依赖的减少逐渐演变为农民政治参与淡漠等诸多问题,农村社区化增强社区居民归属感、重塑农民主体地位的定位主要体现在“自治”和“服务”上,通过完善服务给农民带来实惠,使其自觉地参与社区公共服务管理,建设新的社会生活共同体。

党的十八大以来,习近平总书记提出社会治理新思想,创造性地提出了富有时代生命力的“两邻”理念,为重塑良好的邻里关系指明了前进方向。从社会管理阶段到社会治理阶段,后者打破了重点与非重点、主要与次要的格式化模式,突出了价值认同和多元参与的特征。治理阶段的社区邻里关系构建,重点在于实现社区公共事务治理方式的转变,进而推动从以往管理型社区向服务型社区的形态转变,与体制转型,即村(居)“两委”应从以往管理者转变为多元力量参与的引导者。同时,村(社区)应积极创造适合邻里交往的公共空间,使其不再只是物质层面上的概念,还具有承担情感治理和社会联结的双向功能,将社区居民从“陌邻”变为“睦邻”,保持人与人之间的真诚情感联结、保持居委会和居民密切沟通。

第二节　唤醒的“愁”

在现代社会“高度可移动性”的背景下,如何通过“再组织化”以复原、唤醒传统城乡社会的温情，改变当前社区治理中普遍出现的重硬件轻软件、重物质轻文化的治理倾向，构建出新型、和谐的社区邻里关系，深入推进社会治理体系和治理能力现代化，夯实基层单元治理根基，切实提升城乡居民的幸福感、获得感、参与感，是全国社区治理面临的普遍性难题和挑战。

一、“两邻”理念指导

“城乡社区是社会治理的基本单元”。党的十八大以来，以习近平同志为核心的党中央新一代领导集体高度重视城乡社区治理在国家治理体系和治理现代化建设进程中的基础性作用。2013 年 8 月，习近平总书记赴辽宁省沈阳市调研指导，在沈河区滨河街道多福社区，他与居民座谈时提及，“社区建设光靠钱不行，要与邻为善、以邻为伴”。这一论断不仅点出了社区治理所面临的基层治理为了谁、依靠谁、怎么看、怎么干等现实困惑，也指出了当下社区建设应该改进的方向，即在如何建立起人人有责、人人尽责、人人享有的社会治理共同体上下功夫，为新时代城市基层治理提供了科学指引和基本遵循。正如论断所言，社区治理不仅需要经费投入，在基础硬件设施建设上加大投入，还需要完善党委领导、政府负责、民主协商、社会协同、居民参与、法治保障、科技支撑的社区治理体系，推动所有参与者、建设者树立“社区是我家、建设靠大家”的共同体意识。

“两邻”理念的提出为当下社区治理提供了创新性视角。很长一段时间内，我国城市社区治理以政府、社区与居民之间的纵向互动为主，社区中居民与居民、居民与组织、组织与组织之间的横向联系与互动极为有限。“两级政府、三级管理、四级网络”的城市管理体制及社区治理的触角一步一步向网格、楼栋、单元延伸，社区治理单元不断细化的同时，却存在着以纵向互动为主的社区治理模式服务难以精准、治理成本增加、居民自治难以发挥等局限性。过分行政化的社区治理导致居民心态和行为的“异化”，对社区治理表现出“事不关己，高高挂起”的消极态度，在政府、社区的治理和服务中处于被动接受的一方，主动参与社区治理的人数比例较低，且参与方式上大多以个体的原子化参与为主，居民之间往往由于缺乏有效的沟通而难以达成共识与合作，最终难以形成自下而上的、自治的、互动的社区治理体制,难以实现社区居民的“自我管理、自我教育、自我服务、自我监督”。

针对如上问题,“与邻为善、以邻为伴”的新时代社区创建理念有力回答了当下社区治理为了谁、依靠谁的问题,指出了社区居民满意与否是评价社区治理效能的根本标准,将社区治理成效与人民群众是否真正得实惠相挂钩,使得居民合法权益有了更深入的保障,也是“人民对美好生活的向往就是我们的奋斗目标”这一理念的真切回应。因而,当下社区治理必须要摆脱“见物不见人”的困局,要在满足基本人力、物力、财力等支持保障之下,充分发挥人民群众的主动性和创造性,解决好进入新时代以后人与人之间的矛盾关系,努力将原子化的社区个体凝聚成为共建美好家园的合力。在这个过程中,“社会要通过居民的参与来解决发展中出现的矛盾和问题,建立起和谐的人际关系,形成秩序与活力统一的社会环境和氛围”①。

“两邻”理念的思想渊源上可以追溯到先秦时期。《孟子》言:“乡田同井,出入相友,守望相助,疾病相扶持,则百姓亲睦。”朱熹在《四书集注》中也说:“邻,犹亲也。德不孤立,必以类应。”处理邻里关系的关键在于“以善为先”“以邻为伴”,将维护邻里关系纳入个人品德操守和行为规范中,并逐步将其发展成为整个社区的共识与公义,形成固有的社区文化品质。时移世易,虽然社区空间范围内的邻里关系不论是在表现样态还是时代内涵上与以往都具有较大差异,但随着“邻治”理念的返场和回归,新时代社区文化建设也主张要将“与邻为善、以邻为伴”的理念作为发展方向,重塑“以邻为伴”的新型邻里文化,通过社区“四互”(互动、互信、互爱、互助),营造社区“四和”(邻里和睦、环境和美、文化和融、社区和谐)的新氛围,打造“社区有温暖、有内涵,居民有尊严、有认同、有希望”的幸福家园,形成独具特色的“两邻”社区文化。

新时代的“两邻”理念本身包含两个层次。“与邻为善”强调对于城乡社区的道德教化与文化熏陶,即主张将“善”文化传播于邻里之间,从而营

① 丁元竹.从“社会管理”到“社会治理”是必然趋势[N].南京日报,2013-12-03.

造社区和谐温情的氛围；“以邻为伴”则强调将原子化的个体重新组织起来，从而使得社区居民之间形成密切的互动关系，激活城乡居民共建共治共享的内生动力①。从“个体行为”视角进行分析，“与邻为善”重塑了邻里的信任关系，要求“善邻”不仅体现在道德上的“友善”，同时体现在情感上的“亲善”，以形成社区大家庭的精神感召；“以邻为伴”则打破了邻里间的沟通阻塞，宣扬以良善的互动关系强化邻里间的互惠交流，进而增强社区居民参与邻里互动的意愿。从“空间结构约束论”的角度来看，“两邻”理念的实践有助于提升居民间的生活依存度，有效消弭社区异质性的影响，居民个体的社会标签与掌握的社会资源被极大淡化，居民以无差别的平等地位参与邻里互动，个人主义逐渐让位于社区共同体下的集体主义。总的来看，“与邻为善”塑造精神情感，“以邻为伴”搭建关系网络，遥相呼应、互为表里，构建起超越家庭“小我”而达至社区“大我”的守望相助的社区治理共同体。

以人为本，重视人的精神需要与自治权利是“两邻”理念的精神土壤。这就要求社区治理将人民情怀置于首位，把满足居民需要作为工作开展的出发点和落脚点，在治理过程中加大情感关照，增加大众情感黏度，将社区营造成居民的情感家园。因此，在社区治理工作中，要实现从单纯解决治理事务到物质性和精神性兼具的双向治理转换，化技术治理为情感驱动。其中，重视社区场域下就业竞争能力和基本生活能力差，生存能力和抗风险能力极差的弱势群体的诉求，是社区发展的重点，是消除社区内部负面情绪，防止居民负面情绪堆积，从而增加正面情绪，促进情感共同体生成过程中的关键“短板”，要在满足居民正常生活需要的基础之上挖掘其潜能与活力，促进其与社会环境相适应，满足其对美好生活的需求，通过情感治理达到“聚邻”的目的。

加强“共同体”意识的培育与“共同体”制度的建设是“两邻”理念的重

① 张雷，秦森．社区治理“两邻”理念与社会工作创新[J]．中国社会工作，2020(25)：20－22.

要目标。在社会基本矛盾发生深刻变化的新形势下,城乡社区的发展与城乡社区中居民的价值认同感和归属感息息相关,而当下城乡社区治理的价值理念创新主要体现在通过公共精神培育城乡社区的共同体意识,以缓和高度异质化的流动性社区环境中的矛盾、纠纷。从党的十九大提出“打造共建共治共享社会治理格局”到党的十九届四中全会强调“坚持和完善共建共治共享的社会治理制度”来看,无论是从社会体制创新的现实需求,还是推进基层治理体系与治理能力现代化的目标来看,构建共建共治共享治理体系,以打造“社会治理共同体”为目标都是今后基层社会建设与发展的长期导向。因而,在社区治理过程中要努力构建起“与邻为善、以邻为伴”的新型善邻伴邻社区和谐关系,倡导“社区是我家,建设靠大家”的社区共同体精神,开展社区公益、志愿服务等各项活动,创建共同学习、娱乐的活动机制,拉近人们的沟通距离,促进人们的情感生活交往,鼓励人们对公共事务的参与。

构建以社区为平台、以社会组织为载体、以社会工作人才为支撑的联动格局,推动资源配置优化、赋予社区治理活力,发挥“三社联动”机制的优势也应成为“两邻”理念的应有之义。这就要求为社区本身赋权增能,巩固和发展社区治理多元参与形式,推动社区治理从一元化的“科层制”向网络化的“异层级制”转变,通过社区建设、社会组织培育和社会工作现代化形成“三社”资源共享、优势互补、相互促进的政府与社会之间互联、互动、互补的社会治理新格局。例如,社区工作者与居民之间以良善伙伴关系由以往关注于社会工作的专业化向社区化、在地化转变,着力提升社会工作的服务效果;社会工作者与社会组织之间发展深层合作,注重社会组织杠杆作用发挥,推动优质社会资源向社区集聚,并重视社区自组织培育,有效组织和凝聚社区居民;除此之外,社区、社会组织与社会工作者三者之间要形成良好互动,建设综合统筹和分工负责体系,在共同价值观念引导下团结协作,整合社区治理共同体合力。

“两邻”理念一经提出,建构睦邻、爱邻、友邻的社区治理共同体便在全国范围内得到了广泛认同。2017 年 6 月,《中共中央　国务院关于加强和完善城乡社区治理的意见》中提出，要“组织居民群众开展文明家庭创建活动，发展社区志愿服务，倡导移风易俗，形成与邻为善、以邻为伴、守望相助的良好社区氛围”。在党中央的高位推动下，各地紧紧围绕“与邻为善、以邻为伴”的建设理念，建立了一批社区治理和服务创新实验区，实施了一批社会治理改革创新服务项目，打造了一批诸如“邻长制”“邻治理”“毗邻党建”等社区知名治理品牌，继而着力构建起通达上下、睦邻左右的新型基层社会治理体系。

二、“两邻”实践落地

“与邻为善、以邻为伴”，既是一种思想方法、思维方式，也是一种特色鲜明的实践指向和工作要求，“两邻”理念的实践就是对于当下社区治理涌现的具体问题的有效回应。例如，网格化问题作为社区治理中较为显著的现实难题，由于社区治理行政化属性根深蒂固、条块分割不清、网格化治理队伍建设滞后等原因，导致社区网格化治理过程中暴露出治理流于形式、部门之间联动困难、网格员自身能力不足等问题。究其根源，社区治理中“以民为本”的理念并未得到很好贯彻，社区制度壁垒障碍，各类资源流动性差，居民参与社区治理的意愿不足，内生参与动能难以彰显。基于此，以“两邻”理念为阀门，以保障居民自治的基本权利作为中心，立足打造扁平化的社区网格化服务体系的探索式方法对塑造社区和谐文化，促进社区良性发展，满足居民美好生活需要具有重要意义，同时也提供了可供探索的新型社区治理实践路径。

随着该理念与各地实情的结合，“两邻”理念日益具象为丰富、生动的实践场景，表现出越来越多样的实践形态。例如在“两邻”理念的发源地沈阳，皇姑区新乐街道泰山社区主张将邻治思想与社区党建相结合，实行“红色家园”建设，创新开展“五邻＋”活动，在“亲邻＋红阵地”“友邻＋红引擎”“睦邻＋红文化”“助邻＋红关怀”“爱邻＋红服务”五大主题中，从“邻里帮帮团”到“红马甲”服务队，从“携手大党委，扶贫助困进社区”的支部共建到“和谐泰山相亲相爱一家人”文化节，在不断的邻里相知、互帮互助行动中提升群众的幸福感，使“红色家园”里的邻里关系更为和谐融洽。

与此同时,沈阳沈北新区新城子街道福星社区探索出“红邻议事亭”模式,以“党建聚邻”为核心,逐步引导居民参与社区共建共享,形成“大家的事大家议,大家的事大家管”的社区自治新局面,将“远亲不如近邻”的理念贯穿小区治理全过程,进一步提升居民服务到家、到家服务的安全感、幸福感、获得感,打通社会治理的“最后一米”。

云南、辽宁等地全面实施“六邻”工程,打造出“四互”“四共”“四和”等新型邻治模式。为重塑新时代人与人之间的关系,云南昆明以“四互”为取向,以“四共”为路径,以“四和”为目标,着力打造出“社区有颜值、有温度、有内涵、有居民、有认同、有希望”的幸福家园。以党建聚邻,充分彰显党建引领作用。发挥党员先锋模范作用,以“幸福来敲门”大走访活动为抓手,让党员在探索“两邻”实践、精准服务邻里上当先锋、作表率,引领广大居民积极参与到“两邻”建设。以服务暖邻,持续提升社区服务能力。优化社区服务功能,实行“全天候接待、全方位受理、全过程负责”的服务模式,打造各类公共空间,实现便民利民亲民“零距离”。

以科技安邻,推进社区数字赋能。以“全市通办”平台为基础,全街领域推行“一网通办”“一网统管”“一码通城”,推动数据资源共享,利用数字赋能,提高社区治理的现代化水平。以社会助邻,不断激发社区治理活力。鼓励居民参与邻里互助项目,引导社会组织参与社区治理,发挥慈善和志愿服务资源作用。以和谐睦邻,强化完善社区自治机制。健全矛盾化解机制,为社区配备律师、人民调解员、心理咨询师等专业服务人员,协助社区协商、化解社区矛盾、促进社区和谐。以文化亲邻,同心共筑社区邻里亲情。将“两邻”理念与铁西劳模精神、工匠精神等有机融合,把理念的精神实质、核心要义融入居民公约、村规民约。打造全方位“两邻”文化宣传矩阵,营造“两邻”浓厚氛围。

安徽、浙江等地基于“两邻”理念的实践指引不断创新与健全“邻长制”机制。安徽省亳州市按照全域全员全覆盖的思路,把人、事、地、物、组织等全部纳入“邻长制”网络体系管理,实现“一张网”兜起民生千万事。首先,全覆盖,重构基层组织体系。按照原有建制村、城市社区分布情况和村(社区)干部分工情况,将每个村(社区)划分若干片。依据原有村民小组、城市居民小组分设实际,再延伸设“邻”这一微观组织,一般以居住相邻的15户左右村(居)民划为一邻。其次,明职责,精心选配“三长”。按照“有群众基础、有热情、有时间、有耐心、有能力”的标准,通过群众推荐、个人自荐、组织任命等方式,从本区域常住居民中进行选配邻长。最后,高效率,问题发现及时,解决迅速。建立健全问题“发现、反映、交办、解决、反馈”工作机制,形成村(居)民线上“吹哨”、镇街和部门线下“报到”的局面。

在社会大变革的“移动性”背景下,亳州市以“邻长制”为抓手,重构合纵连横、灵敏高效、通达上下、和谐左右的新型基层社会治理体系。“邻长制”既是培育良性社会生态的关键,又是基层社会治理的中枢,在国与家、公与私、上与下、官与民之间,扮演着联系顺畅的“摆渡车”、互动沟通的“交流器”、利益博弈的“减震阀”、矛盾化解的“融合剂”的角色。从其社区治理作用上来看,“邻长制”创新了基层社会末端组织结构,重构了微观社会的利益共同体,再造了“熟人社会”环境,接续了“家园红利”的累积,搭建起基层人才培养的平台,培育了良性成长的社会生态,开辟了低成本改革的新路径,实现了实体空间加虚拟空间的高效率促进基层社会治理能力现代化,是当下“两邻”理念的创新性探索,对于实时全面了解动态中的社情民意,增强政府决策的精准性和预见性,又能倒逼政府推动社会治理升级,实现更高水平现代化具有较为重要的意义。

从经验上来看,不同地区在落实“两邻”理念上的生动实践呈现出一些共性特征。第一,最根本的是要坚持把党的建设作为社区治理的核心引领,构建贯通上下、通达左右的党建工作体系及“1+X”大党委,实现横向到边、纵向到底的工作和组织全覆盖。第二,搭建村级议事点、社区议事厅、居民议事亭等平台,调动人大代表、政协委员、专家团队、社区志愿者、专业社工等多方力量,将辖区内各类人群、各类组织联系起来,并将其纳入各单位绩效考核,引导全社会养成践行“两邻”理念的行动自觉。第三,对试点经验的总结推广,坚持差异化、个性化发展,积极打造社区治理品牌,大力弘扬社会主义核心价值观。

当然,“两邻”理念熔铸到现实基层治理过程后,其具体含义也在不断丰富。例如,“两邻”理念的价值旨归,就是要打造新型的邻里关系,相对于“熟人社会”固有的邻里关系,新的邻里主体已不局限于固定区域的城乡居民,而是辐射到包括基层干部、志愿者、社工、个体工商户、企事业单位员工、少数民族同胞等在内的多方社区建设力量。更重要的是,“两邻”理念指引下的社区工作模式,通过创新工作方法和机制,搭建起了系统化的服务网络和工作平台,打造了新时代凸显人文关怀的社区服务型典范,基本实现了城乡社区由“管理型”向“服务型”的转变。

“两邻”理念的创新化实践与应用意味着处理社区治理问题的一种崭新视角的出现。其将社区治理视角从治理主体的纵向延伸转移到治理客体的横向互动上,是对于当下基层治理面临“陌生人社会”困境、集体行动困境、居民自治困境等难题的创新性回应。其通过强化居民与居民、居民与组织、组织与组织之间的横向联系与互动,增强他们互助合作、协商共治和集体行动的能力,使其由单纯的社区治理客体变成参与社区治理的重要主体,在减轻政府和社区负担的同时,进一步协助政府和社区进行治理。因而,“两邻”理念协同指导的社区治理模式的运行逻辑可以被归纳为以加强社区中居民与居民、居民与组织、组织与组织之间的横向联系与互动为切入点,进而促进政府、社区与居民之间纵向互动关系的优化,最终形成一个横向互动与纵向互动互相促进的良性循环,从而实现社区的善治。

以“与邻为善、以邻为伴”为内核的邻长制实践创新折射出国家权力下沉背景下国家、社会与居民的新型互动关系。对于城乡社区来说,践行“两邻”理念对于促进社区治理体系和治理能力现代化具有重要意义。以农村社区为例,一个村民组长服务或管理的对象少则几十户多则百余户,因此往往无法做实做细如此庞大的事务,许多工作只能“走马观花”。而随着“邻长制”的构建,社区中深受居民信赖的居民被选举为邻长,其既是居民代表又是官方代表,有效地减轻了基层干部的工作压力,使得基层治理的触角横向加密、纵向加长。

社区治理落实“两邻”理念的要求，也有助于降低社会治理成本。尽管构建“邻治理”体系，在一些地区会新增成千上万的基层治理队伍，但却不会新增各级政府的财政负担。相反，这些选举出来的治理队伍能够充分发挥自身优势条件，助力社区人力、物力、财力等治理成本的控制。例如，一些长期积压的基层事务，抑或社区干部做不好的邻里琐事，如邻里矛盾纠纷调解等，采取“邻治理”调解的方式往往能够收获良好效果。除此之外，“邻管家”通过挖掘自身社会关系网络，动员社会力量广泛捐助，既能够使自身得到物质和精神奖励，也帮助部分企业借助这一平台扩大了知名度和美誉度，亦缓解了社区治理面临的资金短缺压力。

从结果上来看，社区治理能力伴随“两邻”理念的创新而提升，“两邻”理念的迭代升级客观上推动技术治理的更新换代。也就是说，以“两邻”理念为价值指导，随着现代技术工具的引入，在稳固社区实体空间形态的同时，又会通过超源性的时空交互形成更加亲密的耦合关系，进而提升基层治理能力。具体而言，社区一级构建了若干层级的社会治理网络；而从虚拟层面看，社区通过建立“邻长＋邻居”“邻管家”“邻服务”微信群等“指尖阵地”，搭建起了温馨便捷的虚拟网络。城乡社区能够及时且全面地了解基层的社情民意，增强政府决策的速度和效度，倒逼政府推动社会治理提质增效，实现更高水平的现代化。

第三节　平湖微光：实验区创建的优势依托

嘉兴平湖地处浙江省东北部，北接上海市，南濒杭州湾，是江南著名的“鱼米之乡、瓜灯之城、文化之邦”，素有“金平湖”之美誉。然而，作为具有典型优势的农业经济开发区的平湖，在当代乡村建设过程中形成越来越商业化、越来越城市化的发展方式，真正原始的朴实乡村逐渐消逝，面临产业发展滞缓，乡村治理内生动力不足，村集体、产业、村民利益连接机制缺乏等诸多困境。

如何将社区治理工作经验从城市慢慢移植到乡村,打造一流治理范本,提升综合治理效能,既是平湖的未来展望,也是现代化、城镇化进程之下,平湖城乡社区面临的共同机遇与挑战。乡村是现代化、城市化的根基,是本土居民共有的文化根脉和精神家园,推进乡村振兴战略、促进城乡社区发展离不开文化的复兴,激发文化动能,唤醒乡土记忆成为重中之重。早在2017年平湖便开始尝试呼吁乡土文化的回归,希冀重构富有人情味的社区人际关系,以加快唤起城乡社区"乡愁",发展新时代"邻治"文化,构建出能够满足乡村振兴要求、促进社区人际关系和谐、提升城乡社区治理效能的制度平台与技术载体。

一、机制联结:实验区创建的内源动力

面对当下社会经济加快转型发展,人口总量急剧增长,社会结构趋于多元,传统社会落后的管理方式等诸多现实挑战,党的十九大报告指出要加强社区治理体系建设,推动社会治理重心向基层下移,发挥社会组织作用,实现政府治理和社会调节、居民自治良性互动,这就需要将社区里的诸多治理要素联动起来,建立和完善多元互动机制,以期达到整体治理效果。

(一)组织运作机制

在现代分工型的社会中,人并非独立生活和发展的个体,社会关系的存在使得人必须通过互相协作而结合形成相应的集体或团体,这就是组织。在组织体系的前期建设中,面对社区治理的碎片化问题,平湖市以"同心党建、立体共治"作为总体思路,强调深化"三社联动",促进"三治融合",打造"新乡邻"社区,探索和建立多方主体参与社区共治和村民自治相结合的农村社区治理模式。

在实践层面,平湖市依托市、镇(街道)两级社工委工作机构,联合各成员单位,推动建立起"议事联席、信息联通、组织联进、服务联办、活动联台"的运作机制。同时,平湖市委、市政府也将"三社"工作列入镇(街道)工作目标绩效考评项目,每年定期召开全市性"三社"工作会议,并先后举办社会工作发展专题研讨会、"三社建设与创新社会治理"专题研讨班等,

推动"三社联动"各项工作落实。"三社联动"机制的构建有力推动了政社协作的社区公共服务供给网络的形成，激活了内源性社区资源，丰富了社区服务的供给渠道，从社区、社会组织、社工内在联系上奠定了社区治理机制的基础，推动政府与社会之间的良性互动。

（二）政策保障机制

社会治理体系和治理能力的现代化不仅是国家治理的重要方向与目标，也是满足新时代广大人民群众对美好生活追求的重要保障。社区作为社会治理的基本单元，社区治理水平影响着社会治理的现代化水平和治理效能，而这离不开"有为政府"的目标定位与职责发挥。政府及其职能部门不仅是各类行政资源的主要导入者，也应是对于各类参与主体的主要引领者和协调者，并在政策层面给予保障。

中央层面，早在2013年民政部、财政部印发的《关于加快推进社区社会工作服务意见》中明确提出"三社联动"的工作要求，即按照"政府扶持、社会承接、专业支撑、项目运作"的思路，探索建立以社区为平台、以社会组织为载体、以社会工作专业人才为支撑的新型社区服务管理机制。下落到基层社区政策创制更为具体，从2017年开始，平湖市先后出台《关于加强社区、社团、社工建设进一步完善社会管理体制的意见》《关于进一步深化"三社联动"创新基层社会治理的实施意见》《关于进一步加强社会工作人才队伍建设推动社会工作发展的意见》《关于进一步加强社会组织建设管理的意见》《关于开展社区社工服务站建设工作的实施意见》等一系列政策，不仅回应了国家在"推进社区、社会组织、社会工作'三社联动'完善社区组织发现居民需求、统筹设计服务项目、支持社会组织承接、引导专业社会工作团队参与的工作体系"上的要求，而且在基层社会治理、建设和人才队伍上给予了规范性的指导，以构建起日趋完善的"三社联动"制度框架和长效机制。

（三）联动发展机制

社区作为社会治理的基本单元，社区治理创新则是基层社会治理创新的重中之重与核心环节。在当前中国的治理语境下，联动治理就意味着通过搭建组织平台、机制创新、技术运用、流程优化等方式吸纳多元主体参与,形成联动机制,以构建政府、社会、村民共建共治共享治理体系。从其本质来看,也是在于实现从政府单中心的管理架构向主体多中心的治理架构转型。党的十八届三中全会提出"创新社会治理体制"的改革新思路之后,以社区、社会组织、社会工作为核心的"三社联动",作为一种涉及政治、经济、社会和利益、竞争、信任的综合性社区关系网络,汇聚了政府、社会、居民等各方资源,推动权力重组、定位职能角色、搭建互动网络,对我国当下社区治理和基层社会发展产生重要影响。有利于促进社会治理的重心下移,提高社会治理的社会化、专业化水平。

作为实现社会有效供给的多元联合、互动机制,"三社联动"并非意味着将社区、社会组织、社会工作者三者捆绑,而是作为一种相互依存、优势互补的协作同构和利益联盟关系,进行相互沟通、信息共享、融合发展、协同共治。该机制的目的是"动",关键在"联"。所以,"三社联动"的运行是以"社"为基础,基于"三社"之间的协同合作,三方共同参与社区治理,积极动员社区内外力量,激发社区活力,促进社区发展。①

第一,项目联营。在"三社联动"模式中,社会组织是项目运行的组织载体,通过承接服务项目进驻社区,进而使社会工作者参与社区治理。为改变社区居民一盘散沙、互不联系的原子化状态,必须充分发挥社会组织的连接和带动作用,为居民提供社会互动的空间,以弥补社会转型中不断减少的非正式邻里互动②。平湖市看到了社会组织对缓解政府压力、提供优质公共服务的载体作用,通过引导社会组织发挥自身资源优势和专业特长,与所在社区结对合作,形成伙伴关系,根据社区需求,实行项目联营、活动联办。如长虹公益发展中心分别在当湖街道长胜路社区(现更名为东升社区)和钟埭街道花园社区承接居家养老服务项目;美丽家园环保服务中心与当湖街道如意社区、北河泼社区合作,探索开展垃圾分类减量和阳台绿植推

① 丁辉侠,孟悄然."三社联动"合作治理的困境与对策[J].中国民政,2017(15):46-48.

② 方亚琴,夏建中.社区治理中的社会资本培育[J].中国社会科学,2019(07):64-84,205-206.

广项目等。目前，已有近20个社区与10多个社会组织实现项目联营。

第二，服务联手。实现城乡社区公共服务的均等化与标准化，归根结底是要依托于人的主动性与创造性的作用发挥，社区构成居民活动的日常空间，社区社会组织也是社会工作者的专业活动平台之一，对于吸引和培养专业人才，为其施展才华提供空间和载体支撑。同时，社会组织在社区居委会支持下获得相关信息、物质资源，服务于社区，促进服务实效产生，也能培育居民的志愿服务精神。平湖市通过"社工组织策划＋义工广泛参与"模式，引导和鼓励社工、义工到城乡社区开展调研需求、提供专业服务，并鼓励推动村（社区）建立志愿者组织，通过参与"公益创投""幸福自治家园"项目等方式，不断提升组织自身能力和服务水平，目前，已有50多个村（社区）的自治项目入选公益创投或幸福自治家园项目。

第三，培育联动。"三社"的培育和发展是"三社联动"的基础，"尤其在公共精神发育不充分和缺乏民主传统的社会，政府需要积极参与和主导社区秩序的构建，同时也要自觉约束自身行为，设计逐步退出的机制。利用、引进和培育社区治理资源，发展相应的社区组织，以填补在政府治理和自治理中间的断层，是基层治理构建的核心方面[①]"。面对社会组织的不断发展壮大，作为重要基层治理主体的政府组织需要在加强社会组织发展平台与保障机制建设基础之上，不断适时改进对社会组织的培育管理机制，针对现实情况实施分类化和精细化管理策略。

平湖市就推动建立了社会组织综合党委，并依托社会组织创益园，建立社会组织党组织孵化中心，实行社会组织和党组织的"双孵化"，同时积极推进"双培养"工程，即把党员培养成社会组织骨干，把社会组织骨干培养成党员公益先锋，截至2021年，平湖市已孵化党组织2个，培育公益先锋5名。在培育其他社会力量方面，平湖市还建立起了"市—镇街—村社"三级联动、覆盖全域的社会组织孵化平台，大力培育服务性、公益性和互助性社区社会组织，引导建立社区社会组织联合会、邻坊中心、乡贤参事会等

---

① 敬义嘉.合作治理：再造公共服务的逻辑[M].天津：天津人民出版社，2009.

枢纽型、支持型社会组织94家,2020年平湖市全市备案登记的社区社会组织达到2322家,平均每个城市社区拥有24个以上、农村社区有15个以上。

(四)激励评价机制

推进评价体系构建,对基层治理水平与治理能力展开评估有利于落实精准施策,提高治理效率,是推进我国基层社会治理现代化的重要工具保障。为规范政府购买服务、调动社会力量的积极性,必须依据一定的标准、规范设计激励评价机制,推动现有机制持续化运作。平湖市制定了《平湖市政府购买社会工作服务项目评估实施办法》,对评估的主体、内容、方法、程序明确规范,从完成情况、服务满意率、组织能力、人力资源、财务状况、综合效能等方面检验政府购买社会工作服务效果,客观评价财政资金使用效益。同时也出台《关于进一步加强社会组织建设管理的意见》《关于规范公益性社会组织开办经费补助的实施办法》等激励政策,对获得3A、4A、5A级的公益性社会组织给予物质奖励。

二、平台建构与农民组织化:实验区创建的现实基础

对于社区空间的合理化利用是我国社区治理的内在要求和治理标准之一。社区空间不仅可以促进居民的日常互动,塑造社区共同体,同时在推动基层民主协商、孵化社会组织、培育居民公共精神等方面具有基础性作用,而社区综合平台建设在社区治理中的公共空间、组织载体作用日益得到彰显。为提高治理效能、提升治理质量、激发治理热情,平湖市陆续搭建出多样化、多层次、多维度的参与平台和参与载体。

(一)服务管理平台与城乡社区减负

伴随着政府大部分职责事项和公共服务职能下沉到社区,村(社区)作为基层社会治理的神经末梢,基层村社工作普遍存在工作杂、任务重、压力大等情况,村(社区)机构挂牌、上墙制度、盖章证明和工作事项等“四多”现象较为突出。为进一步规范涉村(社区)工作事项,切实减轻村(社区)工作负担,强化村民自治和社区服务功能,自2015年起,平湖市全面开展村(社区)负担过重问题集中整治、实行村(社区)工作事项准入制度等措施,积极推动村(社区)“瘦身”。2015年全市共优化保留工作事项大项

31 个(小项 70 个),考核评比 10 个和创建达标 19 个,网络平台 15 个,并每年制定一张"准入事项清单",实现"凡进必批"。

从辩证性的角度来看,城镇的推进并不只是聚焦在光鲜的马路以及排列整齐的高楼大厦,更应让发展的曙光洒向所有大街小巷以及带有烟火气的城乡社区,畅通联系和服务群众的"最后一公里"①。2015 年平湖市进一步优化社区服务管理平台,市财政先后投入 1000 多万元推动社区服务中心建设,城乡社区全部建成集一站式便民服务、居家养老服务、卫生医疗服务等于一体的城乡社区综合服务平台,50% 的城乡社区达到嘉兴市"五星级"和谐示范社区标准。

(二)社会组织化与服务网络构建

经济、社会的飞速发展及其带来的多元化和异质性的需求使得社会组织和社会工作的重要性日益凸显。社会工作想要落地以及实现长效发展,实物载体是其必要条件。自党的十八大报告提出"加强和创新社会管理"以及党的十八届三中全会提出"创新社会治理体制"以来,培育发展社区社会组织成为推进基层实践创新的新热潮与新方向。2017 年民政部印发《关于大力培育发展社区社会组织的意见》明确提出社区社会组织培育发展的总体要求和发展目标。一般来说,社区社会组织的原初动力来自于社区本身,而其规范化发展则需要政府的主动培育。2015 年开始,平湖市在市级层面建立平湖市社会组织创益园,引入"公益组织孵化器"设计理念,采用"政府式运作、专业团队管理、多方协同参与、社会民众受益"的运作模式,大力培育公益服务类专业社工组织,壮大承接社区公共服务的社会组织队伍。仅 2016 年,全市注册登记的社会组织共有 250 家(社会团体 149 家,民办非企业单位 100 家,基金会 1 家),其中等级评估 3A 以上社会组织 85 家(5A 级 2 家、4A 级 17 家)。

为推进民生服务网建设,平湖市倡导建立了"市—镇(街道)—村(社

① 祝灵君. 党领导基层社会治理的基本逻辑研究[J]. 中共中央党校(国家行政学院)学报,2020,24(04):37 - 45.

区)”三级社会服务网络平台,以期有效扩大基层服务覆盖范围,引导更多专业力量参与民生服务,提升基层民政服务质效,增强群众的幸福感、获得感和安全感。在镇(街道)层面,平湖市财政对新建镇(街道)社会组织服务平台给予资金补助,并根据综合运转情况每年给予一定的工作经费补助。2015 年 7 月 15 日,平湖经济开发区睦邻生活馆正式开馆运营。睦邻生活馆以回应百姓所需,弥补市场之缺为服务宗旨,推进“三社”互动运行机制,完善“睦邻馆—睦邻站—睦邻点”三级睦邻网络,创新出较为新颖的基层治理工作方法。睦邻生活馆开馆运营后,从参与人次、活动场次等相关记录判断,该地群众的主动性以及积极性有了显著提高,部分居民尝试有序参与社区治理工作。在睦邻馆的示范运行下,平湖当湖街道、新仓镇、新埭镇服务平台陆续开始运行,独山港镇等镇(街道)也投入到生活馆建设中。

在村(社区)层面,平湖市推动建立社区社工服务站(室),社工站重在策划组织社区活动、提供个性服务、挖掘“公益领袖”。截至 2016 年已建成示范性社区社工服务站 5 家,有 14 家社区社工站获得市首届公益创投活动项目资助,开创了平湖市青少年帮扶、长者服务、新居民关爱、社区睦邻文化建设新局面。

(三)公共服务制度化与平台融合化

长久以来,我国基本公共服务的提供大多是由政府或者事业单位等机构来完成,一定程度提高了部门的管理和运行成本。然而居民多元化、专业化需求的持续加码使得有限的政府公共服务供给形式的局限性日益凸显,亟须在突出政府在基本公共服务供给保障中的主体地位基础之上,向非基本公共服务提供主体多元化、提供方式多样化方向转变[①]。平湖市创新社会管理方式,大胆向社会放权,积极探索政府购买服务的新路径,鼓励社会力量参与公共服务。

地方经验的不断推进离不开顶层设计的支持。从 21 世纪初至今,中

① 《中华人民共和国国民经济和社会发展第十四个五年规划和 2035 年远景目标纲要》,《人民日报》,2021 - 03 - 13.

国政府就购买社会组织公共服务经历了从实践探索到制度化建设不同的发展阶段，并相继出台了《关于政府向社会力量购买服务的指导意见》等各种规范性文件，明确要求在公共服务领域更多利用社会力量，加大政府购买服务力度。2013 年开始，中央财政连续 6 年安排 2 亿元左右专项资金用于向社会组织购买公共服务，参与规模和服务范围持续扩大。

平湖市也陆续出台《关于加快推进政府购买社会组织服务的指导意见》《平湖市政府向社会力量购买服务的实施办法（试行）》《平湖市政府购买服务采购管理暂行办法》《平湖市政府购买服务预算管理办法》等文件，明确三大类 26 款 130 小项政府服务项目逐步向社会组织转移，15 个政府部门的 75 项工作列入首批购买服务事项，95 家社会组织列入首批具有资质的政府购买公共服务承接对象。据统计，仅 2015 年就有卫计、妇联、残联等 10 多个部门及 4 个镇（街道）开展购买服务工作，涉及购买资金 700 余万元。

为推动更多社会资源进入社区治理环节，平湖市通过申报福彩公益金、基金会资助和社会“众筹”等方式，多方筹措资金，加大购买服务投入。例如，在第二届创投大赛中，平湖市共争取创投资金 49.5 万元，其中南六企业总善公益基金会与社会爱心人士共资助 19 万元，福彩基金资助 30.5 万元，共支持公益项目 31 个。在项目运作一年的周期内，平湖市培育出了一批专业社会组织和公益领军人才，带动了更多社会力量积极有效地参与社区治理和社会服务。立足发展基础，平湖市还陆续在社会“众筹”方面开辟了新路径，该市的妙香厨公益文化借鉴此种经营模式经营素食餐馆，在盈利以后将 60% 的利润捐给慈善总会，余下的 40% 用于爱心助学、帮扶孤寡老人等。

（四）基层民主自治与协商治理效能提升

推进社会治理现代化，重点在基层，基础在群众。2000 年，中央办公厅、国务院办公厅《关于转发〈民政部关于在全国推进城市社区建设的意见〉的通知》指出：“社区是指聚居在一定范围内的人们所组成的社会生活共同体。目前城市社区的范围一般是指经过社区体制改革后作了规模调整的居民委员会辖区。”这一概念表明居民才是社区治理的主体，居民委员会作为社区居民的利益代言人，是社区中最为核心、最为关键的内设组织。社区居委会作为居民自我管理、自我教育、自我服务的基层群众性自治组织，最能体现在社区中居住的“人们”和“社会共同体”的内在要求，因此应是“三社联动”各部分中最为基础的部分。

提高基层治理效能必须充分尊重居民群众的主体地位，拓宽民主自治的渠道，深化居民群众参与，充分发挥多方共治的合力作用。在基层社会治理的探索过程中，平湖市不断健全完善社区居民（代表）会议，广泛吸收基层各管理单位、基层企事业单位和居民自治组织及党代表、人大代表、政协委员、居民代表、外来务工人员等加入协商队伍，共同研究社区重大事项。

推进社区网络建设是社区发展实践中的一项核心活动，对于社区内部连接和内生动力的生成至关重要。社区可以通过其提供的信息、资源、支持和影响力，以建立社区能力，解决关键的社会问题①。平湖市完善馆、站、点三级睦（友）邻网络体系建设，建立以街道“三社联动”服务中心为睦（友）邻馆、村社区为睦（友）邻站、村居民家为睦（友）邻点的网络体系，探索建立将睦（友）邻点纳入社区自治内容，使睦（友）邻点成为动员、参与民主自治的活动性组织。通过睦（友）邻点采集民意诉求、凝聚社区共识、动员社区志愿者、孕育社区精英、落实社区协商制度。

2016 年，平湖市已建立友邻点 50 个，睦邻点 17 个。如当湖街道梅园社区友邻点设置在热心居民陈阿姨家底楼车库内，每周有轮班走访的社区干部去友邻点解答居民疑问、听取居民意见并进行相应的政策宣传；每周开展“精神下午茶”，组织协商团队讨论社区内各类事务；定期举办“五彩生活”，丰富居民业余生活，增进邻里感情。

三、治理主体多元化：实验区创建的主体联动与力量聚合

社会是一个有机整体，各部分相互作用且相互依存，只有保证各部分有机整合，才能促进社会良性运行与协调发展。基层治理需要多元主体协

---

① 王杨.“元网络”策略：社区社会组织培育效果的理论解释：基于多案例的分析[J].中国行政管理，2022(01)：64－73.

调联动,除了基层政府,社会组织、社工和志愿者等资源都发挥着举足轻重的作用。平湖市协调各成员单位相互配合,形成合力;推动社会组织以及社工等专业力量加入基层治理队伍中。同时也积极培育、壮大志愿者队伍,加强志愿者招募和培训,满足居民需求。

(一)党建引领与治理共同体重塑

加强和创新基层社会治理,需要多个主体与责任部门共同参与,如何协调发挥党的政治优势和组织优势,促进社会各方力量资源与社会治理工作深度融合,同时激活基层社会治理"一盘棋",是基层社会治理迈入新发展阶段面临的新挑战。平湖市坚持党建引领,强化基层党组织的领导核心地位和政治功能,积极探索"党建+社会治理"的有效路径。通过加强和改进镇(街道)、城乡社区党组织对社区各类组织和各项工作的领导,不断带动基层工会、共青团、妇联等群团组织和志愿服务组织建设,增强社会治理工作的集中性、协调性、持续性和效率性。

公共事务的管理当中,只有明确责任分工,强化责任主体,才能在后续工作中抓好任务落实①。"三社"的协同行动需要协调社区居委会、社会组织和社会工作者彼此间的关系,也需要充分发挥不同主体的角色优势与专业基础来挖掘社区内部不同功能属性的治理资源,也就是说,角色定位虽有不同,但可以充分利用自身优势,实现资源互补,并建立在信任基础上开展协同行动。因而,"三社联动"模式精髓在于协调社区中不同主体的行动②,优化合作环节,激发社区活力,实现"1+1+1>3"的整体治理效果。平湖市就依托市委社工委力量统一协调和指导全市"三社"工作,各成员单位各司其职,各负其责,相互配合,通过签订购买服务协议等方式,开展社会治理服务,促进社会共治共建。

(二)社群联动与治理共同体激活

一直以来,社会组织都是承担社会治理责任的重要主体,尤其是在当

① 翟羽佳.推进基层治理现代化亟需重视的几大问题[J].人民论坛,2020(29):34-37.

② 曹海军,薛喆."三社联动"机制下政府向社会力量购买服务的三个阶段分析[J].中国行政管理,2018(08):41-46.

前我国经济发展进入新常态的背景下,社会中潜藏的深层次矛盾逐渐浮现,社会组织力量参与到日常社区治理与服务中来更是时代发展的趋势所致。平湖市在立足群众治理需求的基础之上,重点扶持与社区治理和群众日常生活密切相关的社会组织,推进行业协会商会、科技、公益慈善、城乡社区服务四大类社会组织直接登记工作。

2016 年,平湖市全市共有注册登记社会组织 317 家,其中直接登记的 104 家,占比达 32.8%。同时,还在引导社会组织发挥自身资源优势和专业特长上"下功夫",结合社区服务需求,运用社会工作专业方法和理念,促进社会组织与社区的互联互动。截至 2016 年,20 多个社会组织与近 30 个社区实现互联互动,如社工协会在多个社区设立公益鸟巢书屋,推进纸质阅读和诚信建设。

与此同时,全市加强社会组织跨城、跨界交流合作,邀请上海绿主妇、杭州明德公益事业发展中心、嘉兴青鸟社会服务中心等知名公益组织来平湖分享交流,并组织本地社会组织赴上海参加"公益伙伴日"、挂职培训等以拓宽工作视野。

(三)农民组织化与治理共同体增能

城乡社区治理是社会治理体系的重要内容,而社区治理工作的良序推进离不开专业社工的加持。社工具有专业的社会知识储备,在社区治理过程中可以根据居民的需求和当前的社会发展动态,运用增能等相关理论从个人、人际、环境三个层面实现社区增能、赋能,推动多元化和个性化的活动设计、开展和资源导入,以促进居民自治能力的提高。平湖市重视社工专业队伍建设,在队伍专业化层面发动全市机关单位干部、村社区干部以及社工机构工作人员报名参加全国社工证考试,截至 2016 年全市现有持证社工 773 名。同时先后招聘专职社工 59 名,组织 50 余名优秀社工人才赴上海等地知名社工机构挂职学习,与华东理工大学、上海科技学院、嘉兴学院等院校建立合作关系,采取客座教授、自主走学、互动小组等方式夯实本地社工专业知识,增强社工服务技能。

这些专业的社会力量承接了社会福利、社会救助、慈善事业、社区建设、婚姻家庭、戒毒、“失独”家庭等领域的服务，累计开展个案服务1000多个，小组工作300多个，社区活动近800场，直接服务群众10万余人次。

（四）志愿参与与治理共同体拓展

社区志愿服务是完善社区服务的重要方式，也是社区治理与善治的内在要求和基本目标，而社区善治离不开志愿服务力量的参与。2013年，平湖市被民政部列入全国志愿服务记录制度试点地区。平湖市将志愿服务纳入日常管理工作，通过政府购买社会组织服务的方式委托市志愿者协会承接。通过志愿服务记录，一方面切实维护志愿者合法权益，另一方面推广落实志愿服务优惠政策，逐步形成“有时间做志愿者、有困难找志愿者”的良好治理氛围，不断推进志愿服务常态化、规范化、专业化。

为进一步建立完善志愿服务保障体系，推进志愿服务制度化、规范化建设，平湖市建立完善“市—镇（街道）—村（社区）”三级志愿服务体系。通过三级志愿服务体系，充分对接居民需求，不断培育壮大志愿者队伍，加强志愿者招募和培训，开展邻里关爱、互帮互助、道德宣传、公益服务等社区志愿服务活动。

志愿服务开展不仅需要建立长效机制，从制度上加以规范、引导，更需要建设志愿服务平台，整合志愿服务力量①。平湖市建立起“平湖市公益储蓄银行”信息平台，按照“市—镇（街道）—村（社区）”三级设立总行、分行和储蓄所，分别由市志愿者协会、镇街道团（工）委及志愿服务类组织、村（居）委会负责运作管理。该平台采用服务时间兑换“公益币”的形式，将志愿者日常公益服务以道德资产的形式管理存取。截至2016年全市现有储蓄银行分行53家，储蓄所186家，注册登记志愿者近3万人，累计记录志愿服务时间近3万小时。

志愿服务需注重实效，探索建立志愿服务激励机制，才能更好发挥志愿服务在文明创建中的助力作用。为推动社会志愿力量的持续性参与，平

---

① 章荣君.“微治理”：基层社会矛盾源头预防的有效机制：基于常熟市H社区“微治理”的案例分析[J].理论与改革，2017(04)：51－58.

湖市开展志愿服务星级评定表彰工作，认定一批星级志愿服务组织和星级志愿者，开设“金平湖·雷锋服务站”“金平湖·志愿服务日”“金平湖·公益集市”等系列志愿服务项目，强化志愿服务合作，推动志愿服务机制可持续化运行。

“三社联动”模式在确立信任关系、资源共享的基础上实现协同行动，建立起社区合作的行动网络，在实现各自发展的过程中精准提供公共服务，提升社区多元主体的协同行动能力，以形成社区合作治理的模式。平湖的“三社”工作便是立足于“三社联动”模式上，在合作治理理念下展开协同行动，社区居委会通过政府购买服务项目等方式引入社会组织，在项目活动开展过程中发挥指挥协调、资源配置的作用，为社会组织和社会工作者提供开展服务的资源。社会组织作为承接项目的组织平台，利用政府资助资金开展活动。2017—2022 年，浙江平湖正以“新乡邻”为主题，立足区位特色，大力探索城乡社区治理新模式。在共同愿景的鞭策之下，平湖率先积累优势，将希望夹裹在随处可见的湖面微光中，给全国乃至世界以特殊的美感。

第二章

“两邻”实验：平湖的探索

马克思在《关于费尔巴哈的提纲》中指出，“人的本质不是单个人所固有的抽象物，在其现实性上，它是一切社会关系的总和”。随着我国城镇化的快速推进，人口流动性不断增强，城乡间的异质性也随之在不断凸显与强化，原子化的“陌生人社会”不断消解城乡社区原本内含的温情与互助属性。习近平总书记指出，“社区建设光靠钱不行，要与邻为善、以邻为伴”。也就是说，社区治理既要硬件，也要软件。“两邻”理念本质上着眼于解决新时代人民日益增长的美好生活需要和不平衡不充分的发展之间的矛盾，解决中国特色社会主义进入新时代后“人与人”之间的矛盾关系以及当前城乡社区面临的“组织化”难题。

将目光置于平湖“两邻”实践探索的长时段视域下，平湖“两邻”实验区的创建深刻反映出新时代背景下国家治理的创新动向。从开局之年的“重构乡村治理体系”到关键之年的“提高社区精细化治理水平”再到收官之年的“构建社区治理现代化的平湖样板”，是社区治理从基础巩固到服务优化再到全域提升的过程，也是习近平总书记强调的社区治理既要见“物”也要见“人”的辩证统一过程，更是解决城乡社区治理的“组织化”与“过制度化”难题的完整过程。

第一节　行动规划与前期铺垫

自新中国成立以来,党致力于领导人民在实践中不断探索社会治理的有效经验,总体上经历社会管制、社会管理、社会治理三个发展阶段,推动着社会治理的理论创新和制度完善。面对城乡居民日益增长的美好生活需要,加强和创新社会治理实践成为当前谋求基层治理体系与治理能力现代化的价值遵循和实践方向。基层社会治理领域正不断加强其理论创新、制度创新和实践创新。

在国家治理结构和治理体系中,基层治理尤其具有基础性地位和功能,它既是理解社会整体性转型发展的基本方式,也是研究国家发展路径的一个重要切入点。习近平总书记反复强调“基层强则国家强,基层安则天下安,必须抓好基层治理现代化这项基础性工作”。随着中国经济社会的发展和变迁,基层治理不仅在政策层面,而且在民主发展道路、国家建构等方面日益发挥着重要作用。平湖市实验区以治理创新为治理导向,将习近平总书记的“两邻”理念融入城市基层治理全过程,开展了基层治理“平湖模式”的实践,为平湖市基层治理增添了更多活力与生机,有效集聚了平湖市基层治理的强大合力,全面推进城乡社区治理现代化。

一、基层治理:现代化转型发展的路径

城乡基层是社会治理的起点和中心,也是国家治理的基石,优化基层社会治理格局是推进社会治理现代化的关键,是实现国家治理体系和治理能力现代化的基础工程。纵观中国的改革历程,基层治理作为一种发展路径,不仅改变着当代中国的社会结构,而且为中国社会的发展转型提供了一种崭新的观察视角和可行的路径探索。

基层治理作为现代化转型发展的路径,具有丰富的政策内涵,主要涵盖关键任务、主要内容、政策目标等。2018 年,在纪念毛泽东同志批示学

习推广"枫桥经验"55周年之际,习近平总书记指出,"群防群治和小事不出村、大事不出镇、矛盾不上交是枫桥创造的基层治理经验,要结合新的形式推广'枫桥经验',加快形成共建共治共享的现代基层社会治理新格局"。在此,基层治理的关键任务可以理解为解决人民内部的矛盾关系,维系基层社会的秩序与活力。

2019年10月,党的十九届四中全会提出要坚持和发展新时代"枫桥经验",与此同时,将"构建基层社会治理新格局"作为推进社会治理现代化的基本制度进行设计和部署,要求完善群众参与基层社会治理的制度化渠道,健全党组织领导的自治、法治、德治相结合的城乡基层治理体系,实现政府治理和社会调解、居民自治良性互动,夯实基层社会治理基础。由此,基层治理的主要内容可理解为重构与健全党组织领导的"三治融合"的城乡基层治理体系。

2021年4月,中共中央、国务院印发《关于加强基层治理体系和治理能力现代化建设的意见》,再次强调基层治理现代化的制度建设、能力建设和机制创新,为突破基层治理困境、推进基层治理现代化提供了明确的路线指引,这同样表明基层治理的政策目标指向基层治理能力与治理体系的现代化。

基层治理,简单来说就是"对基层的治理",它是中国地方治理的基础。从政治学的角度看,基层是国家政权的最低一个层次,在农村包含县域治理、乡镇治理和社区治理三级治理层次,在城市地区则更多指向区、街道及其下辖社区的治理;从社会学的角度看,基层是社区,是社会关系与社会结构分化与组合的过程;从管理学的角度看,基层是国家宏观管理体系的最低层次,是直接面对管理对象的一个管理层次①。

对基层治理的理解,其一,将其理解为一种政策过程,即将基层治理作为推进某项政策的手段和方式,如从"统筹推进城乡发展"的角度来看基

① 钱玉英.城镇化背景下的基层治理:中国的问题与出路[J].苏州大学学报(哲学社会科学版),2008(05).

层治理结构与效果[①]。其二,将基层治理看作是一种民主发展形势,是进一步推进民主、完善民主和发展民主的路径选择,如村民自治、社区自治、乡镇体制改革等。其三,将基层治理看成是现代国家建构的方式与手段[②],即随着中国从传统走向现代,整体社会的转型同时伴随着现代国家的建构。

而现代化是一个多方面的变化过程,它涉及人类思想和活动的一切领域[③]。从广义上来看,现代化是指人类社会从工业革命以来所经历的一场急剧变革,它以工业化为推动力,实现传统农业社会向现代工业社会的全球性转变,引起政治、文化、思想各个领域的深刻变化;从狭义上来看,现代化指落后国家迅速赶上先进工业国家水平和适应现代世界环境的发展过程[④]。就我国的现代化而言,20 世纪 50 年代,周恩来总理提出实现工业、农业、交通运输业以及国防现代化的战略任务,后来调整为“现代农业、现代工业、现代国防和现代科学技术”的四个现代化目标。邓小平同志指出,“我们要实现的四个现代化,是中国式的四个现代化”。我国在加快实现“四个现代化”目标的同时,也面临着公共事务复杂性、动态性、多样性带来的治理考验,为探索公共事务治理之道,党的十八届三中全会提出推进国家治理体系和治理能力现代化,也是在提出四个现代化之后,党和政府提出的第五个现代化。

中国的基层治理仍处于现代性的转型过程当中,基层社会一直在面临着传统向现代的转型问题。市场经济发展和社会结构的变迁,造就了利益的多元化和社会的多样性,表现在个体的权利意识和自主性意识的发展和成长。此外,社会资源占用的多元化,不同利益群体或利益集团的利益诉求和维护权益的所为,使得基层政府面临挑战和压力,新生的社会力量逐

---

① 任中平.城乡统筹建设进程中的乡村治理:目前成都市乡村治理的调查与思考[J].当代世界与社会主义,2009(05):134-138.

② 陈家刚.基层治理:转型发展的逻辑与路径[J].学习与探索,2015(02):47-55.

③ 亨廷顿.变化社会中的政治秩序[M].北京:华夏出版社,1988.

④ 罗荣渠.现代化新论[M].北京:北京大学出版社,1993.

渐壮大的同时还在不断延展着自身的力量。与改革开放前社会形势不同,基层社会的经济社会基础发生了结构性的变化,这种社会总体性结构变化要求基层政府治理必须做出适应性的调整和改变,构建有效而深入的基层治理现代化的体制机制。

在目前诸多的改革发展路径中,选择基层治理作为切入点和突破口,既有其内在的逻辑,也是应对社会总体性结构变化的迫切需求,发展路径的探索也实质性地促进基层治理现代化和基层社会政治生活的变革。实现基层治理的现代化,需积极推进授权、决策、管理、监督等权力环节的制度化、规范化和程序化,充分发挥基层民众、党组织、自治组织、社会组织等主体作用,通过公开、透明、有序的参与,落实宪法规定的各项权利,同时也正是在参与、表达、对话、协商、监督等实践过程中,不断提高基层治理主体的民主素养、锻炼民主意识、形成民主文化。

与此同时,推进城乡基层社会治理一体化是大势所趋。我国基层社会治理长期处于城乡二元结构中,实施着不同的治理模式。如今,在农村城镇化、城乡一体化、城市群崛起等新时代大背景下,贯通乡村治理与城区治理,成为当前城镇化建设亟须解决的问题,也是事关基层治理现代化发展建设的重大问题。

2017 年 6 月,中共中央、国务院印发《关于加强和完善城乡社区治理的意见》,这是第一份论述城乡社区治理的纲领性文件,也是统筹城乡治理的标志性文件,意见明确指出"城乡社区是社会治理的基本单元",治理目标是"把城乡社区建设成为和谐有序、绿色文明、创新包容、共建共享的幸福家园"。以城带乡、以乡促城并推动城乡社区治理协同发展,无一不深刻凸显出我国基层社会治理现代化理念与制度与时俱进的道路特征。

二、农村社区一体化治理:新型城镇化发展规划策略

中国城镇化道路的一个特色,就是在不断总结实践经验和吸纳各方面研究成果的基础上,规划城镇化的长期发展路线,并分阶段地推进。在推进新型城镇化进程中,我国先后制定与出台《国家新型城镇化规划(2014—2020 年)》和《国家新型城镇化规划(2021—2035 年)》,城镇化战略赋予了我们改造传统农村社区和建设新型农村社区的使命，但农村社区建设不能仿照城市社区的建设逻辑①。农村基层社区本质上是多元、特殊、复杂的社会领域，如何处理好基层各主体之间的关系，既保留农村社会的传统底色，又要凸显新型城镇化建设强调的治理现代化成为一个现实难题。

农村城镇化的快速发展不仅使许多传统的乡村社区逐步兼具城市社区的特点而成为过渡型社区，并且由于农村人口进入城市，也使一些城市社区成为市民与尚未“市民化”的进城农民混居的社区，这意味着社区内部存在着传统的乡村生活方式与现代城市生活方式、传统的乡村文化与现代的城市文化之间的矛盾和冲突，继而出现城乡发展理念滞后、要素流动不畅、产业发展脱节、公共资源配置不合理等现象。为协调城乡人与人、人与自然、经济与社会之间的关系，达到城乡社会的和谐和人的生活质量的提高，通过实施以促进人的城镇化为核心、提高质量为导向的新型城镇化战略，加快推进人的现代化和城镇现代化，构筑有利于乡村城镇化良序发展的治理环境。

2022 年，《“十四五”新型城镇化实施方案》明确深入推进以人为核心的新型城镇化战略的目标任务和政策举措，坚持走以人为本、四化同步、优化布局、生态文明、文化传承的中国特色新型城镇化道路。以人为核心的新型城镇化将人的要素置于核心圈层，妥善处理好人的全面发展与城乡经济社会发展的辩证关系，围绕人的生存权、发展权与保障权来实现人的生产方式的转型、生活方式的改变、社会关系的变革、思想观念的转变和人与自然关系的转化。

以人为核心的新型城镇化战略的提出与建构正是对既往城镇化发展模式下“人—城”关系深刻反思的成果。两者的关联逻辑表现在于：其一，人的全面发展是新型城镇化建设的内在条件和必然结果。社会环境的改

① 吴业苗. 新型农村社区建设：如何可为：以城乡一体化为视角[J]. 社会主义研究，2012(03)：65－69.

变是人的诉求推动的结果。人既是自我物质生产的基础,也是其他生产的基础,实现人的全面发展实质上为物质生产和其他生产准备社会基础,并通过人的自我作用的发挥创造新的社会环境——农业和工业现代化转型。其二,新型城镇化建设是实现人的全面发展的现实依托与动力。人的全面发展需要一定的物质条件作为支撑,以人为核心的新型城镇化战略能够通过技术变革、生产方式的变革来促动劳动者与劳动资料的结合来实现人的全面发展。

以人为核心的新型城镇化最终的目标指向是人的全面发展,突出表现在人口市民化,并围绕人的素质、就业、保障、生活和居住产生一系列的关联议题。实践性是主体的一个根本属性,是使主体主导化,使客体对象化的基础,不具备实践素质的人,不具备实践功能的人,也就不能真正成为与客体相对应的主体。在城镇化发展中,农民的主体素质影响着其对市民化的认识,不同的主体素质会对农民自我和社会环境产生不同程度的认知,并将这种认知转化为具体的行动能力。

另一方面,人口市民化发展程度会不断提高与更新农民对自我价值和社会价值的认知层次,并基于人的本质、特性和自我成长规律,重构外部环境,推动城镇化转型升级。基于以上认识,人口市民化既包括以改造外部环境为主要形态的生活城镇化、空间品质化和保障社会化,也包括以创造农民自我价值为旨归的产业一体化与权利均等化。

在新发展阶段,城镇化作为一个开放性的复杂系统,只有各个子系统相互重组耦合才能推动农村社会一体化治理。以人为核心的城镇化就是将人的要素放在突出位置,围绕人的生存权和发展权来推进城镇化发展,保护村民利益和权利不受损害,切实改变农业转移人口的"半城镇化"状态,改善就业条件、就业待遇,充分尊重村民的合理诉求,在各个治理环节上建立或完善相应制度,全方位推动农村一体化治理。

在新型城镇化的背景下如何有效推进城乡社区一体化治理,是目前全国各地都在探索的一个重要课题。2016 年,为深入贯彻习近平总书记系列重要讲话精神和治国理政的新理念、新思想、新战略,主动适应农村改革发展新形势和顺应农村居民新期待，探究从根本上治理农村村民政治参与度低、人际关系淡漠化等问题的有效途径，浙江在全省范围内开展了省级社区治理和服务创新实验区创建工作。2017 年 12 月，在民政部发布《关于同意将北京市房山区等 48 个单位确认为全国农村社区治理实验区的通知》（民函〔2017〕277 号）中，平湖市正式被民政部确认为首批全国农村社区治理实验区。

依托首批全国农村社区治理实验区建设，平湖市以整合和重构传统乡邻关系为切入点，实施“加快构建乡村美好生活共同体”三年行动计划，积极探索农村社区一体化治理的转型路径。

第二节 开局之年：探索乡村治理有效路径

深入实施乡村振兴战略，探索乡村治理有效路径，基层党组织必须要树立先进治理理念、优化治理体系、完善治理环节、建设治理队伍、提升治理能力、创新治理方法、营造治理环境，不断推动乡村治理现代化。

2018 年是平湖市创建全国农村社区治理实验区的开局之年。按照“同心党建、立体共治”的总体思路，平湖市明确首批 16 个实验区示范村，在全省范围内率先开展探索“三社联动”与“三治融合”双轮驱动治理路径，深化多元主体协同参与治理体系，以“新乡农”“新乡规”“新乡风”和“新乡情”为主体的“四新”体系，在全市打造农村社区“新乡邻”治理品牌，努力把平湖市农村社区建设成为和谐有序、绿色文明、服务完善、共治共享的美好生活共同体，为推动全国农村社区治理创新提供了宝贵的“平湖经验”。

一、理顺主体关系：推动乡村治理合力形成

治理是理解新发展阶段中国社区建设的核心概念，社会中各治理主体在自由、平等、协商的基础上，通过多元互动合作的方式实现对公共事务的

决策和公共物品的供给。换言之,社区作为一个最基础的治理单元,在社区发展中逐渐形成了一种以"多元合作"为基本特点的治理形态,即基层政府、社会组织、社区居民基于公共利益和社区认同进行互助合作,共同参与管理社区公共事务的治理格局,以满足社区发展需求、优化社区秩序。

随着我国城市化进程的不断推进,当下的乡村已由"熟人社会"逐渐朝着"陌生人社会"转变。乡村治理作为一项复杂的系统工程,需要发动社会各方力量积极参与,乡村治理主体成为乡村治理重要的构成部分。

但随着乡村治理环境的日益复杂化以及市场经济的影响,乡村治理主体弱化严重且缺乏协同。当前乡村治理应遵循协商、合作的原则,强化各主体之间的协同治理理念,以形成一种以"多元合作"为基本特点的新的治理形态。"合作治理""有领导的合作治理"等治理理论开始成为理解乡村治理的可及性方向,但相关理论仅关注到乡村治理的基本结构和主体要素,却并未关注治理的微观过程和治理过程中的各类联结关系。因此,在现实的治理过程中,乡村治理还应该发展蕴含更丰富内涵和更为微观治理过程的治理概念,由是,"联动式治理"应运而生,其在既有治理理论的基础上,深入治理的具体过程,以揭示中国基层社区治理的行为策略特征。

具言之,联动式治理指基层治理中行为主体在合作理念的基础上,通过重塑基层联结的方式,整合基层各类治理要素,从而实现解决基层难题,更有效实现公共治理的目标①。其中,联动式治理理念包含以下五个方面的特征:第一,其指出了基层治理中多元主体的合作,但在合作过程中不同主体之间显现出不均衡性,值得注意的是,这种不平衡性并非强调治理主体在权利、责任、义务以及资源配置上的差异性,而是在制度化和专业化的价值准绳下,充分彰显某一主体的结合性作用,在中国是现代化语境下,集中表现为党的统一领导;第二,在联动式治理视角下,基层治理的主要方式是通过整合和联动;第三,其以关联主义为基础,基层社会治理的核心内容

① 刘建军,宋道雷,李威利,等.联动的力量:基层治理创新:以杭州市上城区为研究对象[M].上海:上海人民出版社,2018.

即为重塑各类联结关系;第四,其发挥有效作用的前提在于社区中社会共识的形成;第五,联动式治理具有明确的目标导向,关注基层治理协商议题的设置和实施,强调有效治理和治理目标的实现,但协商议事过程中往往并不依赖正式程序和规则。

在联动式治理理念的推进下,平湖市相继出台《关于加强和完善城乡社区治理的实施意见》《关于全面建设社区三级友(乡)邻体系加强社区治理和服务创新的实施意见》《关于巩固提升自治、法治、德治“三治融合”基层社会治理体系建设的指导意见》等文件,构建了以党组织为“核心层”、专业力量为“贴心层”、社会力量为“暖心层”、自治力量为“连心层”的同心党建理念,在省内率先建立社会组织综合党委、社会组织党校和社会组织党建研究中心,建立党委领导、政府负责、部门协同、镇街道具体落实的农村社区治理工作机制,形成党建共商、资源共享、文明共建、和谐共创的立体共治新格局。

农村基层党组织作为党的农村工作的基础,是农业发展、农村进步、农民富裕的领导者、推动者和实践者,是乡村治理的根本力量和治理体系的中心。加强农村基层党组织建设,是实施乡村振兴战略的根本保障,是实现乡村治理现代化的必然选择。健全和完善现有的基层党组织治理网络,不断创新基层党组织的设置方式,依托村民会议、村民代表会议、村民议事会、村民理事会等,形成民事民议、民事民办、民事民管的多层次基层协商格局,有助于实现基层党建工作的纵深发展和广度延伸。另一方面,各种社会自治组织作为农村各利益群体的代表,直接反映了群众的切身利益需要,与基层群众联系紧密,在农村治理中有着独特的优势,也成为基层治理体系中不可或缺的主体。近年来,越来越多的民间组织参与到乡村治理中,成了乡村治理力量的重要组成部分。

乡村治理的主体除了乡镇党委和政府、村级党支部和村委会以及村组干部、村镇各级村民自组织外,村民主体也不可或缺。新型城镇化建设强调“以人为核心”,把农民组织起来是乡村治理的重要内容。乡村的组织化程度是衡量乡村治理水平的重要标志,乡村精英有利于增强不同治理主体间的协调作用,培育乡村内源治理能力,完善基层治理体系[①]。乡村建设和乡村治理也要坚持以农民为主体,并发挥“乡贤”和“能人”在乡村治理中的带头作用。

平湖市启动“新乡村、新乡邻”行动计划,精准培养农村社区治理“领头雁”,发动村民广泛参与村庄自治,顺利实施完成第二期城乡社区“幸福自治家园”项目和第三届公益创投大赛,共资助61个项目110余万元,服务人群5万余人。同时,建立了全省首个农业经济开发区,举办以“欢庆丰收金平湖·乡村振兴新崛起”为主题的首届“中国农民丰收节”、首届“长三角毗邻地区新型职业农民论坛”,建立农民学院,开设5个专业类别新型职业农民培训班并颁发荣誉证书300余份,加快农民综合素质提升,这些举措真正做到了内育外引“新乡农”,重塑乡村精英权威。

二、顶层设计完善:提振乡村治理精神风貌

当前,农村基层党组织引领的社会治理普遍面临着方式不够多样、方法不够完善等问题。乡村治理显著的特征就是多元化和网络化,但是当前基层党组织在沟通、参与、协商、执行等方面还没有形成相应的运作、保障、监督等有效的治理机制,无法应对当前治理中的各种问题。乡村治理呈现出动态化、利益化、多元化等多种特征,使得治理面临的困难和挑战越来越大,对基层党组织也提出了更高的要求。因此,加强农村基层党组织在社会治理中的作用,必须进行农村治理创新。

现阶段,中国的农村治理已经走到专业化治理的关口,开始从单一依靠政府主导的治理模式,逐渐向多元主体互动的治理模式演进。为改变居委会行政事务过多、能力不足,无法有效组织居民自治的问题,提供高水平高质量的居民服务,2004年上海市民政局提出社区、社工、社团“三社互动”概念,形成“以社区为工作平台、以社工为队伍抓手、以社团为组织载体”分工合作的工作思路。

2015年10月22日,民政部在重庆召开全国社区工作暨“三社联动”推

① 张陈一轩,任宗哲.精英回乡、体系重构与乡村振兴[J].人文杂志,2021(07):113-121.

进会,总结基层各地开展“三社联动”的经验,加快“三社联动”推进步伐。

“三社联动”包含社区、社会组织、社工三个主体,具体指居委会代表的社区、社会组织和社会工作者在基层领域,围绕居民开展的社区治理活动,其目的是最大限度满足居民需求、激发社区活力、实现基层民主。其中,作为自治协商平台的居委会、项目运作载体的社会组织、专业服务提供的社会工作者之间存在双向互动关系[①]。换言之,“三社联动”聚焦于给予三者不同的角色定位,探讨如何进一步形成良性互动的过程[②]。

如何理解三者的“联动”关系?三者之间在行动策略上存在差异,居委会是社区内的法定自治组织,要满足政府和居民的双方需求,社会组织和社工通过服务增进居民福祉、促进社区发展,但三者在宏观目标上具有内在一致性,即建设居民为本的生活共同体。

“联动”本质上是合作,而合作必须在共同的目标指向下才能达成。居委会是社区自治和民主协商的中心,为社会组织和社会工作者提供入场通道和服务平台;社会组织是项目运作和服务供给的平台,居委会吸纳社会工作专业理念与方法有利于增强居委会能力,同时社会组织通过督导和培训促进社工专业能力的成长和发展;社会工作者是福利传送和能力提升的行动者,同居委会共同开展专业服务,在开展过程中提升社会组织的认可度。

在“三社联动”治理理念推广下,平湖市统一调配使用各级党政部门、群团组织在社区配置的资源,汇集并盘活社区、社会组织、专业社工资源,为“三社”和“三治”真正联动提供保障。首先,设立由市委副书记担任组长的创建领导小组,召开平湖市建设全国农村社区治理实验区暨城乡社区治理推进会,印发《平湖市建设全国农村社区治理实验区加快构建乡村美好生活共同体实施方案》,明确首批16个实验区示范村,以“三治”与“三社”融合发展为主题,投入80万元购买专业社工服务开展农村社区“新乡

① 徐永祥,曹国慧.“三社联动”的历史实践与概念辨析[J].云南师范大学学报(哲学社会科学版),2016(02):54-62.

② 徐富海.“三社联动”如何“联”如何“动”[J].中国民政,2015(12):16-28.

邻”自治项目,探索开展切合各村实际的特色模式。

平湖市健全和完善“一约两会三团”的“三治融合”载体,建立村民议事会、乡贤参事会备案登记制度,将村规民约修订执行和村民自主协商活动作为推动农村社区治理的重要抓手,采取“1 + X + N”的修订模式,细化奖惩措施。目前全市 73 个村全面制订特色公约,如新仓镇友联村“友联有约”环保专项公约、林埭镇徐家埭村“三字经”版村规民约等。同时,平湖市在乡村治理中推行协商“六事法”,建立“自主提事、民主议事、约请参事、项目定事、专业评事、按需推事”的运行流程,制定村(社区)协商议事目录、流程图、记录单等“标准模板”,组织各村开展村民自主协商活动 400 余次。

三、挖掘乡村文化现代性价值:丰富乡村治理时代内涵

在乡村社会发展过程中,文化是极易被忽视的建设内容,因而也极易导致乡村社会发展中文化的空心化和精神的空虚化,并引起一系列的乡村治理问题[①]。在传统中国,乡村文化以独特的秩序意义规范和约束着人们的行为,维护着社会的稳定。然而,快速推进的城市化和工业化进程却不断解构着传统乡村文化的秩序价值,乡村文化失去了认同的基础,传统道德秩序被破坏。

党的十八届三中全会指出,发展社会主义先进文化、广泛凝聚人民精神力量,是国家治理体系和治理能力现代化的深厚支撑。2022 年 8 月,国务院制定并出台《“十四五”文化发展规划》,继续强调要充分发挥文化传承功能,全面推进乡村文化振兴,推动乡村成为文明和谐、物心俱丰、美丽宜居的空间。

走出乡村文化秩序危机的有效途径就是进行乡村文化的价值重建,对传统乡村文化进行再认同,建立乡村文化与城市文化的“互哺”机制,并以

---

① 吴理财,解胜利. 文化治理视角下的乡村文化振兴:价值耦合与体系建构[J]. 华中农业大学学报(社会科学版),2019(01):16-23,162-163.

先进文化引领乡村文化建设[1]。乡村文化振兴不仅有利于解决目前乡村发展存在的诸多问题，也将有力促进乡村社会的全面振兴。

在乡村文化振兴中，一方面，需要政府为乡村文化振兴建立体系框架，使乡村居民共享文化发展成果，实现自我治理和自我提升。另一方面，也需要加快培育多元文化发展主体，注重通过文化的浸润和熏陶，发掘和培育农民的主体性和创造性。

平湖市紧紧围绕“文化地标，精神家园”的定位，强调和坚持指导思想与主导价值的一元化，用社会主义核心价值体系引领农民的思想、行为和精神风尚。平湖市深化农村文化礼堂“建、管、用、育”一体化机制，累计建成农村文化礼堂80家，提前完成建制村全覆盖。充分利用春节、清明、端午、国庆等节日，开展传播与弘扬乡村文化等主题活动，挖掘平湖“报本”文化与先贤陆稼书“无讼”理念，使其在新时代焕发新生机，为乡村振兴积淀文化厚度。因地制宜引入“乡村记忆”展示，如新埭镇鱼圻塘村以重阳节迎大蜡烛习俗为基础，展示传统民俗文化；林埭镇群丰村以庄桥坟良渚文化和龙文化为主线，挖掘具有鲜明个性的特色文化资源与文化底蕴，并将其融入当地旅游产业，吸引城市居民积极参与乡村文化的建设和传播。

第三节　关键之年：提高社区治理精细水平

2019年，是实验区创建工作的第二年，也是平湖市“两邻”实验落地的关键之年。按照“三年行动计划”部署，平湖市启动了“新乡村、新乡邻”项目，在2018年对16个示范村引入专业社工机构驻村服务先行开展实践探索的基础上，平湖市旨在建成由基层政府、社区、社会组织和社会工作者形成的社区治理结构网络，精细化地推动基本公共服务均等化发展，并进一

① 赵霞.传统乡村文化的秩序危机与价值重建[J].中国农村观察，2011(03)：80－86.

步提炼出了富有平湖乡村特色的农村社区四大治理模式(生态创新型、邻域联动型、城乡融合型、多元发展型),形成了一批可复制、可推广的农村社区治理示范样本,顺利通过了民政部专家组中期评估。

从开局之年强调"乡村治理体系的重构"到关键之年着眼于"社区治理精细化水平的提高",背后的内源性因素是人民对美好生活的需要,更为深刻的动因则是国家治理体系与治理能力从建立到不断完善的过程。习近平总书记曾指出,"社区建设光靠钱不行,要与邻为善、以邻为伴"。"社区建设光靠钱不行"其政策内涵意在强调社区治理要以人财物的投入作为基本前提,同时社区建设要回归并最终落脚到以治理能力和治理体系为目标追求的更高层次的治理阶段。

在平湖创建的开局之年,重构乡村治理体系旨在通过治理网络的重组来发挥不同治理主体撬动、链接和整合城乡治理资源的优势。而"与邻为善、以邻为伴"正是"两邻"理念的核心内涵,提高社区治理的精细化水平不仅是推动社区关系即更小范畴的邻里关系重塑,也是在共建共治共享的社会治理格局下,建设人人有责、人人尽责、人人享有的社会治理共同体的过程,这可称之为"大邻"。

一、回归农民的自主性:推动社区服务精准化

20 世纪 90 年代以来,我国农村经历了一场剧烈的变化,尤其是中西部地区,乡村衰落几乎成了社会大众普遍关注的社会现象。传统村落不仅在空间上不断被扩张的城市所侵蚀,而且在社会结构和组织方式上也面临着失序和解体的挑战[①]。当前,我国正面对社会转型带来的大量治理问题下沉的困境,从"单位中国"到"社区中国",我国基层治理的内涵与任务发生了极大的变化,自人民公社解体以来,中国农村开始向村民自治转型。共同体治理要素与治理内涵的边界在不断延展。但正如鲍曼曾发出的感慨:共同体并不是我们获得和享受的世界,它总是"过去的事情"或"将来

① 文军,吴越菲.流失"村民"的村落:传统村落的转型及其乡村性反思:基于 15 个典型村落的经验研究[J].社会学研究,2017(32):22-45,242-243.

的事情”[1]。

简而言之,共同体不是一个固化的存在,相反,它是需要塑造与建构的。尽管传统中国农村很大程度上也是一种相互信任、守望相助的共同体。然而,在乡村自治的实践中,农民的主体性与参与性却往往被忽视,这决定了推动农村基层治理创新必须重新将重点放置于农民主体建构之上,才能打造真正的乡村共同体。

随着经济社会不断发展,农村农民在经济收入、社会权利保障和基本公共服务获得方面,都有巨大改观。由于生活并不依靠于乡邻间互帮互助,村民之间开始出现“功利化”和“疏离化”的趋势,乡村的自我秩序生成能力走向弱化。我国一些村改社区,包括城中村社区和市郊社区,其在建设过程中,虽然改善了生活环境,但新型社区的高层住宅和防盗系统已经不便于居民间串门聊天,也不便于居民互帮互助,尤其是社区内公共空间越来越少,社区正在向城市“陌生化”社区演变[2]。生活水平的提升,带来了乡镇居民公共休闲服务的需求快速增长,但其所获得的公共休闲服务供给却远远不足,这也造成了城乡基层治理中重要的矛盾节点。

在社会治理重心下沉格局逐步成形的今天,社区事实上已经成为居民获取公共服务的重要载体,也成了不同地区开展基层治理创新最基础的单元。“两邻”理念在这一时期提出,正呼应了时代背景与现实号召。通过邻里关系重塑,并推进社区公共服务提供均等化,重新将村民连接成一个整体,消解农村社会发展过程中出现的无序化现象,进而逐步重建乡村共同体,这同样也是新时代实施乡村振兴战略的理想追求。

依据国家的任务部署,“十四五”时期我国城乡基本公共服务均等化水平要实现明显提高,并在促进基本公共服务均等化过程中推进区域协调发展战略,促进市场一体化发展,深化户籍制度改革,加快农业转移人口市民化,扎实推动共同富裕,促进人的全面发展和社会全面进步。

---

① 齐格蒙特·鲍曼.共同体[M].南京:江苏人民出版社,2003.

② 吴业苗.新型农村社区建设:如何可为:以城乡一体化为视角[J].社会主义研究,2012(03):65-69.

2022年7月,《关于健全完善村级综合服务功能的意见》提出,到2025年要基本形成党组织统一领导、政府政策支持、村级组织积极作为、社会多方参与的服务机制,村级综合服务设施覆盖率达到80%以上,农村地区村级综合服务保障持续改善,农民生产生活需求进一步满足,获得感、幸福感和安全感不断增强。可见,推进基本公共服务均等化,特别是持续推进城乡基本公共服务均等化,丰富多层次多样化生活服务供给,构建优质均衡的公共服务体系,是当前落实以人民为中心的发展思想、推动共同富裕的重要举措,对于不断增强人民群众获得感、幸福感、安全感,也有着重要的现实意义。

理念的调整带来行动的改变。为了让社会工作服务深深地扎根社区,平湖市通过购买服务方式引入3家专业社工机构驻村服务,对16个实验区示范村进行为期一年的社区治理创新实践,围绕机构中心工作,分解每月、每周具体规划,并建立月例会和周报告制度,召开9次新乡邻工作交流会将实验区推进工作迅速制度化、规范化,确保每项工作有专人落实执行,并且循序渐进。此外,平湖市通过举办乡村社区治理工作专题讲座和研讨沙龙、互动式团辅、参访学习等活动,从多方位切实提升"示范村"工作者专业能力与水平,在发展中逐渐打磨形成了山塘村村落"议站"与村落管家、赵家桥村阡陌课堂、友联村环保"聚宝盆"、黄家浜村"非遗"民俗文化传承、保丰村国学知孝感恩等一批各具特色的治理案例,是平湖实验区推进以及平湖基层治理创新的一个个生动缩影。

将社区作为公共服务的独立平台对待,重视由于区位原因形成的特定公共服务需求等,有利于在构建共享共治的社会治理格局下,弥补基层公共服务供给短板缩小发展均等化差距。为推进社区治理水平增能提效,平湖市还持续助力村社区服务用房"提档升级",推广建设社区"客厅式"服务大厅,创新型转变社区的工作模式,实现办公场所最小化,服务空间最大化,现全市已有3个社区建成客厅式办公大厅,通过亲情化服务与"家"一般感觉的营造,在为居民提供"零距离"的社区服务中,加强与居民群众的沟通交流,切实提升了基层治理服务效能。

此外,秉持以人民为中心的价值取向,站在群众的视角思考和推进改革,平湖市全面推进“最多跑一次”向镇街道、村社延伸,建立村级便民服务快速通道,健全了服务运行机制,将服务流程简化、服务时间缩短,全方位提高办事服务效率,实现社区居民服务的人性化、零距离,使社区真正成为服务居民的阵地前沿。探索“零盲点”“零遗漏”“无缝隙”的农村社区公共服务平台建设,全面落实“首接负责制”“我为乡亲跑跑腿”“网格 + 窗口”等代办服务机制,有效打通服务群众“最后一公里”。平湖市为持续加强社区营造,激活社会力量,大力推进社区社会组织联合会、邻里中心、居民之家等枢纽型、支持型社区社会组织发展,现已登记注册枢纽型、支持型社区社会组织 94 家(其中城市社区 35 家,覆盖率 85.36%;农村社区 59 家,覆盖率已达到 80.82%)。

社区是居民的,居民是社区的主人,也是社区治理的参与主体。除由政府部门主导提供相关公共服务外,推动基层治理创新,更应将居民视为发展主体,而不仅是公共服务与治理成果的享用者。“一切为了居民,为了一切居民,为了居民的一切”,这是社区建设和治理的起点和终点。高效能治理由此成为现代化的社区治理格局最为重要的组成部分。各项社区活动和实践,要做到契合社区居民的意愿,符合并维护居民的根本利益。

新时代的社区治理,要求重视民主精神和居民社团的培育,让社区自治组织承担引导者角色,完善社区的民意表达、利益整合的民主协商机制,提升居民参与的自主性,为社区民主治理奠定良好的民意基础。

为此,平湖市着力激发基层协商自治活力,启动实施了第三期以“助力乡村振兴,建设幸福家园”为主题的“幸福自治家园”项目建设,共收到申报项目 54 个,对 20 个入选项目分别给予 1 万元经费资助。通过搭建新时代的协商共治的社区治理模式,平湖市还为居民和各类组织提供参与公共决策和公共事务的平台,推动基层政府部门与社区居委会、社区社会组织、居民之间形成交流沟通的机制,自下而上地反映民情民意,确保服务供给能满足社区居民的需求。平湖市在积极推进基层民主协商工作中,探索建立了以“自主提事、民主议事、约请参事、项目定事、专业评事、按需推事”为步骤的社区协商“六事法”,累计提供决策 420 次,解决邻里纠纷和社区问题 121 个。

让居民共同参与社区的治理,极大激发了社区发展的活力。

同时,平湖市还积极推广"友邻善治"社区治理经验。举办首届友邻节系列活动,召开平湖市"党建引领·友邻善治"高峰论坛,启动平湖市城市基层治理创新实验室和平湖市友邻发展学院,制定发布"友邻善治"社区治理和服务规范地方标准,推动19个城市社区基层治理项目和友邻地图建设,相关经验做法在《中国社区报》整版刊登,3个社区治理案例获评浙江省城乡社区治理优秀案例。其中,"友邻善治"在全国邻里互助与社区发展论坛上分享,进一步提升了平湖市基层治理品牌影响力。

二、搭建社会组织参与基层治理的场景与舞台

社会组织是国家治理体系和治理能力现代化的有机组成部分,是社会治理的重要主体和依托。近年来,推动社会组织参与社区治理,已成为我国社会治理体系与治理能力现代化建设的一个实践缩影。

2013年,党的十八届三中全会提出,"创新社会治理体制,改进社会治理方式,激发社会组织活力"。2017年,党的十九大报告明确指出,"打造共建共治共享的社会治理格局,加强社区治理体系建设,推动社会治理重心向基层下移",并鼓励积极发挥社会组织作用,"实现政府治理和社会调节、居民自治良性互动"。在微观层面,各地基层政府也纷纷进行社会治理创新,投入大量资源,推动社会组织等多元主体共同参与社区治理。在"创新社会治理""激发社会组织活力"的目标和要求下,社会组织的发展空间和自治能力越来越受到关注。

为创新社会治理,提高社会治理的效能和水平,激发社会组织活力,平湖市首先推动社会组织党建工作的完善。近年来,从中央到地方积极推动社会组织的党建工作,组建率和覆盖面不断扩大。加强新社会组织党建不仅是提升中国共产党社会整合能力的必然要求,也是扩大新社会组织体制内表达的有效渠道[①]。只有切实加强党对社会组织的全面领导,不断推动

---

① 陈家喜.我国新社会组织党建:模式、困境与方向[J].中共中央党校学报,2012(16):36-40.

党的组织体系与基层治理体系的有机衔接,才能以高水平的党建带动高水平的治理,提升社会组织治理的组织力,助推社会组织高质量发展。

为打造社会组织党建载体,实质性推动社会组织党建事业的发展,平湖市高标准建成并启用平湖市社会组织党群服务中心,并大力推进市镇村三级社会组织党群服务中心建设,这是推动基层党建触角不断延伸的有益探索和生动实践。

平湖市党群服务中心不仅入选了第二批省级社会组织党群服务中心示范点,更被嘉兴市委组织部评为嘉兴“最受欢迎的党群服务中心”,平湖市社会组织党群服务中心实现了镇(街道)全覆盖,城乡社区达到1/4覆盖。同时,平湖市注重推动社会组织理论学习,积极开展“不忘初心、牢记使命”主题教育,启动首届红色创投,引导社会组织党组织发挥优势开展初心服务,彰显平湖市社会组织党组织党建引领作用,充分展现了社会组织新风采。

除打造好社会组织党建载体,平湖市更进一步发挥基层党组织的主体作用。在机构改革、人员精减的大环境下,增配1名专职副书记加强社会组织党建工作,共同致力于党建工作与业务工作深度融合,不断完善“一核双孵三元四纳入”工作机制,切实履行社会组织党建兜底管理职能,年内新建社会组织党组织5个,发展党员5名,选派114名党建指导员和联络员指导开展党建工作,有效实现社会组织党组织应建尽建,党的工作覆盖达到100%。

基层治理现代化创新要求摒弃政府单一主体主导的传统模式,推动多元主体参与社区公共事务的治理。社会组织作为社会管理创新的主体性力量之一,在加强和创新社会管理的过程中发挥着不可或缺的作用。如何培育具有胜任力的社会组织参与社会服务和社会管理,成为现实发展的迫切需求①。

---

① 许小玲,马贵侠.社会组织培育:动因、困境及前瞻[J].理论与改革,2013(05):39-43.

为更好地培植社会力量,平湖市启用市级社会组织创益园新园建设,推动8个镇(街道)社会组织培育平台全部完成实体运行。加大社区社会组织培育力度,1年内新增社会组织联合会、社会组织服务中心等枢纽型、支持型社会组织16家,有效实现“三个全覆盖”,即依法登记的枢纽型、支持型社会组织在镇(街道)全覆盖、城市社区全覆盖,平安类社区社会组织在每个城乡社区全覆盖,农村社区覆盖90%以上。

在平湖市政府加大购买社会组织服务力度下,涌现了类型多样的社会组织,覆盖了多样化的社会需求。不同的社会组织涉及教育、扶贫、志愿服务等各项社会公共服务领域。社区服务的丰富和精准程度,决定了居民参与社区治理的广度。有创意的项目吸引了公众的热情参与,也激发着基层治理创新的活力。

为优化社会组织培育发展环境,进一步整合社会公益力量,多方面为社会组织提供资金、项目、人力、组织、智力、能力建设等服务,2019年11月,平湖市通过创新成立社会组织培育发展基金会,开展市级第三届公益创投活动,推动社会组织开创丰富多彩的活动,并积极引导各镇街道开展公益微创投或微项目,投入100万元资助社区社会组织开展社会治理,年内全市购买社会组织服务项目经费超过2500万元。

三、专业化赋能为本土型社工提供发展平台

随着多元共治理念的推行,社会力量在参与社会治理中有了更大的发展空间。而社会工作在基层治理上更是具有突出的专业优势。社会工作以助人自助为主要价值理念,运用科学的方法开展服务,及时回应和协调人民群众各方面各层次利益诉求①。自20世纪80年代末至90年代初社会工作专业重建以来,中国社会工作发展迅速,呈现出“后生快发”的特点,尤其在过去的10年中,在各方面取得了令人瞩目的成就②。毋庸置疑,

---

① 李迎生.探索社会工作介入社会治理创新的有效路径[J].社会工作与管理,2014(14):23-28,98.

② 文军,吕洁琼.社会工作专业化:何以可能,何以可为?[J].河北学刊,2018(38):156-163,174.

中国本土社会工作已经进入专业化发展的关键阶段[①]。

社会工作专业化是扩充社工队伍和重整知识储备、提高和丰富实务经验的发展过程,如何提供有效的专业服务不仅成为社会工作者关注的核心议题,也成了利益相关方共同关注的社会焦点。但要实现社会工作的职业化和专业化,还需社会各方的协调和配合。

首先,政府在其中的主导作用必不可少。社会工作的发展有赖于自身专业知识体系的构建,更需要有专业独立发展的空间,即能够为其提供提升并展示专业服务的机会和平台。平湖市在推动基层治理创新的过程中,充分认识到专业社会工作的重要性,并致力于为社会工作者打造更专业的技术提升平台,关于社会工作专业人才各项制度培育建设工作也日渐稳步推进。

2018 年,平湖市推动落实《关于进一步加强专职社区工作者队伍建设的指导意见》,加强村社区干部队伍建设,年内分别在杭州社区建设培训基地联合浙江大学举办“社区治理和服务创新专题研讨班”和“党建引领乡村振兴示范培训班”,旨在提升村社区服务群众的能力与创新水平。同时,创新 2019 年度全国社会工作者职业水平考试管理方式,采用线上线下同步,向考生免费开放“浙社考”应用系统,并连续第七年免费举办考前集中培训;并首次在平湖市设置初级考点,全市报名参加国考的新老考生有 2250 人(初级 1641 人、中级 609 人),共有 353 人通过考试,持证社工达 1400 多人。此外,平湖市加大对社区工作领军人才的选拔培养力度,组织 6 人参加全国首次高级社会工作师考试,先后有 9 个单位和个人在城乡社区治理工作中突出贡献获省委省政府表彰(其中城乡社区工作者 6 名、村社区 2 个和社区社会组织 1 个),5 名社区干部获选嘉兴市第二批社区领军人才。

在学习专业知识基础的同时,社工和社工机构还需在实践中不断丰富

① 童敏.中国本土社会工作专业实践的基本处境及其督导者的基本角色[J].社会,2006(03):194-204,210.

和发展实务能力与经验，灵活运用多种服务方法和技巧，在反思实践的过程中逐步提升专业性。为此，平湖市持续引入第三方专业评估机构统一对全市17个社工服务项目实行独立评估。引入第三方机构对其工作项目进行评估与指导，有利于社会工作专业人员在此过程中不断培养自己对理论知识和实务经验的反思能力。为因地制宜探索适合平湖市城乡社区实际的“1+1+1”社会工作高级人才培养模式，启动“新芽计划”第二期社会工作督导进阶培养计划，入选8名社会工作督导，以“专业理论+经验分享+社会实践+实时督导”的方式进行培养。

社会工作岗位开发设置在社会工作专业人才队伍建设和社会工作发展中扮演着重要角色，是我国社会工作专业化、职业化发展的前提和基础。在推动本土社工发展的历程中，平湖市加大了专业社工服务机构的培育工作，推动社会工作岗位设置，新增社会工作专业岗位25个（其中事业编制10个、社会组织15个）。

除了提升社会工作者的专业水平，平湖市还致力于为社会工作者营造良好的外部环境，积极拓展社会工作服务领域，为专业服务的实施营造良好的支持氛围，围绕社会治理创新重点领域和群众迫切需求，做实做深养老服务、婚姻家庭、双拥优抚、社会救助、禁毒戒毒、医疗卫生、青少年教育等领域的专业社会工作服务，打造“社工+品牌”服务项目，让社工机构与社会工作者得以从社会和政府适当释放的空间中，拓展专业服务实施的独立空间。

在推动多元主体协同参与基层治理过程中，平湖市还将社区打造为志愿服务的主场景，持续深化志愿服务记录工作，鼓励居民加入志愿队伍，为特殊群体提供力所能及的帮助，并给予正向激励反馈。如今，平湖市已有注册志愿者8.7万余人，志愿服务组织947家，三星级以上志愿者1800人，累计开展活动2.6万场次，服务时长达445.73万小时。村社内原有的邻里互助文化被发扬继承，村民群众参与积极性被极大地激发出来，村民们也在自主“管理与服务”中，找到了属于自己的荣誉感、归属感，营造了村社邻里互助氛围。

同时,平湖市指导了“壹起来”公益发展中心做好民政部支援西部“牵手计划”,组织社工先后5次赴甘肃省甘南藏族自治州夏河县阿木去乎镇开展帮扶活动,发动社会力量捐赠图书、书桌、书包、羽绒服等物资价值30万元,彰显了平湖市社会工作在创新社会治理、服务民生保障、加强社会建设中的积极作用。

四、以“三社联动”构筑治理网络

现代社区治理结构的根本特征在于通过政府、社会组织和公民个体的共同参与,以互动、协商与合作的方式推进社区公共事务与服务产品供给,进而达到多元主体对社区的共治。

2013年11月15日,国务院批转《民政部、财政部关于加快推进社区社会工作服务的意见》,强调加快推进社区社会工作服务的重要性与紧迫性,提出要建立健全社区、社会组织和社会工作专业人才联动服务机制,即按照“政府扶持、社会承接、专业支撑、项目运作”的思路,探索建立以社区为平台、社会组织为载体、社会工作专业人才为支撑的新型社区服务管理机制,扩大社区社会工作服务范围,提升社区社会工作服务层次。这将“三社”放到了创新基层社会管理方式、完善基层社会管理体制、增强基层社会管理实效的重要位置。

当前,“三社联动”已成为各地推进社区治理和服务创新的着力点和落脚点。“三社联动”依托了党群等机制,以满足社区居民需求为目标导向,利用各种资源解决社区矛盾,协调不同利益关系,为社区公共服务和公共物品的提供建设相应平台。在其中,社会组织为行动单位和公共服务的承接者与供给者,借助不同供给和服务平台满足社区居民的多样化需求。

而社工团体为执行主体和联动纽带,也是公共服务的实际提供者和参与者。第三方单位为监督评估的来源,通过政企联动和政社联动,评估社会组合公共服务质量和“三社联动”机制建设与运行的有效性。这三个主体的紧密联动、协同治理可以有效解决社区“联而不动,动而不联”的治理难题。“三社联动”旨在通过社区建设、社会组织培育和社会工作现代化体制建立联动,形成“三社”资源共享、优势互补、相互促进的良好局面,加快形成政府与社会之间互联、互动、互补的社会治理新格局。

“三社联动”中的社区不能仅仅被视为一个平台或治理主体,实际上,社区构成了“三社联动”的核心元素。社区、社会组织、社会工作者作为社区治理的重要主体,其在统筹社区、社会组织与社工队伍过程中所形成的高效的互联、互动、互补和互益机制能够有效弥补单一治理主体的不足,推动社区治理体制机制的完善。

为凸显不同主体在乡村治理中的作用,助力乡村治理队伍建设,满足村民群众多元服务需求,平湖市不断优化和拓展公共服务路径,创新项目服务形式并丰富服务内容,依托社区社会组织实施互助自治项目,持续提升组织成员参与乡村治理的能力,以优质公益服务为动力,建设了一批具有较强实务经验的服务团队,以不同形式参与到村社服务当中。

平湖市也在其实验区的建设完善中,进一步推动“三社联动”机制的创新实践,瞄准“三社联动”的核心价值,做好顶层设计。在制度建设上,平湖市强化了政策保障,发挥市委社工委总体规划、统筹协调的作用,调整充实成员单位,研究落实上级相关“三社”建设制度,不断充实完善政策制度体系。如今,全市基本实现“三社联动”机制建设全覆盖,有效形成社区、社会组织和社工专业人才良性互动、有效衔接的局面。推动在“三社”工作政策创制、创新思路上有新突破。召开市委社工委第十次全体(扩大)会议,制定下发《市委社工委2019年工作要点》,将“三社”工作继续列为对镇(街道)工作目标绩效考评项目,出台具体考核细则,明确考核内容和评分标准,将任务层层分解落实到各单位。

与此同时,平湖市不断加强“三社”工作经验总结提炼,加大对外宣传力度,加强与各级新闻媒体的合作,充分发挥报刊、广播、电视等传统媒体的宣传主体作用,同时用好用活网站、微博、微信等新兴媒体,借助各大媒体开发的客户端推送平湖市“三社”工作推进信息,扩大平湖“三社”的公众影响力,营造了良好的发展氛围。通过联合传媒中心开辟“三社”专栏专刊,利用微信公众号推送实时信息,组织“国际社工日”主题宣传活动,开展优秀案例巡展、慰问一线社工代表、展示“最美社工”风采等“十个一”

专题活动，并在各镇（街道）设分会场扩大社工宣传；举办党建引领基层治理新闻发布会，发布“友邻善治”“红色物业”等六个基层治理品牌，并获新华网、人民网、浙江日报、浙江新闻、浙江在线、钱江晚报等媒体报道宣传；举办首届陆稼书“息事无讼”文化与当代社会治理高峰论坛，相关工作经验得到浙江省委政法委、省委组织部肯定。

第四节　全域提升：构建社区治理平湖样板

高质量发展需要高水平治理，高水平治理推动高质量发展。只有不断加强和创新基层社会治理，高水平推进县域治理现代化，才能保障人民安居乐业、社会安定有序。通过前期的工作落实，平湖市已极大地促成了基层治理方式变革，激发了社会治理活力。然而，治理非一日之功，仅在微观的实践层面进行引导无法达到治理目标。

在全域提升阶段，平湖市更加注重规范化、制度化的举措落实，围绕践行“两邻”理念这一时代命题，积极创新行动理念和工作机制，摈弃以往政府大包大揽的管理模式，将政府、市场、社会组织良性互动等多元主体共同融入，形成社会服务的“政府—市场—社会”三元模式，因地制宜、因时制宜、因需制宜，寓管理于服务之中，使社区治理更加系统化、科学化和精细化。

2020年，在平湖市城乡社区“新乡邻”农村社区治理的工作基础上，平湖市城乡社区“新乡邻”治理创新项目进行了全域升级。平湖市民政局牵头，由青扬社工执行，以“全域提升、项目引领、骨干培育”为重点，激活基层群众参与积极性，提升社区治理创新能力为总目标，以“社区微治理创新项目征集大赛”和“社区治理微领袖人才培养计划”为抓手，通过运用专业的社会工作方法，提高城乡社区治理水平，推动形成“一村一品”“一社一品”的城乡社区治理样板，面向平湖市114个城乡社区开展相关治理活动,项目为期 1 年。

一、社区服务规范化:着力提升基层治理能力

宏观的政府行为最终都要落实到基层,都要在与人民群众生活密切相关的领域实现,而基层又是地方治理的薄弱环节,因此,统筹推进乡镇(街道)和城乡社区治理成为实现国家治理体系和治理能力现代化的基础工程。然而,伴随社区治理中基层政府职能扩张,村(居)委会承接了大量政府交办的任务和行政性事务,全能型政府管理模式越来越难以适应多元化的利益需求。当前,城乡社区居民已经不局限于"衣食住行"的基本生活诉求,而是希望在物质生活方式和精神生活层面得到更多个性化、精细化服务。社区建设亟待打破行政藩篱。

打造城乡社区"邻治理"模式的目标是要建立起新型社区关系,完善社区治理体系。近年来,平湖市围绕"与邻为善、以邻为伴"理念,全域推进全国农村社区治理实验区建设,以整合和重构传统乡邻关系为切入点,探索和建立了多元主体参与社区共治和村居民自治相结合的"邻治理"模式。把基本公共服务体系建设的重点落脚在区域、城乡和不同群体关系的协调上,通过基本公共服务兜底基本民生,保障人民群众发展的机会,极大加快了社区治理的现代化进程。

通过启动"新乡村、新乡邻"行动计划,平湖市积极引入专业社工机构驻村服务,推动建设以"新乡农、新乡规、新乡风和新乡情"为主要内容的"新乡邻"社区,提炼出富有平湖乡村特色的农村社区四大"邻治理"模式(生态创新型、邻域联动型、城乡融合型、多元发展型),累计资助"微治理"创新项目 200 多个,培养社区"微领袖"100 多名,培育社区社会组织近 2000 个,发布社区治理和服务地方标准 5 个,形成了一批可复制、可推广的社区治理示范样本,项目成果得到民政部评估专家组肯定,有 5 篇实验区经验做法与案例获专家组推荐在民政部《乡镇论坛》杂志得以特稿推介。

当前,社会治理重心不断向基层下移,基层群众自治制度日益完善,自治、法治、德治相结合的城乡基层治理体系正在形成。为此,平湖市成功举办第二届友邻节,推广"友邻善治"品牌,发布城市基层治理创新实验室首

批试验成果和“友邻善治”小区党建模式,进一步提升“友邻善治”品牌影响力。目前,全市已建设友(乡)邻站27个,其中精品友(乡)邻点22个。同时,平湖市指导广陈镇以“完善村落‘邻管家’微机制,构建乡村有效治理新方式”为主题,成功申报第三批省级城乡社区治理和服务创新实验区;当湖街道通界村被推荐为民政部村级议事协商创新实验试点单位。

社区、社会组织、社会工作者是社区治理的重要主体,其在统筹社区、社会组织与社工队伍过程中所形成的高效的互联、互动、互补和互益机制能够有效弥补单一治理主体的不足,推动社区治理体制机制的完善①。平湖市启动首期38名社区治理“微领袖”人才培养计划,从基层微网格长、小组长、社区社会组织负责人中挖掘有公信力的“微领袖”进行能力提升,带动居民积极参与社区事务治理,激发自治活力,首创“3W2H”微领袖人才培养模型,累计选树“微领袖”154名,开展各类活动30余场次,统筹城乡经济社会发展、加强和创新社会管理需要,强化社区自治和服务功能,促进社会和谐稳定。加强社区服务人才队伍建设,引领26支社区工作队伍向组织化转变,明确分工合作,要求重点发展多层次、多样化的社区服务,形成专业化的社区治理,并完善社区服务设施网络,推进社区服务体制机制创新。

同时,建立平湖市城乡基层治理现代化实践基地,先后与浙江大学、华中师范大学、中共上海市委党校等建立合作交流关系,培育一批本土化的社区治理领军人才,推行持社工证上岗制度,实现“一村一社工”人才配备,平湖市现有省市社区治理领军人才33人。在浙江大学举行村社区党组织书记示范培训班。发布关心关爱社区工作者“暖心15条”,设立抗击疫情专项慈善项目,有6名社区工作者获得工资等级晋升。积极参加嘉兴市第三批社区领军人才选拔,5名城乡社区工作者获选。加强城乡社区工作者队伍建设,根据社区实际需求设置专门的社会工作岗位,引进专业社

① 程佳俊,何鸣宇.社会工作嵌入基层治理的“平湖模式”[J].中国社会工作,2021(19):36-37.

工、打造专业队伍，发挥社工机构和社团的专业引领作用，通过志愿服务等形式带动居民参与，形成专业社工、社区工作者、社区志愿者互动协作机制。

城乡社区“幸福自治家园”项目是平湖市推进基层自治建设的一项重要举措，自2015年以来已连续五年不间断开展，面向全市社区初步征集自治项目，经评审确定比赛项目，市财政资助每个项目1万元，奖励获评优秀项目5000元。通过“幸福自治家园”项目的开展，先后扶持实施40个村居民自治项目，培育出新仓中华村清水华杨护河团、曹桥野马村“彩之翼致富社”、当湖启元萤火虫公益服务社等一批优秀草根组织，开创了群众参与自治的活跃局面，畅通民主协商渠道，有力助推平湖市打造共建共治共享的社会治理新格局，形成了政府治理与居民自治协同的良好氛围。

平湖市以“新邻里·新家园”为主题，探索“微治理”模式。面向社会广泛征集契合需求、操作性强、有创新亮点的项目方案，举办首届社区“微治理”创新项目大赛，培育更多参与治理的社会力量及品牌项目，共收集“微治理”创新项目近百个。

围绕提升社区服务功能这一主题，平湖市致力于提升制度执行力，依法制定配套政策、完善操作规则，在提供公共服务与社会共赢的过程中巩固基层创新成效。首先，积极推动城乡社区建立完善“一厅一岗一窗”服务模式，建设嘉兴首个农村“居民会客厅”。实施村社区改造提升计划，发放社区建设经费补助59万元。编制2020年度《村(居)民证明类村社区盖章项目准入目录》和《部门工作进村社区事项目录》，规范工作事项目录34项和盖章证明事项31项。创建省级引领型农村社区11个(新建3个)、嘉兴市完善型社区30个。社区服务功能的强化，对于社区服务品质的提升、服务机制的完善以及社区服务体系的健全等方面发挥了积极的作用，推动社区产生了一系列新的变化。

二、社会组织高质量发展：聚合社会力量融入治理场景

2022年《政府工作报告》指出，要“发展社会工作，支持社会组织、人道救助、志愿服务、公益慈善等健康发展”。2019年起，在推动社会组织健康

发展的基础上,平湖市继续强化对社会组织的监督管理,引导督促社会组织建立、完善和规范内部治理结构、规章制度、业务流程,服务项目,着重强化提升社会组织党建、提升团队素质,加强自身建设,推动社会组织进一步高质量发展。

首先,加强党建引领,为社会组织健康发展把握正确的政治方向,并推动社会组织发展战略有效融入地方治理创新行动中。平湖市持续开展“社会组织跟党走”系列活动,深度匹配社会组织党组织需求,启动社会组织党员人才养成计划,联合长兴县社会组织综合党委构建党建共同体,发布 9 条红色研学路线,完成社会组织党校二期学员培训,促使社会组织党员融入新发展格局,提升服务群众水平,促进全市社会组织高质量发展。加大政府购买服务力度,有序引导社会力量参与服务供给,形成改善公共服务的合力。举办社会组织党组织微型党课大赛,为群众带来一场场精彩纷呈的理论宣讲盛宴,充分结合社会组织自身特色,拍摄党建微电影《曙光》,充分展示了平湖市社会组织在基层党建工作上取得的成果。

其次,推进社会组织党群服务中心建设。平湖市出台《社会组织党群服务中心运行规程》,探索推行第三方社会组织运营模式,实现市镇村三级全覆盖,建立 3 个镇级社会组织综合党支部。把各类社会组织纳入党和政府主导的社会组织工作体系,在协调开展公共服务的基础上,平湖市积极响应号召,逐步扩大政府向社会组织购买服务的范围和规模,动态修订社会组织承接政府转移职能和购买服务推荐性目录,开展便民利民服务和志愿服务,通过完善登记备案、政策扶持、监督管理、培育指导、考核激励等机制,引导、带动各类社会组织发挥专项业务优势和行业协调作用,以政府购买服务的项目化运作方式,促进社区与社会组织对接,参与社会公共事务和公益活动,推进社区社会组织规范发展,深化和谐社区建设,以期实现基层社会的多元主体协同治理。

平湖市启动市镇两级社会组织服务平台增能计划,举办社会组织智创营,提升社会组织服务平台的培育发展能力。截至 2021 年,平湖市共有登记注册社会组织 560 家,备案社区社会组织 1989 家(平均每个城市社区有

24个、农村社区有15个)。持续加大政府购买社会组织服务力度,全年购买经费超2600万元。开展市级第四届公益创投活动,推动镇街道级公益微创投(累计86个项目138万元)。开展品牌社会组织和社会组织领军人物评选,1家社会组织获评省级品牌社会组织,2名社会组织负责人获评省级社会组织领军人才。

此外,为保障社会组织更好推进基层治理,平湖市加强社会组织监管,切实把好社会组织准入关和年检关,推动59家行业协会商会开展建设发展状况自查自纠并整改提升,完善开展社区社会组织备案证书管理制度,加强疫情期间慈善组织和公益捐赠活动的监督检查。发放158份年检整改通知书,对50家社会组织开展财务审计,62家社会组织开展双随机抽查;完成24家社会组织等级评估,累计发放评估奖励金35.5万元,对35家社会组织发放公益性开办补助经费59万元。

平湖市加强社区社会组织与基层社会治理、乡村振兴、高品质民生建设等领域的深度融合,大力培育公益组织和社区社会组织,引导参与农村社区治理,鼓励与社区建立信息联通、项目联营、服务联手和培育联合的合作发展模式,全力打造社区社会组织高质量发展平湖样板。

为推动社会组织提供精细化和专业化服务,平湖市在嘉兴率先启动社会组织“进网格送服务”活动,注重建立由社会组织综合党委和市委社工办统筹协调,镇街道协助配合,村社区属地负责的组织体系,形成多种社会力量组团服务网格群众的工作合力。通过引导社会组织结对基层网格、提供专业服务,探索“党建+社会组织+网格”的治理模式,推动社会组织“精准对接群众需求、精细运作服务项目、精确发力网格治理”,立足平湖市民众的需求导向,实现党建发展、社会组织服务与网格化治理的精准对接。采取资源整合、双向结对、城乡联动的方式,推进了社会组织结对社区网格开展服务;找准服务需求。采取需求征集排摸和社会组织意向选择方式,按照“业务匹配、地域相近、友好协商”的原则进行精准对接,逐步按需扩大结对服务网。

平湖市现已推动436家社会组织结对基层网格,实现结对率95%以上,并累计开展服务1200多场次。优化升级“微嘉园”平台社会组织功能模块,更新完善社会组织服务信息,新增社工报到、智慧96345等内容,加强慈善基地建设,实行第三方社会组织运营,培育1家基金会,举办公益慈善主题宣传活动。开发启用平湖市公益慈善网上超市,搭建供需信息共享平台。推动地区间社会组织的交流合作,平湖市积极推动社会组织参与东西部扶贫协作和对口支援,引导12家社会组织与九寨沟县部分村结对帮扶,谱写了社会组织合作新篇章。

三、激发内生发展动力:深度赋能社工人才队伍

如今,随着社区重要性日益增显,社区工作人员的专业培训逐渐步入常态化。相较而言,社会工作人才在触及本土领域实务能力上依然较为欠缺。社工人才瓶颈不仅表现在量的供给,也表现在质的提升上。而乡镇(街道)社工站面向的是真实的中国基层治理场景,复杂的基层社会问题和多样化的民众需求有着明显的本土文化属性,专业社会工作和本土社会工作融合的发展策略依然有待在实践过程中不断探索。

专业社会服务的实施,不仅需要社会工作者与社区工作者自觉探索发展空间,更需要获得政府外部环境的支持。这一外在环境既包括社会工作专业能力提升机制,又包括工作激励与福利与相关社会制度设置等方面。平湖市在这一进程中,坚持把握发展所需、群众所需和治理所需,统筹推进了社工服务体系建设。主导打造全方位的社会工作队伍,提升组织内部的运转能力,持续为社会组织成员赋能,抓好全国社会工作者职业水平考试,切实提高社区专职工作者持证比例。

为有效预防和解决社会问题,推进社会工作职业化,平湖市政府连续八年免费举办考前集中培训,指导各镇街道通过专场夜学、组织模拟考等形式为考生备考助力;深入实施社会工作督导进阶培养项目“新芽计划”,成立嘉兴市首家社会工作督导专委会,建立社会工作专业督导人才库,切实加强社会工作类社会组织规范化运营管理,进一步提高社会工作服务质量,推动全市社会工作事业持续健康发展。

平湖市引入社会工作专业服务力量,积极推动镇(街道)社会工作站

建设，形成多元主体参与基层社会治理局面，各乡镇（街道）社工站通过政府购买社会组织社会工作服务，统筹各方资源，强化管理服务，做实做深养老服务、社会救助、社会心理等领域的专业社会工作服务，实现镇（街道）社会工作服务站和社工服务“双覆盖”。

同时，充分发挥社会工作协会作用，为平湖市打造一支德才兼备的高层次社会工作人才队伍，在新冠疫情期间，有序引导持证社工参与疫情防控，开通24小时疫情防控心理咨询服务专线。其中，4名社工入选全省千名“战疫群英”、9名社工获选嘉兴市最美战“疫”社工。升级推动“百名社工联项目”活动，引导机关事业单位持证社工在“微嘉园”报道。聚焦社会关切，通过“组织搭台，自主参与”的方式，让机关事业单位持证社工积极参与到社会组织的服务中，全市300余名机关事业单位持证社工参加25个社会组织、39个项目服务，做更多让群众“看得见、摸得着”的实事，实现了社会组织与机关事业单位持证社工间的良性互动。

志愿者活动在社区多层次服务体系中同样起着重要补充作用，志愿者服务是发展社会事业、解决社会矛盾的重要方式，是构建和谐社会不可或缺的部分，具有巨大的社会效益，在社会治理中发挥着独特的作用。平湖市持续推动志愿者服务向规范化、制度化、社会化方向发展，做好全国志愿服务信息系统注册登记工作，现有注册志愿者8.7万余人，志愿服务组织947家，三星级以上志愿者1800人，累计开展活动2.6万场次，服务时长达445.73万小时。在培育志愿服务组织、打造志愿服务品牌、弘扬志愿服务精神等方面取得了显著成效。

尽管社会工作已经在我国经历了相当长时期的发展。然而，目前社会工作在民众眼中认可度并不是很高，社会工作作为一个舶来的专业，很多基层群众对社工的定位依然不够清晰。因此，加强社会工作的宣传至关重要。社会工作宣传实际上也是社会工作的有机组成部分，是社会工作贴近大众、深入百姓的重要途径，亦是其获得社会认同、提升社会地位、扩大社会参与的必要条件，在营造社工文化氛围、推进实验区发展方面具有举足轻重的作用。

平湖市通过开展“国际社工日”（每年3月的第三个星期二）和儿童社会工作主题宣传活动，组织开展慰问最美抗“疫”社工、宣传优秀社工人物、开展公益特别行动等宣传活动，充分展示“三社”工作创新成果和服务成效，推动社会工作在疫情防控、救援救助等方面积极担当、主动作为。

四、着力联动能力提升：推动区域协作一体化发展

伴随着我国经济区域化和区域一体化的发展，地区间的分工与合作有效地促进了区域发展。大量跨界公共事务和公共问题的出现也呼唤着地方政府合作。随着地方政府合作的深入，过去地方政府间竞争多于合作的状态发生了改变。

如今，城市公共事务的区域性不断增强，单一行政边界下的地方政府已无法完全有效应对，城市与城市之间的协调合作显得越来越重要。因此，必须从体制上打破行政壁垒，扩大开放，下决心消除限制各种要素在区域之间自由流动的体制性障碍。只有站在更宽领域、更高层次重新审视区域发展的空间，改善区域发展条件，挖掘区域发展潜力，才能实现区域经济社会健康发展。

区域协作需解决过去各地区“各自为政”的老大难问题，谋求一体化的发展以及基础设施的互联互通，打破地区障碍，促进各种要素流动和优化重组，打造新的经济增长极和创新极，是基于目标共识，核心地区与周边地区的合作共赢模式①。出于现实的需要，地方政府间横向合作不断增加，协作机制不断完善，随着区域治理的不断深入，府际合作的范围越来越广。各地在经济、社会、环境和文化等领域，围绕着贸易一体化、基础设施建设、环境保护、产业结构调整、社会保障、信息服务等方面展开了广泛的合作。

近年来，随着经济社会发展，区域发展实践呈现出两个重要趋势。一是区域经济社会发展的一体化方向，即从地方到区域化的一种向外扩张的趋势。跨域治理作为一种新型的治理模式，打破了狭隘的行政区划界限，

---

① 国子健，钟睿，朱凯. 协同创新视角下的区域创新走廊：构建逻辑与要素配置[J]. 城市发展研究，2020(27)：8－15.

超越了简单的政府单一主体，实现了政府、企业、非政府组织和公民社会的网络化互动协作治理，成为解决区域问题和实现区域可持续发展的有效治理模式①。

基于此传统上“以邻为壑”的相互竞争关系亟须变为“以邻为伴”的创新合作新关系。从现实情况看，长三角地区区域一体化进程不断加快，平湖市在推进“两邻”实验的发展中，也通过跨区域的政策合作与一体化推动着区域治理创新，并在内容上和形式上不断创新。在深化区域合作上，平湖市不断巩固与上海徐汇区、金山区等在“三社”领域的联动协作，联合金山区共同交流社区治理经验，建立区域协调机构，建立工作制度，定期召开联席会议，设立联络办事机构，采取联合行动探索区域一体化治理创新的模式。

同时，平湖市积极贯彻融入长三角一体化发展战略，发挥区位优势，深化社会工作领域接轨上海，与金山区建立社会工作“毗邻驿站”；指导广陈镇与毗邻的廊下镇签订《社会工作合作框架协议书》，设立浙沪山塘社工服务站，为乡村振兴赋权增能；结合“牵手计划”项目实施，建立浙江平湖与甘肃安宁“区域联动社会服务基地”，加强双向联动，开展互访交流活动3次；积极组织社会组织参与东西部扶贫协作，39家社会组织与四川九寨沟县12个村、2个行业协会、1家民办幼儿园签订结对帮扶协议，全市社会组织共捐赠资金392万元，物资503万元。

区域一体化的协作发展还离不开人力资源的共享和合作机制构建与完善。区域一体化旨在通过对区域内全要素的整合和优化，来支持高质量发展和实现共同富裕。人才作为第一战略性资源，是支撑区域一体化高质量快速推进的关键要素。区域人才一体化既是区域一体化发展的内在要求，也是落实中央人才工作会议精神、支撑区域一体化发展的重要保障，同时还是检验区域一体化成效的重要标准。

高等院校与科研院所的不足导致平湖市的发展缺乏足够的人才、智力

① 张成福，李昊城，边晓慧．跨域治理：模式、机制与困境[J]．中国行政管理，2012(30)：102－109.

支撑。因此,平湖市在区域协作中主动融汇周边省市高校力量,通过高校智慧资源的汇入,增强平湖市社会服务供给的能力,扩展平湖市公共服务提供的范围和深度,扩大了交往“朋友圈”,不断争取更多的社会支持与认可。平湖市分别与上海市委党校签订合作协议,开展社会治理创新3年规划课题研究及社会治理制度创新研究,与浙江工商大学签订友邻发展学院合作协议,与华中师范大学共建城乡基层治理现代化实践基地,在基层社会治理实践等议题上开展深入合作,充分实现了区域人力资源交流、合作的信息共享,极大地推动了区域间公共治理资源的整合。基于跨区域公共治理问题的复杂性,在高校智力资源与人才资源的加持下,区域协作一体化发展能在可期的未来中,以有限的成本最大化实现协作中多元主体的效益,而这同样将成为平湖实验区创建中跨区域治理发展的新走向。

第五节 迭代创新:平湖实验升级历程

基层治理的核心是基层民主,其方式是引导、控制和规范各种社会活动,其目的是最大限度地促进国家公共利益[①]。其中,建构规范性的制度、打造服务平台并规范运作程序、促进公民有序的参与以及最大限度维护最广大人民的根本利益是基层治理的主要目标。实现上述目标,既是城乡社区治理的价值追求,也是推动城乡基层治理创新的动力与源泉。平湖实验区创建的三次治理转型与升级背后蕴含的正是国家与乡村关系的不断调适和城乡系统内部不同治理主体利益的协调,而贯穿其中的正是“两邻”理念的核心内涵:“与邻为善、以邻为伴。”

一、理念落地:平湖实验升级历程

基层治理是国家和地方治理的基石,统筹推进城乡社区治理,是实现

① 陈家刚.基层治理:转型发展的逻辑与路径[J].学习与探索,2015(02):47-55.

社会治理体系和治理能力现代化的基础性工程。自2017年底,平湖市被民政部列入首批"全国农村社区治理实验区"始,平湖市围绕"农村基层党建为统领,构建自治、法治、德治相结合的农村社区治理体系"的实验主题,启动首批全国农村社区治理实验区建设,以整合和重构传统乡邻关系、提升村民归属感、获得感和幸福感为目标,以"同心党建、立体共治"为总体思路,深化"三社联动",促进"三治融合",以"邻机制、邻体系、邻模式、邻生态"为主要内容,打造"新乡邻"社区,以民众为发展主体与中心,探索和建立多方主体参与社区共治和村民自治相结合的农村社区治理模式,变自上而下的社会管理为上下结合的社区治理,把农村社区建设成为和谐有序、绿色文明、服务完善、共治共享的美好生活共同体,为推动全国农村社区治理创新提供"平湖经验"。

在"两邻"理念落地过程中,政府、基层组织、社会工作者、社会组织、民众多方联动,从多维度协同治理社区,促进社区和谐发展。社区居委会发挥组织带头作用,积极协调社区资源,协商解决社区公共事务,政社企居联动,共同推进社会进步,有效发挥自治力量基础作用。在政府政策导向指导下,以基层党建为土壤,加强群团建设,大力培育社会组织,为社会组织发展提供政策保障;把基本公共服务体系建设的重点落脚在区域、城乡和不同群体关系的协调上,通过基本公共服务兜底基本民生,保障人民群众发展的机会。推动社会组织高质量发展,并着重整合社区居民需求、统筹社区资源,为社区发展提供服务支持,同时引导社会组织加强组织内部建设,不断提高组织提供服务的能力,助力社区治理。

在和谐的邻里关系之下,广泛的社区公共事务从行政化的决策议程进入民主参与范畴,营造"社区是我家,建设靠大家"的集体氛围,每个人都将社区建设的责任感植根于内心,互助互爱的邻里关系也提升了沟通合作的效率与成果,社区居民从集体活动与集体决策中提升了存在感与获得感,通过基层治理创新,平湖市再次激发潜藏的乡邻文化,推动形成具有平湖特色的"邻治理"模式,为全省乃至全国推进农村社区建设提供了宝贵的平湖经验,也有利于进一步助推共同富裕的实现。

二、理念贯穿:基层治理服务半径的不断延展

推进平湖实验区建设,是平湖市委、市政府深入贯彻党的十九届六中全会关于“推动社会治理重心向基层下移,建设人人有责、人人尽责、人人享有的社会治理共同体”要求,践行“两邻”理念的重要体现。实验区工作开展三年以来,平湖市将践行“两邻”理念贯穿到加强基层治理的全过程和各领域,强化了基层治理,完善了“邻空间”支撑体系,努力把“两邻”理念转化为平湖基层治理现代化的生动场景。

首先,在平湖市委、市政府主要领导的重视和推动下,全市建立了党委领导、政府负责、部门协同、镇街道具体落实的农村社区治理工作机制,设立由市委副书记担任组长的实验区创建领导小组,由民政局统筹协调农村社区治理实验区创建工作,发挥统筹协调作用。其次,各镇街道把农村社区治理实验区创建与美丽乡村建设、“三治融合”创建等工作有机结合,切实加强领导、落实责任;其他部门单位结合工作实际创设载体,协同推进农村社区治理工作。平湖市建立以“镇(街道)社会工作站为中心、村(社区)党群服务中心为站、居民驿站和村民客堂为点”的三级邻里空间纵向网络体系,积极打造了一批示范型邻里站点,完善基层治理运行体系。

在农村社区治理过程中,平湖市主动搭建各类治理主体的信息交流渠道和参与平台,通过建立稳定的作用机制促进多元主体协同共治,动员多元主体的深入参与,实现社区公共利益的最大化。按照党建统领、网格智治的要求,优化调整全市网格、微网格架构,全面建成“镇(街道)—村(社区)—网格—微网格—户”五级治理体系,有效实现阵地融合、人员融通、服务融入。打造了“项目化”服务体系。坚持“因地制宜、分类推进”的发展方向,针对农村社区实际需求,打造“基础服务+特色服务”的配套供给模式,探索“内生供给+外部输入”的发展道路,推行“项目牵引+契约合作”的发展方式,促进实现政社良性互动、社区和谐发展、社工服务能力提升和社会组织市场化运作。

平湖市还连续开展市、镇(街道)两级公益创投和幸福自治家园活动,通过政府主导、社会参与、多元共治的原则,以常态化机制集聚资源项目,

针对社区居民评选的年度服务项目,推动专业社会组织和社区社会组织联动参与并共同落实,实现社区服务提质增效并带动了社区社会组织发展,治理项目在竞争中提升水平,社会组织在社群中共同成长,与此同时激发了基层治理的活力。

三、共同体建构:“两邻”理念的推进与升华

习近平总书记曾指出:“社区工作是一门学问,要积极探索创新,通过多种形式延伸管理链条,提高服务水平,让千家万户切身感受到党和政府的温暖。”社区因其一定的空间聚集性,形成了天然的邻里单元,将原本孤立的个体整合为社区结构的重要原子。稳定固化的空间形态带来相对紧密的耦合关系,凝结为相对紧密的关系纽带,然而,随着经济社会的发展与转型,快速的城镇化与人员流动使得城乡社区居民之间的异质性不断增强,邻里之间的依存度大幅降低,消极的社会参与取代了原来“熟人社会”的样态。

在这一现实背景下,党的十九届四中全会提出了构建人人有责、人人尽责、人人享有的社会治理共同体。而共同体理论又与“两邻”理念具有理论逻辑上的一致性,对践行“两邻”理念更具有指导意义。因此,以共同体思想指导建设“与邻为善、以邻为伴”的邻里关系符合当前社会治理现代化发展的要求。而在共同体视域下践行“与邻为善、以邻为伴”理念,就是要改变以往行政管理自上而下的方式,以“友邻善治”为理念,破解陌生邻里关系,重构友邻网络,从而有效拓展社区治理空间,激发社区自治活力。

在平湖的探索经验中,践行“两邻”理念首先是推动以社区为中心的共同体建设。社区,无疑是社会治理共同体的基础,而社区共同体构建的基础在于邻里关系,若没有互相信任、互相关心的邻里关系,社区的认同和归属感便无从谈起。

在平湖实验的探索中,“两邻”理念的贯彻落实以及围绕其主题开展的实验区创设,使构建与社会发展相适应的新型和谐社区得到社会广泛共识。随着城乡一体化进程的日益加快,农村中原来以熟人社区为主的治理秩序已经发生变化,原有的乡情乡愁慢慢淡化。

平湖市在其探索全过程中,首先高度注重以党建为支柱,以构建多主

体共同参与的治理共同体为目标,利用党员先锋站、民情茶室、村民客堂等搭建的“乡邻服务点”,提高互动效度。其次,以活动为载体,扩大居民参与广度,实现邻里之间广泛的互动,构建场域共同体;并以利益为链接,鼓励邻里之间互帮互助,构建互信共同体。

同时,通过推行“新乡邻”,将村民作为主体成员,引导其主动加入社区治理过程,进一步增强村民归属感,培育社区精神、营造社区文化,推动了村落发展,实现了村民之间、社区与村民以及政府与村民之间的紧密联系,最大限度地汇集了社区的民智民力,推动问题“自我消化”,引导村民化解“内部问题”,推动民事民议、民事民定、民事民办,构建了一个自下而上的社区治理共同体,走出了一条充满温情友爱的“党建引领、友邻善治”幸福之路。平湖市还在外部结构与环境营造上,全方位协助基层多元治理格局的形成,不断对基层组织、社会组织与社会工作者进行赋能。

在平湖市的探索中,可以看到,其所呈现与倡导的社区邻里关系,是多方力量的共同汇聚,将社区居民作为主体,助力其享有社区发展所带来的物质和精神成果的邻里新格局。在“两邻”理念的倡导下,民众也不再把自己割裂为社区建设的“局外人”,而是社区大家庭的一分子,强大的身份认同由此形成。同时,通过“两邻”理念的实践,广泛的、包容的、可调和的公共利益被进一步发掘与共享。

基层是社会治理的深厚基础和重要支撑。平湖市坚持将改革信念和创新思维贯穿于推进基层政权和社区治理和服务的全过程,冲破了传统行政观念的束缚,以“两邻”理念为指导,突破利益固化的藩篱,创新社区管理体制,推动了多方主体参与共治,增强了社区居民自治和服务功能,让改革发展成果更多更好地惠及广大居民群众。如今,平湖市还在为不断推进基层治理体系和治理能力现代化而努力,并稳步踏上打造基层治理现代化“平湖样本”的新征程!

第三章

三维一体:解码新乡邻

在乡村振兴战略背景下,乡村城镇化、村民居民化、城乡一体化进程不断加快,传统的乡村治理面临着人户分离常态化、利益诉求分散化、人际关系疏远化等新情况、新问题。为探索新型乡村治理的有效路径,平湖市围绕"与邻为善、以邻为伴"理念,构建起"新、乡、邻"三维一体的"新乡邻"社区。其中,以"新"为突破点,创建"新主体、新阵地、新机制"的支点,创新善治工作体系;以"邻"为着眼点,将"邻半径"从邻里扩展到干群、商居、社企、民族和地域,共绘爱邻、亲邻、益邻、善邻、睦邻、友邻的"同心圆";以"乡"为靶心,通过主体联动和资源盘活,释放乡村治理活力,创建涵括乡农、乡规、乡风和乡情的农村美好生活共同体。

第一节　乡村治理体系构建与路径探索

党的十八届三中全会首次提出“国家治理体系和治理能力现代化”的重大命题,标志着中国特色社会主义现代化建设步入了崭新的历史阶段。乡村是国家政治生活不可缺少的场域,乡村社会的安定和谐和稳健发展依赖于良好的乡村治理。因此,乡村治理既是我国社会治理的重要组成部分,也关系着进一步推进国家治理体系和治理能力现代化的战略部署。在国家治理现代化过程中,厘清国家治理现代化与乡村治理现代化的内在关联,直面乡村治理困局,加强和改进乡村治理,多维度构建乡村治理新体系,打造乡村社区治理新品牌,既是国家治理现代化的内在要求,也是解决乡村治理问题的必由之路。

一、国家与乡村的关系互动

国家治理现代化包括国家治理体系现代化与国家治理能力现代化两个方面的内容。

国家治理体系现代化指厘清政府在公共事务治理上的施政范围与功能职责,发挥社会组织和公民的积极性与能动性,同时发挥市场在资源配置中的决定性作用,建立起“政府—市场—社会”多元治理体系,其中包括了经济、政治、社会、生态文明和党的建设等各领域体制机制、法律法规安排。国家治理体系是一个制度综合体,是一整套紧密连接、相互协调的国家制度。

国家治理能力现代化指政府在公共事务治理上制定决策与执行决策能力的民主化、法治化、科学化,得以推动私人经济部门和以民间组织为主体的第三部门在新的治理结构中发挥日益重要的作用。

国家治理是一个包容性概念,其中基层社会治理的体制创新是国家治理体系的社会基础,而乡村治理正是基层社会治理能力高低的重要参照。

乡村治理现代化主要体现为乡村社会治理体制创新，具体体现为治理方式改进治理空间拓展、治理水平提升、治理手段完善、治理目标迭代、社会组织参与、矛盾化解体制和公民意识提升等，以实现维护村民切身利益为导向，注重民生建设，通过社会能动作用的发挥，激活多元主体共同治理，推动社会有序发展。因此，从本质上来看乡村治理现代化是以现代价值理念、现代公共规则、现代行为规范为基准和目标的历史发展趋势，终极目标是基于现代性的乡村自我回归和发展①。

概言之，乡村治理是社会治理的一部分，是国家现代化的社会基础，分析基层治理同国家治理内在关系应以现实社会问题为出发点，关注现代化进程中乡村治理的困境，重构乡村治理新体系。

二、现代化背景下乡村社会的现实困境

随着我国现代化建设的推进，国家与社会正经历整体转型，传统的乡村治理体系和治理能力面临着较大的挑战，乡村社会面临着结构性变革，包括传统乡村社会结构变迁、乡村权力配置演化和村民身份角色转化。

（一）传统乡村社会结构变迁

现代社会以其开放性和流动性推动整体社会结构的变迁，越来越多的农村人口涌向城市，维系人与人之间关系的基本纽带早已突破单一的地缘因素，而延伸至以血缘、业缘、地缘、趣缘、志缘等因素为基础的社会关系网络之中，熟人社区逐渐被原子化的陌生人构成的社区所取代，逐渐形成现代意义上的“社区共同体”。

费孝通先生认为乡土社会是一个“熟悉”的社会，没有陌生人的社会。② 但在现代化治理模式的冲击下，乡土本身不再是由熟人治理网络构建起的特殊区域，“能人治村”成为乡村社会的常态现象，即一种精英主导和村民参与有机结合的“精英—群众”自治，同时也是对传统的乡村能人

---

① 韩鹏云．乡村治理现代化的实践检视与理论反思[J]．西北农林科技大学学报（社会科学版），2020，20（01）：102－110．

② 费孝通．差序格局[J]．当代学生，2020（Z4）：66－67．

政治——“乡绅管理”的传承和超越[1]。

乡村社会在现代化进程中组建各式各样的社会自治组织以增强自身的竞争实力，与集体化时代的生产组织有很大不同。一方面，根据现实困境制定合理的治理政策，充分发挥基层党组织的先锋模范作用。另一方面，吸纳各界的治理资源，组建成乡村治理监督委员会，在起到社会监督作用的同时还可以协调乡镇的行政管理与建设规划，协调和平衡各方的利益需求。同时以村民组织化为目标，吸纳和动员“任务型乡贤”与“原生型乡贤”建立包括乡贤理事会等在内的自治组织，完成“利益征召”，“转译”行动语言，推进乡村全面振兴。

（二）乡村权力配置演化

乡村治理往往是国家意志在乡村地区的具体运行，表现为在国家治权的推动下实现政策供给与地方治理的有效衔接，从国家权力分配的视角出发，对国家权力在乡村基层社会运行态势可以定义为权力的“强制性”和“自发性”。

在计划经济时期，政府通过国家政策的制度赋予拥有对乡村社会的管理控制权，实行“政社合一”的人民公社体制，以“行政下乡”或“政党下乡”的方式对乡村公共事务进行干预，乡村内部权力的自发性被忽视。改革开放后，经济体制改革带动政治体制改革，乡村权力结构开始变迁，市场经济的发展使得机械的单方权力运行模式逐渐衰落，社会的开放流动赋予乡村社会更多的自主性。

（三）村民身份角色转变

村民作为乡村社会发展的主体，其身份角色的变化必然深受社会转型的影响。在工业化和市场经济的推动下村民从农业转移到其他非农产业，所从事的职业类型也更加多元，其生活方式和生产方式也相应随之变化，自身对生活质量和价值的追求也在同步发生着变化，在消费方式上不断向

① 卢福营．经济能人治村：中国乡村政治的新模式［J］．学术月刊，2011，43（10）：23－29.

城市居民靠拢。村民在走向社会角色转换的过程中,打破了传统的血缘地缘、宗法乡规等人际链条和传统体制机制限制,价值观念和生活态度都在发生变化,自由平等、独立自主、民主法治等现代价值观逐步形成。

三、基层治理现代化与乡村治理体系重塑

推进国家治理能力的现代化,实质上就是厘清政府在国家治理过程中的本职工作,推进政府在公共事务治理上制定决策与执行决策能力的民主化、法治化、科学化。国家治理能力的根本提升有赖于深化改革,国家通过自身制度构建打造强能力结构体系,并据此向社会输出其治理举措、达成治理目标。

乡村治理体系现代化是具有现代价值属性的组织系统与制度安排,习近平总书记曾提到,一个国家选择什么样的治理体系,是在一个国家历史传承、文化传统、经济社会发展的基础上长期发展、渐进改进、内生性演化的结果。为了更好地推动乡村社会的现代化建设,适应现代化背景下乡村社会的结构性变革,必须对现有的乡村治理体系进行优化升级,创新地方政府的治理理念,构建多元主体共同参与的治理机制。

2013 年,习近平总书记在与沈阳市沈河区多福社区居民座谈时指出"社区建设光靠钱不行,要与邻为善、以邻为伴",深刻点明了社区治理领域长期存在的难点问题,即如何建立起人人有责、人人尽责、人人享有的社会治理共同体。为解决这一问题,不能"见物不见人",在满足基本的资金、物力支持后,更需要发挥人民群众的积极性、主动性、创造性,将分散的群众个体汇聚起社区建设的合力。

为此,平湖市围绕"与邻为善、以邻为伴"理念,以整合和重构传统邻里关系为切入点,推动城乡社区建设友邻体系,探索和建立多元主体参与社区共治和村居民自治相结合的"邻治理"模式,构建起"新、乡、邻"三维一体的治理体系,打造"新乡邻"社区。

第二节 突破“新”格局:创新善治工作体系

创新基层社会治理是完善国家治理体系和提升国家治理能力的基础工程。目前,我国基层社会治理的探索取得较好成效,但面对百年变局和新的社情,接续全面推进乡村振兴,需立足新发展阶段、贯彻新发展理念、构建新发展格局,推动高质量发展。近年来,平湖市以“新”为突破点,不断创新基层“邻治理”工作体系,以新主体参与为基础打造邻里共建共治共享新格局,以新平台打造为突破口切实增强社区服务功能,以新机制创建为手段切实保障“邻治理”工作开展。

一、新主体:多元参与共建共治共享

社区、社工、社会组织是社区治理的重要主体,“三社联动”是加强和创新基层社会治理的重要途径。在实践探索中,“三社联动”模式下也存在资源链接不足、社会资本利用率低等问题。基于此,平湖市重视吸纳新要素,整合社区志愿者和社区公益慈善资源,将“三社联动”升级至“五社联动”,旨在发挥社区、社会工作者、社区社会组织、社区志愿者、社区公益慈善资源联动作用,助力化解“疫后综合征”,奏响社区治理“大合唱”。

(一)社区工作平台搭建

社区是社会治理的基本单元,“五社联动”需要在这个平台上,整合与运用多元化资源,凝聚起多元主体推动社区建设的合力,有效解决基层社会治理遇到的各种问题,不断提高社区发展活力、提升基层治理能力。事实上,在常态时期的诸多社会情境中,社区更多的是作为一个物理空间或者社会空间,是居民开展情感交流之所及社会交际之地。但是,当面临突发事件时,社区的信息以及资源的链接作用更加凸显。

当湖街道梅兰苑社区主要由梅兰苑小区、吉祥小区、凝翠嘉苑小区、曹杨小区、玫瑰湾小区等五个小区组成,现有户籍户数 2507 户,户籍人口

7279人。社区现有工作人员9名,社区党委共有党员185名,在职党员335名。面对突发事件,梅兰苑社区积极发动社区党员、社区志愿者以及链接爱心企业、个体商户等,全力化解,社区成为凝聚这些力量的最关键一环。

社区不仅是链接资源的重要一环,更是发动社区志愿力量的重要帮手。

(二)社会工作人才培育

社会工作者的综合能力与社区治理效果有着直接的关系。平湖市自2009年成立社会工作委员会以来,坚持以人才培养为基础、以人才评价激励为重点、以政策制度建设为保障,通过建立市镇两级社工委,加强社会工作统筹协调,推动建立议事联席、信息联通、组织联进、服务联办、活动联合的"五联"工作运行机制,培育壮大本土化社会工作人才队伍,走出一条具有平湖特色的"本土+专业"社会工作发展道路,建设一批业务能力强、工作负责、肯为人民服务的社区工作者队伍。

为进一步提高社会工作者为民服务水平,平湖市有序开展各类业务培训。全市高度重视社会工作者在基层治理中的基础性作用,不断探索创新社工制度、加强社工队伍建设,认真组织村社区、企业、社会组织等工作人员参加全国社会工作者职业水平考试,明确机关事业单位45周岁以下人员报考,并做好报考指导、考前辅导、安全送考、继续教育等全程跟踪服务,持证社工人数逐年创新高,目前全市已有1800多人获得资格证书。

与此同时,全市启动社会工作者高级人才培养计划和"新芽计划"社会工作督导进阶培养项目,实行课程培训和实务训练相结合模式,用2年时间、20个主题培训、2200课时培养了首批22名本土社工督导,推进了本土社工督导转型升级,形成了"一线社工—督导助理—本土督导"的人才梯队,并逐步探索出一种行之有效的适合平湖城乡社区实际的"1+1+1"社会工作高级人才培养模式。

充分链接高校资源,探索社会工作者服务新路径。平湖市实施社区领军人物培养计划,选拔9名社区工作者进入嘉兴市社区领军人才库,3名进入省级城乡社区领军人才库,与院校合作成立友邻发展学院,注重从社区领军人物中挖掘培育专业社工,打造特色培训课程,重点培养村社干部“精英人才”和社区社会组织骨干,促进社区工作者向社会工作者转型。现有城市社区工作者中持证比例达到85%以上。

友邻发展学院实行院长负责制,以“建设一批品牌社区、培育一批精英人才、打造一批友邻项目、提升一批优秀机构”为目标,以街道友(乡)邻中心为主阵地,以相关社区为实践延伸,引入学分制、分班制、模块制等模式,通过理论指导、实务训练、研讨讲座、头脑风暴和对口教学等教学形式,使学员熟知相关职业伦理道德与法律法规,提升专业理论水平,掌握操作技能,增强实务能力。

加强制度保障,切实把政策落地、落实、落细,增强社会工作者获得感和成就感。为推动建立议事联席、信息联通、组织联进、服务联办、活动联合的“五联”工作运作机制,平湖市先后制订《关于进一步加强社会工作人才队伍建设推动社会工作发展的意见》《社会工作人才专业技术岗位设置及薪酬待遇办法》等文件,初步形成平湖市社会工作“1＋N”政策体系。

平湖市引入上海督导团队,定期对社工机构和服务项目进行全方位的“传、帮、带”,建立社会工作督导制度,加强跨区域联动合作,与上海徐汇区建立社会工作区域联建联动发展合作关系,与上海金山区建立社会工作“毗邻驿站”,选派社工机构参与民政部“牵手计划”。2020年,在毗邻党建工作的指引下,平湖团市委与金山团区委签订“金山—平湖”共青团2.0版合作协议,为第二个“三年”的毗邻区域化团建开辟新模式,通过活动共办、队伍共培、成果巩固等方面实现全方位合作提升,为两地发展嵌入浙沪融合基因,促进两地青年工作融合发展。

做好创新争优工作,增强社会工作者责任意识和服务意识。平湖市加大评优创优力度,每年组织开展国际社工日宣传周和社工节系列活动,在全市营造尊重、认可社工的良好环境氛围,并组织开展最美抗“疫”社工、优秀社会服务项目、最佳机构等评选活动,先后有7个单位被评为全国社会工作服务示范单位和省级社工人才实训基地,3名社工取得全国社会工作督导人才培养计划实务督导证,5 名社工荣获嘉兴市“南湖百杰”称号,其中 1 名社工当选浙江省党代表。

平湖市建立健全社会组织评估体系,实行等级评估奖励,对获得 3A ~ 5A 等级的公益组织和社工机构,分别给予 3 万 ~ 5 万元的奖励,其他类实行减半奖励。同时,强化政府购买社会工作服务评估监管,制定专门的评估实施办法,对评估的主体、内容、方法、程序进行规范明确,并连续 5 年引入第三方评估机构,从完成情况、财务状况、综合效能等方面评价项目成果,不仅全面检验了政府购买社会工作服务的效果,客观评价了财政资金的使用效益,也有效促进了专业社工机构的高质量发展,达到了双赢。

(三)社区社会组织规范性建设

社区社会组织扎根于社区、由社区居民自发成立,是在城乡社区开展为民服务、文体娱乐、邻里互助、公益慈善等活动的社会组织。培育发展社区社会组织,不仅有利于激发基层活力,促进居民有序参与社区事务,更有利于引导多方参与社区服务,预防化解社区矛盾,助力和谐社区建设。

充分发挥党员在社区治理中的先锋示范作用。广陈镇泗泾村以“党建引领、村民自治、服务共享”为合力,整合多方力量与资源,着力打造“微自治”志愿服务队伍,助推基层党建和社会治理,更好地服务民生。2021 年 6 月 18 日上午,“金大哥工作室”正式揭牌成立。“金大哥工作室”吸纳了不少热心公益的志愿者,他们来自各行各业,如理发师、医生、电工、企业老板、专职社工等。

“金大哥工作室”志愿服务队伍主要围绕环境卫生、邻里关系、矛盾调解、助老助困、平安建设、垃圾分类等展开公益服务,满足村民需求,实现服务常态化。在全村范围内,为老人们提供家门口式的公益便民活动,提高老年人生活质量,丰富老年人精神生活。通过集中多方村民的力量,村庄共建微自治体系,打造了一个真正属于泗泾村的优质的示范微自治志愿服务队伍。

推进服务平台优化整合,打造协同高效服务体系。平湖一方面积极搭建市、镇街道、村社区三级社会组织服务平台,委托专业社会组织承接运营,开展社会组织服务平台量化考核和星级评定,先后培育孵化40多个公益服务和专业社工组织,在提升公共服务和参与社会治理方面发挥出重要作用。另一方面,全市把服务平台建设成社会组织党员和党组织的孵化基地,实行社会组织和社会组织党组织同步孵化、同步指导、融合发展,已成功培养社会组织党员8名,孵化社会组织党组织5家。

2021年平湖市社会组织培育发展中心开展公益慈善类组织培育孵化工作,指导爱宠、暖光等多家初创期社会组织规范化运作。全年社会组织创益园来访接待30余次,公共空间使用记录233次,开展4期入驻机构议事会,形成园区自治公约,逐步建立公益慈善互助资源库。深化社会组织"进网格送服务"活动,年内开展2次大型专场活动。开展"疫情之下,社会组织如何发挥作用"公益沙龙,提升社会组织面对新冠疫情等公共卫生事件的协同参与能力。

平湖市聚焦社会组织团队成长、赋能、专业的目标,优化培育孵化课程体系。针对初创期公益组织、创投项目执行团队及镇(街道)"三社"平台运营组织的实际困难和真实需求,开展专题培训课程。组织"智创营"镇街道平台社工能力提升活动,通过参访、沙龙、线上直播等多种方式促进各级社工之间互动学习,促使社会组织在项目管理、品牌塑造、专业发展等方面取得进步,推进各镇街道平台资源共享,实现跨区域合作与交流。

2018年,平湖市依托于社会组织创益园的区位优势,由平湖市委组织部、平湖市委党校和社会组织综合党委联合开办,嘉兴市第一家社会组织党校在平湖社会组织创益园正式成立。加强了社会组织党建,引导党员更好地发挥作用,推进社会组织健康成长,加强社会组织党组织培育孵化、教育培训以及社会组织党建理论研究。

探索公益创投发展方向与运作模式。通过创建社会组织培育基地,开展社会公益创意创业大赛,探索政府公共服务购买等方式,整合政策、资金、技术、管理等服务资源,积极发展公益服务项目,培育新社会公益组织和人才。近年来,我国政府、企业与社会组织之间构建多种合作平台,以公益资金筹放与管理为基础,以培育社会组织与公益人才为目标,以公益项目设计与运作为主线,以资金、技术、政策支持为路径,探索解决社会组织普遍存在的资金支持短缺、发展能力薄弱、管理运作混乱等现实问题的模式。

2021年,平湖市开展"红领善治 益享生活"第四届公益创投活动,对各签约项目的实施进展、资金使用情况等方面进行全过程监督、指导、优化。组织"海螺之音"志愿者实地参与创投监测活动15次,有效解决各执行团队在项目运作与组织建设等方面遇到的难题。开展中期评估考察创投活动半年度实施成效,针对各项目在财务管理、案例推广、品牌创新等方面的不足提出专业性建议。

(四)完善社区公益慈善资源互助体系

社区是慈善事业的"最后一公里"。如何把社区里的慈善资源盘活利用起来,更好地服务社区,推动社区公益事业发展,一直是平湖市发展公益慈善事业的重要时代命题。近年来,企业参与城乡社区治理的现象越来越普遍,企业作为社区发展重要的利益相关者之一,能为社区带来税金、慈善捐赠、就业红利等多项收益,是社区参与一股不可小觑的力量。企业参与社区治理不仅有利于提高城市社区治理绩效,强化企业社会责任意识,更有助于构建和谐社区,提升社区居民的满意度。

白马堰社区党委以"社企连心 · 双轮驱动"睦"邻"合乐项目为载体,通过社企支部联建方式,发挥社企党员各自优势,树立社企党建志愿服务品牌,起到"共抓、共管、共帮、共建、共创"之效,以"双轮驱动"的方式,助推社区和企业的共同发展。擅长小家电维修以及水电维修的一些企业,以此为凭借成立"大风车"帮帮团特色服务队,服务辖区社区居民,以"进社区、办实事、助发展"的活动形式,增强基层群众的获得感、幸福感。

(五)激发社区志愿者治理活力

社会治理的重心必须落到城乡社区,社区服务和管理能力的增强是夯实社会治理基础的必要前提。社区志愿者是社区治理的一支重要力量,建立一支可持续的社区志愿者队伍,激发社区志愿者活力,提高服务的精准化精细化,打造邻里守望的和谐社区,是社区治理工作中需要解决的问题。

健全志愿服务体系,广泛开展志愿服务关爱行动。平湖市自2012年被民政部列为全国志愿服务记录制度试点地区以来,通过创新志愿记录、壮大志愿力量、打造志愿品牌,不断推动志愿服务工作标准化、专业化、规范化进程。平湖先后制定出台《平湖市志愿服务记录办法》《平湖市志愿服务星级认定及激励办法》《平湖市志愿服务管理平台(公益储蓄银行)管理办法》等一系列志愿服务记录政策,对记录内容标准、管理机制、操作流程、激励措施、服务项目等作出明确规定,形成平湖特色的"1 + X"志愿服务文件体系。

平湖创新激励回馈机制,围绕"储蓄服务时间、回馈公益服务",开展志愿者和志愿服务组织"五星级"评定,并为所有注册志愿者购买人身意外保险,对达到相应星级的志愿者给予相应的激励政策。如推出"星级志愿者专属增益 BUFF"福利,对于"志愿汇"App 注册的不同星级志愿者,享有专属增益 BUFF,到店出示"志愿汇"星级志愿者身份即可享受专属折扣,提高志愿者积极性。

为进一步弘扬"奉献、友爱、互助、进步"的志愿服务精神,平湖市新仓镇在全国第 58 个"学雷锋纪念日"举行"共建美好城镇"暨"三·五学雷锋"系列志愿服务活动启动仪式。新仓镇积极探索志愿服务新模式,形成了特色鲜明的志愿服务品牌,品牌涵盖了党史学习教育宣传、环境整治、文明传播、女性健康、亲子志愿、科学普及等各个方面,新仓镇掀起志愿服务新风尚,拓展了志愿服务覆盖面。

为进一步打造特色志愿服务品牌,新仓镇采用"社工 + 义工"两工联动模式,引导和鼓励志愿服务组织开展扶贫帮困、社区服务、特殊人群关爱等活动,在全社会传递正能量、倡导文明新风尚。如 96345 志愿服务联盟组织引导加盟商和有特长的机关党员参与志愿服务活动,并设立爱心储蓄银行,建立空巢老人和留守儿童等弱势群体信息库,由加盟企业、社会爱心人士一对一结对,建立长期稳定的帮扶关系。三叶草社工服务中心以计生特殊家庭帮扶项目为依托,以心理咨询为特色,通过个案辅导、小组活动等形式帮助计生特殊家庭走出丧子阴影,重新融入社会,受益人群近 500 户。

创新志愿服务方式,持续提升志愿服务专业化和精细化水平。

杨清扬是平湖市综合行政执法局团委书记,也是平湖城管志愿者(义工)协会执行负责人,在工作之余,她积极组织并参加局内组织的全国文明城市创建、平安建设、环境整治、垃圾分类、文明劝导等志愿服务工作。在这几年的时间里,她组织完成了城管志愿者(义工)协会牵头、协办的近200项志愿服务活动,队伍的志愿汇App记录时长7925小时,累计荣誉时长2860小时。

她先后组织并参与"三·五学雷锋系列活动"、"红色同心圆"、众筹养老晚会、"文明劝导·文明出行"、"献爱心·捐衣物"、"向幼儿园捐赠文具书籍"、"环境整治·志愿先行"、"我当一日环卫个人"、"衣旧情深·爱暖万家"捐赠旧衣物活动等志愿服务活动。同时,她也积极组织和参与平湖市综合行政执法局与长红公益发展中心结对共建合作举办的志愿活动,如"弯腰30度""爱心清凉点""爱在平湖——我们相约在夏天""居家养老服务""爱心义卖""腊八节·送温暖""组建老年环保铁军"等。

自2017年5月起,杨清扬重点策划了"垃圾分一分,平湖美十分"公益项目,招募社会志愿者联合局青年干部,共同组建了一支80余人的垃圾分类宣教志愿者团队。目前,该项目已开展80余场,志愿服务记录时长达3000余小时,参与人数达1000余人次,服务对象近万人,成为协会的品牌活动之一。她带领协会志愿者团队广泛开展"进社区、进校园、进医院、进企业"垃圾分类宣教活动,通过亲子课堂、分类模拟投放互动、环保酵素现场制作等形式让广大市民把分类理念带回家,为中小学生送去垃圾分类主题公益课,并为社会志愿者提供专业化培训课程,让志愿团队实现从爱心奉献到专业奉献的跨越。

二、新平台:四级联动平台全域覆盖

随着人民群众对美好生活的向往日益提高,人们对社区居住环境的期望也逐渐从"大而全"转向"小而美"。平湖市努力强优势、补短板,以多功能、高标准、设施一流、功能齐全、服务优质为目标,完善"市—镇(街道)—村社—村组"四级社区治理和服务网络,实现"横向到边、纵向到底"的全区域、全领域基层治理服务模式,让基层成为一个民主共治、民生幸福、民心汇聚、邻里互信、毗邻合作的社会生活共同体。

(一)创建社会组织创意园

2013年8月,平湖市委社工办(民政局)出资兴办平湖市社会组织创益园,占地面积约900平方米,委托市社会组织培育发展中心运营和管理。创益园是一个培育本土社会组织和为公益人士、社会创业提供关键支持的公共服务平台,以"参与公益、传递真情、铸就梦想"为宗旨,主要采取"政府资金支持、专业团队管理、多方协同参与、社会组织受益"的运营模式。经过多年的运营,已经成为集党建指导、项目培育、组织孵化、人才培养、资源整合、多元协作、慈善文化传播等多种功能于一体的社会组织大本营。

作为一个市级枢纽型、支持型"三社联动"服务平台,创益园一方面做好本土公益生态的培育和发展工作,另一方面向入驻机构提供硬件支持以及软件支持,搭建多方协同参与的网络资源平台,营造良好的社会组织生长环境。在面对初创期、草根性、公益性社会组织时,创益园主要开展培育孵化服务,长期陪伴公益组织共同成长,四期共培育出44家公益组织和品牌项目,涌现出爱心联盟、曙光救援、美丽家园、爱心包包、向阳花亲子公社、云彩援助、泖水公益等一批服务领域广、社会反响好的优秀公益组织。

为进一步发掘和回应民生需求,创益园受平湖市民政局委托,培育了一批有潜力、有活力、有实力的社会公益项目,推动全市社会组织专业化、规范化、品牌化发展。在此过程创益园利用自身专业知识与管理经验,为参加创投的组织提供培育与陪伴服务,有力地提升了公益性社会组织的综合能力,从而为推动社会多元治理和公共服务提供有力支持。

(二)搭建市镇(街道)平台

自全省开展首批乡镇(街道)社会工作站建设工作以来,平湖市结合自身实际,积极整合资源,围绕"设施完善、制度规范、功能多样、服务专业"的目标,坚持高站位谋划、高标准建设、高质量推进,深入推动镇街道社会工作站建设,现全市各镇(街道)已全部建成社会工作站。

平湖市镇(街道)社会工作站以"抓基础覆盖、促提质增效、创特色品牌"为行动计划,确定"118X"建设思路,即以搭建基层社会工作发展的综合型平台为总体定位,发挥市级社会工作总站作用,推动8个镇(街道)社会工作站全覆盖,同步选择有条件、有需求的社区、学校、企业等设立 X 个特色社会工作站(室),推动社会工作不断向基层延伸。

在平台建设上,该市依照"相互融合、相互独立、相互支持"的原则,对现有的服务平台进行功能性改造提升。例如,当湖街道社工站可用面积851平方米,内设综合服务区、孵化培育区、社工活动区、品牌展示区、管理办公区五大功能区块。除配备必要的个案室、小组室、督导室、档案室外,还增设公益产品展示区、便民服务区、社会组织孵化室、心理疏导室、亲子活动室、党员活动室等功能间。

该社工站发挥专业优势,整合社会资源,促进医院社区联动,开展"心路助医·益起行动"医务社工项目,不断深化、细化医务社工服务体系,为更多人带去贴心服务,打造"社工+医务人员+志愿者"三位一体模式。同时也开展"暖心家园"特殊家庭社工帮扶项目,积极链接社会资源,关爱"失独"家庭身心健康,提供心理支持,提高"失独"家庭自助的能力,促进服务对象社会融合。

为进一步整合城乡社区服务资源,优化城乡社区公共空间、阵地布局和功能设置,创新基层治理和服务方式,平湖市改造传统"一站式"服务窗口柜台,建设"易进入、可互动、能共享"的开放式"居民会客厅",进一步强化社区与居民互动融合,推动社区服务模式向人性化、亲情化、全方位转变,让社区服务大厅成为有温度的"社区大客厅"。

"居民会客厅"是指村社区党群服务中心的服务大厅,主要面向村(居)民提供党群服务、政务服务、议事协商和各类惠民服务,原则上应建于村社区党群服务中心一楼,设置全市统一的标识和名称,场所面积一般不小于100平方米,提倡布局合理、整洁明亮、温馨舒适的风格。同时,各社区可根据实际,以"办公空间最小化、服务功能最大化、群众体验亲民化"为出发点,合力设置前台受理区、办公服务区、休闲等待区、自助服务区等功能区域,配备相关的便民服务设施,打造一个集政务办理、展示交流、文化休闲、便民服务、智能体验等一体化和多元化社区服务平台。

与以往服务大厅相比,“居民会客厅”坚持“了解需求、专业引领、整合资源、凝心聚力”的总体思路,着力推进“综合服务岗 + 全科社工”工作机制,以“走动式”服务为支撑,探索完善网格治理模式,为群众提供精准精细服务。2019 年,当湖街道启元社区投资 300 余万元建设成为嘉兴市首个“客厅式服务”社区,总面积可达 2000 平方米。社区服务中心内设置了“综合服务岗”前台,结合“最多跑一次”改革,完善“全岗百通、一专多能”工作机制,每天安排 2 名社区工作者进行值班,办理居民日常事项。

2020 年,平湖市又推动农村社区建设“居民会客厅”,独山港镇前进村以村便民服务中心提升为载体,优化软硬件设施,在嘉兴市打造首个“客厅式服务”社区,推动建立“一厅一岗一窗”服务模式,打造居民会客厅,让群众办事更加便捷高效,服务便民零距离。同时,为满足居民需求,该村成立邻坊中心,为群众提供文化学习、娱乐休闲、志愿服务、协商议事等服务。在此基础上,通过链接资源、整合巩固,挖掘特色,打造以“民创族治 议启前进”为主题的“新乡邻”点,推动形成农村社区新亮点,不断提升群众幸福感。

三、新机制:治理资源与治理事务精准匹配

培育发展相互信任、守望相助、休戚与共的社区关系,让社区更有温度,让邻里不再陌生,这都需要新的体制、机制予以保障和完善。就基层治理而言,机制创新是对体制的打破重整和优化组合,从而有效克服无限的治理事务与有限的治理资源之间的矛盾,实现体制与社会的有效结合。平湖市坚持以人民为中心的发展思想,深入推进社区治理创新,建立联动发展机制、创新协商议事机制,完善培育发展机制、强化激励保障机制,不断构建富有活力和效率的新型基层社会治理新体系。

(一)建立联动发展机制

联动发展重点不仅在于“联”,更重要的内容在于“动”,意指在农村社区治理中,必须有明确的行为主体作为治理行动的发起方,推动治理要素的联结,设置公共治理议题,积极推进实施治理项目。平湖市在“联”与“动”字上下功夫,加快培育和引导多元主体参与农村社区治理,形成社会

工作合力,实现资源共享、优势互补、相互促进。

明确政府职责边界,加快形成分工合力、运转高效、权责一致的职能体系和协调机制。地方政府推行的创新举措不同程度地推动了基层社会治理的发展,但部分创新项目的内容和形式相互交叉重叠,导致基层出现了组织"叠加"和事务重复的现象。因此,需进一步推行村(社区)工作准入制,精简村(社区)机构牌子,规范村(社区)工作职责,完善权责清单制,在确保职责边界和事权划分清晰的同时,允许职责层次内和职责层次间的动态调整,保证职责体系的弹性与动态优化,构建科学合理、动态灵活的政府职责体系。应构建多元主体共同参与的清单治理模式,对清单的制定、实施情况进行严格的考核和有效的监督①。

在平湖市委、市政府主要领导的重视和推动下,全市建立起党委领导、政府负责、部门协同、镇街道具体落实的农村社区治理工作机制,由市委副书记总牵头,民政局统筹协调,将实验区建设工作列入市委、市政府对镇街道年度目标责任制考核内容,实行工作项目化、项目清单化、清单责任化。其他部门单位密切配合,结合工作实际创设载体,协同推进农村社区治理工作,完善"议事联席、信息联通、组织联进、服务联办、活动联合"的"五联"工作运作机制。

推进三级社会组织建设,打造孵化网络全覆盖。平湖市建立起覆盖全域的"市—镇街—村社"三级联动孵化机制,大力培育服务性、公益性和互助性社区社会组织,引导建立社区社会组织联合会、邻坊中心、乡贤参事会等枢纽型、支持型社会组织 94 家。现全市备案登记的社区社会组织共 2322 家,平均每个城市社区拥有 24 个以上、农村社区有 15 个以上,如赵家桥村"老妈妈"服务队、野马村"彩之翼致富社"、中华村"清水华杨"护河团等一批骨干社区社会组织,充分发挥自身资源优势,有序参与乡村治理,在促进村民自治、推进平安建设等方面发挥出积极作用。

---

① 宋林霖,黄雅卓.政府责任清单制度有效性分析:基于新制度主义政治学的视角[J].南开学报(哲学社会科学版),2021(06):21-31.

创新四方融合模式,助力打造城乡社区治理样板。四方联动机制是指在基层社会治理中积极发挥政府、社会组织、企业、高校的联动服务机制。四方联动机制是基层治理创新的又一重要方向,其关键在于如何使四方有效地联动起来,优化社区治理的实际效果,提升社区居民的生活质量。2019 年平湖市民政局与平湖市青扬社工服务中心、嘉兴芯悦社工服务中心以及平湖市嘉人社会工作发展中心展开合作,投入 80 万元着力打造 16 个村社区,提炼出四大农村社区治理模式。2020 年在平湖市民政局及青扬社工服务中心的牵头下,全市进行了全域升级,将四大模式成果扩展到 114 个城乡社区,同时运用专业的社会工作方法,推动形成“一村一品”“一社一品”的城乡社区治理样板。

平湖市积极引入高校专业资源,2020 年平湖市揭牌成立了城乡基层治理现代化实践基地,启动“微领袖”人才培养计划,以个案辅导增能、小组团队辅导、主题工作坊、外出参访、举办实务能力训练营等形式,挖掘和培养一批在农村社区治理中有一定公信度和影响力的领袖人物。先后邀请、委托浙江大学、华中师范大学、上海市委党校等单位的相关专家学者在平湖开设社区治理方向课程,参与培训、督导、评审等工作,梳理各镇街道特色品牌,共同建立城乡社区治理专家库及档案,提炼总结平湖市农村社区治理发展新路径。

(二)完善协商议事机制

依据中共中央办公厅、国务院办公厅《关于加强城乡社区协商的意见》精神和《民政部办公厅关于开展村级议事协商创新实验的通知》基本要求,平湖市紧扣“推进协商治理,建构乡村友邻善治共同体”的总体目标,围绕加强党的领导、畅通参与渠道、激发参与活力、提升议事协商实效等实践问题,深化探索村民议事协商制度体系创新,推进乡村议事协商制度化、规范化和程序化。

搭建协商议事平台,增强基层治理合力。平湖市充分发挥村级党员群体的先锋作用,建设多元化的协商议事平台体系。在村级办公服务场所及村落内的党员先锋站,建立固定的协商议事厅,联结村内议事点,定期开展制度化的村民协商议事。同时,根据具体的协商事项与场景的需要,设置流动的议事平台,把协商带到村民家中、田间地头、村落广场等地。通过建立村级议事平台与街道乡(友)邻中心之间相互合作支持的制度化协商机制,促使村级协商议事平台网络体系化,做到事事协商有平台,时时协商有支撑。

规范协商议事流程,提升协商效能。平湖市建立健全协商议事六步法,即“发起议题—协商召集—会前公示—民主协商—审议公示—监督执行”协商议事流程,不断拓展村级议事协商议题的范围,延伸至涉及村民切身利益的公共事务、公共环境、公益事业等各领域。在近年来的实践中,当湖街道通界村已有党群服务与先锋友邻点的服务协商、社区社会组织参与协商、村民自治协商管理委员会等多种类型的协商制度化探索。

畅通民意表达渠道,帮助群众解决“急难愁盼”。平湖市积极探索村级协商治理运用互联网线上技术支持,建立网络协商议事载体,探索村级事务协商线上形式,建立“村干部(网格长)—微网格长—户”的三级微信群,形成“横向到边、纵向到底”信息群,让社区民意表达更便捷、信息收集更全面、反应处理更迅速。

同时,建立民情导航图,由村干部以民情导航图为基础,每周固定4个半天走村串户,到自然村落、田间地头、户上收集村民反映的建议,了解村民最关心、最急需解决的问题,形成议题提交村党总支协商。通过开设民情服务热线、“微嘉园”等平台,建立民情导航图,推动线下协商与线上协商相结合,逐渐形成村级事务智慧化支持的协商体系。

平湖市以村民邻里协商共治为基础,着力构建村级议事协商制度体系,打造乡村善治共同体,实现邻里事务邻里议、村内协商零距离、矛盾纠纷零上交,使每个村民都真正成为村里的主人,在乡村协商治理的制度体系基础上,建设人人有责、人人尽责、人人享有的乡村治理共同体。

(三)完善培育发展机制

平湖市在农村社区治理实验区建设过程中,以“网格治理、全域提升、项目引领、骨干培育”为重点,激活基层群众参与度,提升社区治理创新能力为总目标，在充分挖掘各镇街道及村社区需求的基础上，以“社区微治理创新项目征集大赛”和“社区治理微领袖人才培养计划”为抓手，大力培育社区自组织，为推动社区互助和美好社区的建设加油助力。

搭建培育成长平台，提升专业素质。社区“微领袖”有效缓解社区工作者压力、提升社区营造效率、促进社区居民自治，尤其是在处理一些棘手的群众问题时，具有社会工作者和社区自治组织所不具备的独特优势。2020 年 6 月，平湖市民政局携手青扬社工启动了社区治理“微领袖”人才培养计划，在城乡社区治理中挖掘出有公信度和影响力的 38 名“微领袖”。通过个案辅导增能、小组团队协作、主题工作坊、外出参访等 30 多次活动，帮助“微领袖”搭建成长平台，充分发挥其带动群众参与社区活动、解决社区问题、激发自治活力的积极作用。

在培训过程中，平湖市对接全市 8 个镇街道相关负责人及社区“微领袖”，引导 38 名“微领袖”人才说出自己过往基层自治工作经历、对社区自治的认识及培训期待等。根据“微领袖”的切实所需，民政局多次组织以社区社会组织为主题的参与式工作坊，从实际出发帮助社区“微领袖”打开思想之门，拓宽工作之路，提升自身之能。截至 2020 年 8 月，8 个镇街道分别完成一场“微领袖”人才培养能力提升工作坊，实际参与人数共计 307 人。

各镇街道“微领袖”的培育既有效推广了“微领袖”培育工作的重要性，又为微项目的下沉式服务探索寻找了合适人群。平湖市项目培育以微治理创新大赛为契机，以“微领袖”人才参与为抓手，针对社区身边共同关注的共性需求、社区治理的焦点与难点等问题，提出创新性的解决思路和方案，促进社区自治组织、居民参与家园共治。

深入推进项目化思维，促进社区治理工作推进和完善。项目下乡是当前国家推进乡村振兴的重要实践形式，项目直接与特定政策相关，无须受制于科层制常规性工作，克服基层政府被动授权仅限执行的难题。新项目使用增量资金，改变基层硬件设施条件，克服地方政府有限财政的问题。项目有具体清晰的目标，权责明确，克服强社会网络下难以激励的困境，也重塑着乡村治理的结构与秩序。

社区自组织是城乡社区治理的重要力量,大力培育孵化社区自组织是创新社区治理、推进社区治理多元化、增强城乡社区活力的重要措施。近年来,平湖市在资金、登记注册、税务政策落实和项目发包等方面加大对自组织的培育扶持。各镇街道大力发展社区社会组织,确保每个社区都有20个以上登记或备案的社区社会组织,并积极推动建立社区社会组织联合会,引导能人乡贤、志愿者加入。同时各镇(街道)也充分利用社会组织孵化基地等平台,为初创阶段、急需培育的社会组织提供办公设施、能力建设和战略规划等服务,使其尽快成长。

各镇街道在选择、审核、确定和申报项目时,从村(居)民的现实需求出发,紧扣村(居)民诉求和公共利益、营造社区意识、塑造社区关系以及丰富社区组织等自治议题,梳理形成村(居)民自治项目,实行项目化运作。同时,充分尊重和保留基层自治组织的地方特色,强化项目的自治力,突出村(居)民的凝聚力,完善基层民主自治机制,夯实社区善治建设基础。

目前各镇街道全部建立社会组织孵化基地,并引入专业机构进行社会化运作,突出孵化公益慈善类、权益维护类、生活服务类等基层社会治理中需求度高、影响力大的社区自组织,搭建邻里守望互助平台,激励居民群众自觉参与社区治理和公益服务,提升居民归属感和认同感,探索了一条符合基层实际内生社区自组织的路子。

(四)强化激励保障机制

为有效打通邻治理的新路子,平湖市坚持抓基层强基础,全面推动政策向基层倾斜,资源向基层下沉,把资金往下投,把阵地往下建,把人才往下引,不断提高基层保障水平,为实现基层治理现代化提供有力支撑。

平湖市先后制定《关于进一步加强社会工作人才队伍建设推动社会工作发展的意见》《平湖市社会工作人才专业技术岗位设置及薪酬待遇办法》《平湖市社会工作岗位设置办法》,形成社会工作“1+N”政策体系,完善社会工作专业人才激励保障制度,加大社会工作专业岗位开发和规范力度,保障社会工作专业人才薪酬待遇水平,畅通社会工作人才参与农村社区治理的途径和渠道。

完善基层组织经费保障机制,特别是村社区经费保障机制,关系到社会的和谐稳定和国家的长治久安。有了资金的保障与支持,社区才能够更好发挥其培育初创型组织、发挥社会组织创新能力、推进社会问题解决等功能。为此,平湖市一方面加快政府职能转移,进一步梳理和扩大政府购买服务“三张目录”,丰富政府各部门可购买项目,并将其纳入各部门的年度财政预算,推动政府购买服务和职能转移取得实质性进展。

另一方面,市财政每年确保不少于 100 万元用于公益项目服务投入,推动创投项目更加多元化,适应社区发展需要。在公益创投自建之外,平湖市也积极吸纳社会资金,探索通过设立社区发展基金会和社区社会组织发展基金等形式,建立支持社区社会组织建设、社区微治理、社区公益项目的发展基金,实现社会资源的广泛整合、有效利用。

为有效承接专业社工服务项目,提升专业社工的实务能力,平湖市自 2009 年起就引入上海督导定期对社工机构和项目进行全方位的“传、帮、带”,率先成立社会工作协会和分布各镇街道的“社工之家”。同时,建立持证人员继续教育制度,实行分类积分管理,以工作能力、专业素质和综合表现为主要内容,对持证人员实行量化考核。

平湖市瞄准“三百”培育工程要求,通过制定培育方案、加强调研摸底、实行分类建库,不断优化人才资源配置。各镇(街道)结合各自退役军人服务站及基层治理建设实际,组织专门力量制订合理的人才标准和培育实施计划,精准开展“人才档案库”建设。

第三节　释放“乡”活力:实现本土资源整合

乡村振兴,治理有效是基础。乡村是“记得住乡愁”的载体,是农村人的家乡。广大的乡民不仅肩负保障粮食安全的重大使命,而且提供了宝贵的劳动力资源。平湖市以新为工具,以乡为目标,打造高素质治理队伍,融合本土多元文化底色，擦亮乡村治理品牌，释放乡村治理活力，不断把社区治理推向精细化，全面打造农村社区治理新样板。

一、乡村：全域秀美提升乡村底色

生态兴则文明兴，生态衰则文明衰。平湖市积极开展美丽乡村创建活动，树立和践行绿水青山就是金山银山的理念，坚持尊重自然、顺应自然、保护自然，统筹山水林田湖草系统治理，加快推行乡村绿色发展方式，加大农村人居环境治理力度，建设生活环境整洁优美、生态系统稳定健康、人与自然和谐共生的生态宜居美丽乡村。

（一）加强农村环境综合治理

2019 年，平湖市以全省总分第一的成绩成功成为省美丽乡村示范县，但美丽乡村建设的步伐从未停歇。在此基础上，平湖市以农村环境全域秀美为抓手，通过创新机制、资源整合、全民参与，全面提升农村人居环境质量，推进新时代美丽乡村建设向更高层次迈进。

钟埭街道钟埭村区域面积大，人口多，人居环境情况复杂。为了更好地推动农村环境全域秀美整治工作的开展，该村结合本村实际，成立钟埭村人居环境整治铁军作战室，实行“一图一表一清单”挂图作战。同时，组建“全域环境整治、卫生户厕改造、工程项目推进和优美庭院创建”四大项目攻坚组，全体班子成员各自领办攻坚项目工作，强化责任担当，坚决打赢这场农村环境全域秀美攻坚战。

在助推农村人居环境改善和全域秀美过程中，钟埭村充分号召全村网格长、村民小组长、微网格长、保洁员、退役军人志愿者等 40 余人参与，组成红色垃圾分类督查组、绿色绿化养护组、黄色环境整治组、党员志愿者、退役军人尖刀连等队伍。截至 2020 年 6 月，钟埭村退役军人尖刀连主动出击 3500 余人次，累计服务时长 14280 多小时，已成功服务 827 户农户，完成清理 805 户。整治后的钟埭村让人眼前一亮，该村荣获 2020 年平湖市农村环境全域秀美典范村、嘉兴市首批人居环境优胜村光荣称号。

（二）创建美丽庭院规范标准

“优美庭院”是美丽乡村的细胞与纹理，是推进农村环境整治的基础性工作,也是农户参与“全域秀美”主人翁精神的最直接体现。为进一步增强家庭成员“知美、爱美、建美、护美”意识,提升美丽乡村品质,平湖市现已成功创建嘉兴市“优美庭院”示范点 8 个,嘉兴市“优美庭院”示范村 55 个,平湖市“优美庭院”示范村 66 个,示范村比例分别达 75.3%、90.4%,打造金平湖“优美庭院”示范样板村 10 个,“优美庭院”示范户比例达 55%。

平湖市以“五美”标准扮美扮靓“三微环境”,即微花园、微菜园、微居室,着力打造平原水乡庭院样板。同时根据微花园、微菜园、微居室标准,深入挖掘镇村文化,打造特色化庭院,使庭院富有内涵、生机活力,如“一平方米微花园、两分地微菜园、三棵树微果园”,以网船文化为特色的网船浜庭院、以竹编文化为特色的吴前浜庭院等。据统计,2020 年以来共创建微花园 361 个、微菜园 493 个、微居室 596 个。在此基础上,不断开展平湖市百户特色“优美庭院”示范户评选,以榜样的力量带动居民养成文明健康、绿色环保的生活方式。

打造一座好庭院,离不开专业的规划人员。平湖市探索建立全省首个庭院规划师驻点服务模式,网络招募有专业知识或庭院打造经验的热心市民作为庭院驻点规划师,分别挂钩联系 8 个镇街道、73 个村,通过交流培训、观摩学习、现场点评等方式,推动规划师下村入户,指导农户打造“优美庭院”。截至 2021 年,共招募庭院规划师 81 名,开展现场指导 165 次。

在推动环境整治的同时,平湖市也多次举办家庭教育节、友邻节,开展家风故事会、家风书法展等活动以及最美家庭、十佳文明家庭评选等活动。如新仓镇三叉河村平家潭自然村落设置家风家训长廊,将良好家风嵌入庭院的景色中,厚植庭院文化,传播文明美德,让好家风好家训如春风化雨般滋润心灵。在优美庭院的创建上,平湖市不仅仅是为庭院披上美丽的外衣,更是从精神上养成“美丽”的习惯,把家风美作为“优美庭院”创建的必要条件,以暖心的“家”文化进一步深化庭院内涵,内外兼修共同“扮靓”美丽庭院。

(三)加强区域景区秩序管理

在做好村庄日常环境整治、秩序管理的同时,平湖市把自然村落建成特色景点,把沿线沿路建成风景长廊。“郁树临枫 · 醉红江南”风景线将赵家桥村和韩家庙规划其中,沿线有东郁植物组培科研中心、丁家漾千亩花卉、赵家桥水上云居、东郁园林等精品节点,全长共计10千米。同时,该市高标准打造“毗邻党建·农业硅谷”美丽乡村与农村党建深度融合精品线。整条线路以毛泽东“新仓经验”批示展示馆为起点,以明月山塘为终点,全长27.58千米,是一点上有故事、线上有体验、面上有风景的美丽乡村精品线。

曹桥街道马厩村立足本村景观特色,坚持点、线、面立体化推进,把村庄沿线打造成风景优美的绿色长廊,着力打造宜居、宜业、宜游的美丽乡村升级版。在面上,开展河道整治、生态护岸建设、污水入网,农房立面改造及围墙整修等工作,建成了龙王浜、堰西村、沈家浜、方家村等一批各具特色的自然村落景观节点。在线上,作为曹桥“美丽西线”的一部分,分别打造了金野、金黄、通马公路等涵盖不同植被的道路景观。在点上,积极发动每家每户参与全域秀美整治,清理房前屋后杂物,开展优美庭院创建,人居环境得到进一步改善与提升。

二、乡民:队伍建设培育自治力量

乡村振兴,人才是魂,土地、资金、产业是魄,只有魂魄健全的“人”才能立于天地而不倒。推进乡村振兴行动,不仅要重视基础设施等硬件,而且要夯实人才队伍这一软件基础,关键在于建立健康的振兴人才成长机制,不仅要培养、引进人才,更要留得住人才。建立健全振兴人才成长激励机制,通过运用好乡村振兴战略的机制内生动力,与健全的人才培养、引进机制外动力,形成内外共发力的良性生态环境。

2020年,平湖市为进一步鼓励和吸引“三农”人才主动投身农业事业,创新出台乡村人才振兴“10条”政策,包括助力在校大学生和高校毕业生乡村创业、推进千万农民素质提升工程、实施农业产业人才素质提升工程、加大农创平台入驻扶持力度、完善乡村文化名师工作室激励机制等,吸引各类人才投身乡村建设。平湖市重视乡民现代化,通过全面提高乡民的科学文化素养,挖掘与培育新型乡民,真正解决好乡村人才“引不进”“留不住”“用不好”等难题。

(一)加强村居干部能力建设

乡村社会发生了从“熟人社会”到“半熟人社会”的形态和秩序转型,这种变化使作为局外人和具有自我意识的社会工作者时常面临“视角缺乏”和“文化识盲”的双重困境。这也标示着社会工作发展理念和服务范式应经历从“社区导向”到“社区为本”的知识话语转向,社会工作发展需依托社区资源和凝聚社区力量,有效改进社区生态环境和服务多元主体需求。

2021 年 2 月,《关于加快推进乡村人才振兴的意见》提出“加强农村社会工作人才队伍建设”,进一步明确了农村社会工作人才队伍建设需要搭建服务平台、培育本土人才、引入多元主体参与等具体措施,为农村社会工作提供了政策依据和发展方向,是新发展阶段社会工作参与乡村振兴的行动指南。近年来,平湖市以建设“全国农村社区治理实验区”和“浙江省城乡社区治理和服务创新实验区”为载体,以社区治理创新为切入点,为村社区干部启能、赋能,培育一支扎根基层的社区治理人才队伍,助力谱写社区治理现代化的“平湖新篇章”。

构建精准高效培训体系,培育社区骨干力量。平湖市聚焦基层村社工作实际,扎实推进帮助新任村居干部尽早实现角色转换的“启能计划”,邀请相关领导、社工机构、“三社联动”领域专家围绕基层治理工作特点和需求进行授课,举办内容丰富、重点突出的系列主题培训与项目实操锻炼,帮助其掌握最急需、最常用的业务技能。新一轮换届选举后,平湖市累计产生 488 名村(居)民委员会班子人员,重点面向 206 名首次入选的年轻村居干部开展授课培训 10 场,持续开展跟进辅导,指导理论转化实际应用,打造一支“唯实唯先、善作善成、勇立潮头”的村社铁军。

健全选贤任能制度,提高选人用人质量。在全市城乡社区遴选一批“精英人才”,发挥领头雁作用,鼓励专职社区工作者持证上岗,目前平湖市共有持全国证社区工作者 300 余人。市级层面遴选首批 8 名“兴村治社名师”和 16 名“社区公益领军人物”。在省市社区领军人物评选活动中,目前已有 14 名入选嘉兴市社区领军人才库,3 名入选省级城乡社区领军人才库,1 个社区社会组织、2 个城乡社区和 6 名城乡社区工作者获省委、省政府发文表扬。

(二)推动乡贤参与乡村治理

乡贤是实施乡村振兴战略的宝贵资源,也是新时代实现乡民现代化应当凝聚的重要力量。乡贤是中国传统农耕社会的产物,“乡贤”一词始于东汉,多指饱学之人、贤达之士,即为“乡绅”“士绅”等称呼。在传统中国,由于地理、技术等方面原因,形成了数千年“天高皇帝远”“皇权不下县”的传统,县域以下的社会治理基本不受皇权的直接掌控,各地乡贤成了乡土社会的实际管理者和文化精神的引导者,在维系乡村社会的公共工程和公共秩序,乡村的文化、风俗,乡民的伦理、教化等方面都发挥了重要作用。

乡贤作为传统时期的乡村权威,是乡村治理的重要主体,是本乡本土具有一定的知名度和影响力的人,志在服务乡里、报效桑梓的有德之士,能够有效组织和引领农民,且是受人尊敬的德才兼备者①,在乡村建设和治理中具有重要作用。可见,相比乡贤地域性身份,学者们更多地强调其道德、声望、才能及对乡村所做的贡献。

平湖市培育乡贤队伍,领动乡村治理。2018 年,平湖市出台了《关于加强乡贤队伍建设助力金平湖新崛起的指导意见》,强调要大力加强新乡贤统战工作。在市委、市政府的统筹部署下,全市建立起镇(街道)、村(社区)乡贤参事会 118 个,乡贤成员人数共计 2711 人。

各村乡贤参事会为基层自治筑牢组织基础,各村优秀乡贤事迹不断涌现,为德治引领树立典型,丁秋美、张根元、李云观、倪云建等一批乡贤工作室影响日益扩大,服务群众的作用日益彰显。如丁秋美警官成为基层“三服务”榜样,被评为“中国好人”、浙江省省级劳模。“老娘舅”李云观退休后长期免费驻村,调解村级矛盾 100 余起,为乡村治理减阻力、增助力。退休教师朱赴农的敬老爱幼、爱党爱国的感人事迹走进了《浙江卫视》,成为今年全省仅有的 12 个典型乡贤之一。

---

① 徐勇.两种依赖关系视角下中国的“以文治理”:“以文化人”的乡村治理的阶段性特征[J].学习与探索,2017(11):59 - 63,192.

2018年6月16日,当湖成立了乡贤参事会,共有会员132位,之后又实现了村社区全覆盖。在文明城市创建过程中,该街道又在小区中挖掘了一批具有一定影响力且热心参与公益事业的乡贤骨干,发挥他们的带头作用,让乡贤多角度、深层次参与街道全国文明城市创建工作,乡贤参治从"盆景"变成"风景",以一缕乡愁为纽带,架起了一座"同心桥",缔结了一场"美丽之约"。通过乡贤示范引领,以乡贤的熟人效应,促进乡民自治良性互动,发挥乡民自治主体作用,引导居民破除根深蒂固的"老观念",进行红白喜事"大瘦身",倡导"厚养薄葬"理念,以"乡贤融合"助力基层社会治理创新。

乡贤文化与社会主义核心价值观的基本要求具有一致性,是乡风文明的基础。当下,新时代下乡贤除了退休的政府官员、文人学者之外,还有返乡的企业家、科技工作者、海外华人华侨,以及在乡的村干部等。他们大多经受传统文化的洗礼,又深受现代文明的熏陶;成长于乡村,同时又能熟悉城市发展的一般规则;既能够恪守仁义,又能改革创新。乡贤的这些经历使得乡贤文化既能引领潮流,又很容易为当地民众所理解和接受。

平湖市营造乡贤文化,助力乡村治理。运用平湖丰厚的乡贤文化资源,铸炼"和合报本"乡贤品牌,着力做好平湖市乡贤文化传承弘扬和创新发展文章,推动乡贤"个人梦"融入平湖"崛起梦",为打造"重要窗口"最精彩板块的新崛起之城贡献乡贤力量。

各镇街道建设乡贤馆、乡贤廊、乡贤墙、乡贤窗等80余处,编撰《贤韵》等乡贤刊物20余册,举办"群贤寻根之旅"、开展"同心典型""最美乡贤"评选等一系列活动扩大传统乡贤文化影响力,引领群众见贤思齐、择善而从。设立"和合报本"新乡贤专栏、喜马拉雅《平湖市乡贤故事专栏》等多个平台宣传新乡贤先进事迹、乡土情怀、乡愁记忆千余人次,使乡贤文化成为平湖高质量发展的助推器。同时,成立平湖市乡贤文化研究会,挖掘保护"古、今、新"乡贤资源,研究乡贤培育、激励帮扶和管理机制。

为扎实推进"争创典范·共富有我"品牌建设,平湖市先后出台《平湖市统一战线助力共同富裕新崛起典范五年行动计划》《金平湖新时代乡贤工作三年行动方案》，市镇村三级同心家园扩面提质，打造乡贤工作室、乡贤馆80余家，邀请264名乡贤入驻。通过开展一场乡贤情景故事会，一次平湖籍名校毕业生故乡行，组建一个“百姓名嘴”乡贤宣讲团，树立一批乡贤典型等活动，打造以“家·平湖”为主题的“阿奴平湖宁”品牌。

（三）挖掘乡村内生发展动力

乡村要振兴，关键在人，在于充分尊重村民意愿和主体地位，激发村民的内生动力，让村民能够积极主动地参与乡村振兴和基层治理，提高发展乡村、建设乡村的能力，内力和外力相结合的发展，才能真正达到乡村振兴的目的。

乡民骨干指的是参与社区居民活动中的骨干居民，是社区居民活动中的积极分子。通过培训、举办集体活动等方式打造乡民骨干参与公共事务的舞台，培育乡民骨干的主体意识和内生发展意识，助推社会各主体参与公共事务的意识，对基层社区更深层次地融入。

许良华是居民小组长、社区睦邻点负责人，爱好戏曲文艺和手工编织，用多年的赤诚影响和带动身边的人关注社区中的高龄独居老人，是睦邻助老的一个典型代表。她平常为人和善，家中的小店就成为人们日常谈心和矛盾调解的联络地。在街道和社区支持下，她的家变成了经开区（钟埭街道）三友社区的一个睦邻点。

该睦邻点以戏曲为切入点，聚集了一批热爱文艺志愿者，将家中的睦邻点转型成为一个“戏曲小天地”睦邻点，经常为老人开展便民服务。2019年，她和团队成功将“孝起来为老服务”项目申请为平湖市经济技术开发区（钟埭街道）第二届“睦邻自治·公益创投”项目，促进了社区邻里情、邻里帮，同时也提高了社区居民自治水平，为建设和谐社区起到了积极的推动作用。

金平良，平湖市曹桥街道集镇“开悦超市”经营户，平时关心时政，热衷于公益事业，是曹桥社区的小组长和楼道长，以及平湖“智爱家园”志愿服务团顾问。他带头加入了曹桥集镇“善治家”商圈工会，主动认领小店旁的弄堂，及时上报弄堂各项事务，成为社区的小帮手。并从2019年开始，和其他弄堂长一起为弄堂打分、对不文明现象进行监督整改，引导商圈居民积极做好商圈自治。

同时，他也集结团队思维，共同思考团队发展方向，并通过接受系统性培训，巩固基础知识，获得项目思维，将成熟的想法反馈给团队其他成员。2021 年，团队 6 人共同申报了第二届林埭镇社会公益服务项目创投，以“家庭教育”为切入口，提交“家庭成长计划”家庭教育项目，培养家长教育智慧，覆盖全市 500 个亲子家庭，团队及志愿者管理走上正轨，开始寻求自身发展的可持续与创新精神。

三、乡风：内涵提升焕发文明气象

乡风文明是乡村振兴和乡村治理现代化的要义与保障，也是农民自身提高素质、增强幸福感的需要。随着城乡一体化进程加快，农村中原来以熟人社区为主的治理秩序已经发生变化，原有的乡情乡愁在慢慢淡化。因此，明晰新时代乡村振兴中乡风文明的内涵和价值取向，有利于夯实乡村文化根基，提高乡村社会文明程度的现实路径。平湖市通过推行“新乡邻”，充分弘扬传统邻里爱邻的传统美德，让农村重新记住乡愁、感受到温度、聚得起人心。

（一）深化邻里互助和谐理念

在乡风文明建设过程中，平湖市积极发掘传统美德的深刻内涵，通过多次举办活动不断拉近邻里关系，回归“远亲不如近邻”的内生氛围，从而促进邻里乡里相知相融，把农村社区建设成有温度的生活共同体。

黄家浜村位于当湖街道西南端，辖区内有 14 个村民小组，共有农户 665 户，常住人口 2382 人。在自然村落的形成和建设过程中村落产生了丰富的传统乡村文化，同时在历史沿革中不少部分得到了保留。但是很多文化随着传承人的老去，没有被保留下来，越来越多的村民和青少年逐渐与曾经的“乡愁”远离，对村落的归属感和凝聚力也随着传统文化的枯竭而渐行渐远。

该村以“非遗”传统文化为切入口，通过针对“非遗”文化的勘察、资料收集，了解村民的需求，建立喜闻乐见的服务形式。例如依托黄金湾友邻点开展传统乡村文化集中体验周，在连续 2 周、每天 8 小时的体验周活动中,以“非遗”文化为载体,重塑邻里关系为目标,精心安排课程设置,参观学习黄家浜的特色“非遗”文化——剪纸、土布制作等。

同时邀请传统文化老师和链接嘉兴学院青鸟志愿者进行硬笔书法、经典诵读、中国传统礼仪、弟子规、声律启蒙、传统小游戏、家庭教育、暑假作业辅导等,以德育化人,传递乡风正能量。在服务过程中,通过邀约村民共同参与,搭建邻里情、邻里帮、邻里和、邻里乐的邻里互助体系,不断提升村民的素质和能力,增强其归属感和凝聚力。

随着乡村文明建设的推进,越来越多的村民重视黄家浜的“非遗”文化,同时也参与到村落的发展议题中来,分别为村落发展、环境保护、产业经济等献计献策,形成了志愿服务、邻里互助的良好氛围。目前形成了由8人组成的“非遗”民俗文化传承协会,这些村民不仅找寻传承着村落即将消失的“非遗”文化,更为新时代文明风尚做着自己的努力和奉献,成功上演了一部小村变形记。

(二)满足村民精神文化需求

加强农村文化建设,提高农民思想道德水平,是全面推进乡村振兴战略的精神动力和思想保障。平湖市通过挖掘中华优秀农耕文化蕴含的乡村文化资源,合理利用民族特色文化资源,在保护传承的基础上与时俱进地进行创造性转化、创新性发展,建设诚实守信、邻里和睦、勤俭节约的文明乡村,在新时代焕发乡村社会文明新气象,进一步丰富、传承中华优秀传统文化。

平湖市各社区依托文化活动广场、文体活动室、党员活动室等设施,为群众提供文化娱乐、文体活动、政策学习等集中活动场所,满足群众不同需求。独山港镇聚福村有一座老礼堂——运港文化礼堂,为了给文化礼堂注入新活力,真正实现“门常开、灯常亮、人常来”,该村引入乡贤,发挥他们在思想引导、道德教化、文化熏陶中的作用。

例如,运港文化礼堂深入挖掘当地的杜布文化,并邀请本村乡贤、平湖杜布“非遗”传承人姚爱英老师成为驻堂乡贤,姚老师积极参与杜布馆的策划设计,不仅走访乡邻,征询建设意见,还在村民中收集纺具等老物件,带头挖掘具有鲜明地域特色的杜布文化。杜布馆建成后,姚老师又兼职讲解传播杜布文化,传授土布纺织工艺。

该村在原有文化礼堂的基础上,不断完善文体活动中心的软件功能,打造提升文化礼堂、文化广场、生态文化公园、居家养老服务中心及绿色廊道等一批基础设施。2019 年,新增了浙江省"非遗"文化杜布馆、新时代文明实践站、家宴中心、党员先锋站、连心"议站"、妇女微家等特色元素。在推陈出新的同时,该村也充分运用阵地资源,多次承办市镇两级各项文体活动,逐步打造成"家门口乐园、教育培训基地、'非遗'传承基地",形成了村域文化特色。

第四节　着眼"邻"共治:优化社会治理格局

一、共建共治共享:理解新时代乡村的友邻善治

党的二十大报告指出要完善社会治理体系,健全共建共治共享的社会治理制度,提升社会治理效能,建设人人有责、人人尽责、人人享有的社会治理共同体。习近平总书记提出,"人民对美好生活的向往,就是我们的奋斗目标"。由于资源禀赋差异、历史发展传统等因素的存在,传统的政府主导的社会发展模式,导致社会发展出现区域间不平衡、群体间不平衡,而社会发展的失衡正是导致社会矛盾的根源所在。"共建共治共享"正是意在打破政府主导的社会管理体制的局限,鼓励社会各群体共同参与,群策群力,群团共治,实现社会的均衡发展。

二、邻里爱邻:守望相助的社区网络

社会信任是农村社区新型社会关系的支撑点,正如德国社会学家齐美尔指出"几乎没有一种关系是建立在对他人的不确切了解之上的"①。以

① 艾理生.试论社会资本在建设社会主义新农村中的作用[J].理论前沿,2006(09):12-14.

社会信任、规范、参与网络为特征的社会资本既是乡村治理的基础,又是新农村建设的依托资源,[①]对个人、组织之间的信任和合作有重要的积极意义。因此,平湖市通过推进邻里共议、邻里共治、邻里共享,不断打破城乡社区邻里关系冷漠的僵局,培养居民自助互助的精神,挖掘社区居民的潜能和优势,构建社区内部守望相助的关系网络。

(一)健全邻里议事制度

村社无小事,事事连民心。20 世纪 90 年代以来,西方一批知识分子为寻求一种更好的民主体系,引发了民主理论与实践中的"协商转向",其核心是强调对于公共政策与集体行动的多元、平等参与。[②] 在我国,协商民主经过长期探索,逐步成为中国社会主义民主政治的特有形式和独特优势。平湖市以解决农村社会问题和满足民众利益需求为出发点,以"社区议事厅"为协商平台,构建"多方参与 · 协同共治"社区协商共治体系,用各类多方协商载体平台,引导居民有序、有效参与社区事务。

针对新居民多、入驻企业多的客观实际,以及经济社会运行中的风险与挑战,平湖市秉承"人民作主,民主惠民"的理念,在全市范围内建立起村级协商自治平台。2019 年,平湖市委组织部和市建设局联合下发了《关于建立健全"红色物业"议事厅制度的通知》,明确了"红色物业"议事厅工作制度,包括固定接待制度、民情登记制度、月度例会制度、闭环办理制度、定时反馈制度等。按照"七个有"标准建立"红色物业"议事厅,对居民反映的建议问题记录在《"红色物业"议事厅工作手册》中,办理形成闭环,办理结果向居民反馈,聚焦"关键小事",解决民生难题。

在"红色物业"议事制度推行初期,已协调解决各类问题 1757 个,化解矛盾纠纷 567 起,解决率同比提升 20.3%,通过开展市领导领衔破难、部门领导驻点破难和镇街道领导一线破难,累计列入三级联动破难项目 34

① 施雪华,林畅.社会资本视角下的中国乡村治理研究[J].北京行政学院学报,2008(02):1-4.

② 刘安.协商共治:建构农村基层治理的制度性合作关系[J].南京师大学报(社会科学版),2011(02):58-64,95.

个。平湖市“红色物业”议事厅制度推动了资源在小区叠加、力量在小区沉淀、工作在小区联动、矛盾在小区化解、感情在小区深化。

（二）健全邻里共治机制

创新实施社区积分制，赋能基层社会治理，是平湖市“新乡邻”建设的一大亮点。2019 年，平湖市出台《关于全面推广“股份 + 积分”集体分配模式促进乡村振兴共建共享的指导意见》文件，创新“股权分红 + 善治积分”集体分配方式，将村股份经济合作社社员的股权分红与村民参与社会治理的积分奖励相结合，由所居住社区党组织对居民在参与社区治理中的表现进行积分评定，年底由原村经济合作社根据评分结果进行分红。

作为量化绩效管理的一种模式，积分制能有效激励并引导组织成员完成组织管理的既定目标。[①] 新时代，为了动员各类社会力量参与社区治理，积分制作为政府创新的一种治理模式被引入社区治理领域，具有正反向激励的特点。社区内的个人和集体按照一定的规则，为其实施的正向社会行为赋以相应的积分分值，累积之后，积分分值可以参与排名，定期兑换奖励。而作为一种反向激励，积分制通过建立内在的道德自觉与外在的规范约束的行为细则来纠正个体的不正当行为，既增强了村民的主动性、获得感以及对社区的归属感，又形成村民生活的共同体。

在当湖街道通界村，“股权分红 + 善治积分”模式将每户股东户的股金分红与美丽乡村、垃圾分类、文明创建等农村社会治理重点工作相结合，用奖分和扣分来综合记录农户参与乡村管理行为。例如，2019 年通界村共有 698 户社员户参与集体收益分配，其中 249 户因积极参与党建引领、清廉村居、文明创建、环境治理、垃圾分类、平安建设等获得加权，占比达到 36%，加权总积分 72033 分，按每分 1.3 元计算，在股权分红外还分享了 9.36万元积分奖励。2020 年，通界村在发布的农户善治积分指导性菜单的基础上，对加减分项目做了调整，将开办乡村民宿、农家乐等列入加分

① 马树同. 共建共治共享社会治理格局下乡村治理模式的生成逻辑：基于宁夏 J 县积分制的实践考察[J]. 宁夏社会科学，2020(04)：133 – 138.

项，鼓励农民创新创业。

三、干群亲邻：亲如鱼水的党群干群关系

"群众"一词可以追溯到中国传统政治哲学中对"民"的阐释。如夏、商、周时期的"重民""爱民"，春秋战国时期的"养民""惠民""教民""使民"，汉代贾谊的"民无不为本"，明末清初初步的民权思想等等。在马克思主义经典作家那里，群众狭义的含义是指无产阶级，广义的含义指哲学意义上的"人民群众"。当今中国，党群关系既包括执政党与群众的互动关系，也包括执政党与群众内部各个主体之间的互动关系。它以政党与政府、政党与市场、政党与社会、政党与国家等关系表现出来，其核心是干群关系。[1]

在发展社会主义市场经济和建设基层民主政治的条件下，最根本的是基层党组织要适应当前农村生活方式、生产方式和农民思想观念、利益诉求的变化，特别是适应农村基层民主政治建设发展的新要求[2]。因此，平湖市以"邻"为立足点，以机制体制为依托，以社会网络为载体，以社会组织为抓手，着力构建新时代"干群亲邻"的新型社区关系。

（一）打造干群交往空间

平湖市建立高效便捷的联络机制，按照"村党组织 + 网格党支部 + 党员先锋站"模式，积极利用闲置用房、民情茶室、党员家庭等地建立党员先锋站。通过依托这些党员先锋站，常态化开展志愿服务、扶贫帮困、创业扶持、矛盾化解等工作，有效提高群众对政府及领导干部的工作满意度，进而拉近干群距离，为新型干群关系构建增加和谐因素。

例如，曹桥街道野马村余泾港党员先锋站位于野马村村部北侧中界桥北桥堍，覆盖2个村民小组，涉及农户134户，共有党员16人，是一个融党员先锋站、民情茶室、农家书屋等功能一体化的党群综合性活动阵地。余泾港党员先锋站是全市较早设立的"红色代办"点的党员先锋站，常年安

---

① 祝灵君. 党群关系：当代中国政治研究的视角[J]. 政治学研究，2008(02)：22－29.

② 唐晓清. 农村基层党群关系问题的思考及对策[J]. 中国特色社会主义研究，2013(03)：92－95.

排党员志愿者驻站开展“红色代办”服务,满足村民政策咨询、证件代办代送等方面需求。该先锋站以“一碗茶里话家常,架起党群连心桥”为党建品牌,探索创立农村党员公约,开展党员联户“四必到、四必报、四必评”“五美评创”“红色代办”等工作,实现了党员群众的良好互动,使党员先锋站成为汇聚红色正能量的坚强堡垒。

(二)搭建干群交流平台

持续的社会关系能够鼓励可信行为。作为一种重要的社会资本,社会网络使信任得以传递和扩散,是增进干群互信、密切干群联系的重要桥梁。为畅通基层社情民意“互联互通”有序传播,平湖深入贯彻浙江省委“三服务”活动部署,着力打造党群关系最密切干群关系最融洽县市,织密城乡一体、全域覆盖的治理网格,让居民诉求、矛盾纠纷等意见建议实现合理表达。

平湖市创新思路和方法,针对农村、城市的不同组织形态、文化积淀和人员构成,因地、因人施策,精准高效推进基层治理工作。在农村社区,该市坚持基层治理“一张网”,建立了345个网格党支部,1个支部覆盖1~2个治理网格,并对应建设1个党员先锋站。

创新党员先锋站每月25日驻站接待制度,构建民情民意闭环办理机制,将党的工作融入基层治理的每个网格。2019年以来,全市345个党员先锋站共收集民情2156件,帮助解决1695件,办结率达78.6%。在城市社区,全市构建“友邻中心—友邻汇—友邻点”街道、社区、小区三级友邻网络,全面推行“三网六事法”,打造“东湖好邻居·先锋红管家”在职党员进社区治理品牌,有效实现了“服务在基层拓展、问题在基层解决、民心在基层凝聚”的社会治理“初心”。

四、商居益邻:和谐共处的商住同心氛围

随着商圈经济的快速发展,如何强化这一新经济形态的管理,保持商圈与人居的和谐共存,已成为基层建设工作中的一个重要问题。平湖市以党建高地创建为契机,深化新时代“网格连心、组团服务”,将党建的触角延伸到乡村振兴、共同富裕、基层治理、经济高质量发展等各个方面,打造了“飞地抱团”、红色物业、“网格连企、暖心助企”等多个党建品牌,让商户

参与到社区建设和社区服务之中。

(一)强化商圈共治理念

平湖在商圈治理过程中注重激发红色力量,抓住“关键少数”。全市建立起以街道、社区为基础,以商圈为中线,区域内全体党组织和党员共建共享、共同参与的党建机制。针对新老商圈的不同特点,以社区为单位,成立由辖区内部门、共建单位党组织和商圈成员组成的商圈党建联盟,设立商圈党建联合党支部。目前,平湖已经成功组建15个红色商圈党建联盟,吸纳企事业单位和个体工商户860多家、党员超过1200名,实现重点商业街(区)、外来人员聚集区、“两新”组织相对集中地等场所的党建工作全覆盖。

例如,水洞埭社区是主城区商贸最集中的功能区,针对商户集聚度高、人员流动性大、有效治理难等问题,该社区以问题为导向,于2020年8月成立了水洞埭商圈党建联盟,以辖区内党组织作为理事单位,8个商圈为成员单位,定期开展“圆桌汇”等活动,开诚布公谈问题。又如,全公亭集镇是平湖市独山港镇的中心集镇,涉及商铺460多家,常住人口6000多人。为解决外来人口多管理难、环境卫生脏乱差等治理难题,独山港镇以党建为引领,深入开展“网格连心、组团服务”,将原有商铺网格进一步优化细分为8个微网格,组建商铺党小组,设置微网格长、党员商户AB岗,实现基层治理网格与党组织网络“双网融合”。

为强化商圈共治,平湖在全市大力推广“三制两约”工作机制,即房东责任制、连心议事制、积分管理制,商铺自治微公约、餐饮业微公约,引导商铺业主自我约束、自我管理、自我监督。同时,建立“说事、理事、办事、督事、评事”的“连心五事”办事机制,实现问题闭环管理。2020年,围绕疫情防控、复工复产、停车困难等问题,召开“商圈议事会”12次,讨论并解决问题52个,发挥商圈党建工作“蓄水池”“孵化器”的作用,切实提升了商圈服务治理水平,建立覆盖广泛、功能互补的商圈党组织体系。

(二)创新商圈共治载体

平湖市各个商圈打破治理方式单一、办事效率滞后的局面,以线上平台和线下阵地为“桥”,助力党组织与党员、企业、商户、群众互联互通,打造商圈“合伙人”模式。例如,水洞埭社区线上积极运用自媒体,建立“水洞埭商圈一家亲”“水洞埭商圈自治会”等微信群,定期发布商圈活动、便民志愿服务等信息,为商圈商户及周边居民提供了一个实时沟通的载体。

平湖市在线下打造了水洞埭群团之家、商圈工会办公室、学雷锋服务驿站、党员志愿服务站等阵地。借助这些平台,通过项目化、多元化的活动载体为商户以及周边居民提供全方位的精准服务。平湖红色物业除了建成“一站式”的“红色物业”党群服务中心外,依托数字化手段,上线了智慧红巢云平台,让居民们动动手指就可办理维修资金在线查询、随手拍报事报修等各项物业事项、解决各类物业问题,深受居民欢迎,仅随手拍一项就累计受理业主投诉建议 4259 件。水洞埭社区的 CAD 数字商情民情导航图汇总了辖区内的党员、低保户和独居人员等人员信息,店铺、企业等商情信息,道路、管线等基础设施信息,提升了社区商圈治理的效能。

(三)整合商圈共治力量

当前,平湖各个商圈广泛地将工会、青年组织、团委、妇联、志愿者等群团组织纳入治理体系中。各商圈还因地制宜,开展了“自选动作”创新。例如,在创建省级放心消费示范区中,吾悦商圈开展了“最美厨房”评比、无理由退货承诺单位创建等活动,商圈内 65 家放心示范店自愿实行先行赔付。曹桥街道集合 320 多家商户,凝聚青年业主、巾帼业主及联合工会等群团力量参与推进商圈综合整治,形成“一站三会”联合之家自治品牌。钟埭街道服装城、箱包城组织“小个专”党员志愿者开展知识产权保护行动,提升专业市场集体形象。当湖街道还引进上海“飞扬华夏”青年公益事业发展中心参与商圈、街区治理,使专业社工队伍成为参与社会治理的新力量。

五、社企善邻:持续向好的双向互惠局面

企业是市场体系和社会系统的重要构成单位,在实现自身发展的同时,自觉履行经济、法律、道德、慈善等社会责任,成为企业树立现代经营理念和社会进步的重要标志。平湖市域经济较为发达,辖内企业众多,根据

市域社会治理现代化试点要求,经济开发区(钟埭街道)的多个企业率先开展落实企业社会责任活动,鼓励和引导企业参与助学、助残、助老以及助病活动,增强广大企业的社会责任意识和履行社会责任的自觉性,不断推进企业社会责任建设,促进企业与社会共同发展。

(一)激活社企互联活力

按照区域性和实操性相统筹,平湖借助共建单位、社会组织、区域党建红色联盟的力量,搭建社企"双向互动"的桥梁纽带,精准发力,增强社会治理的社企协同效应。例如,专门从事污水处理设备制造的川源(中国)机械有限公司为新群社区和白马堰社区清理龙梢浜、毛家浜两条河道淤泥提供了资金、设备和技术,让河道成了"社企连心河",还居民水清岸绿空气清新的居住环境,提升联动合作的社企幸福指数。

平湖市秉持服务纾困和创新发展相对接,深挖企业资源优势,组强社企联动服务队伍,优化公益服务项目,扩大服务受益面。全市启动"两新"组织党员"进村社、办实事、助发展"活动,推动"两新"组织中组织志愿服务项目入驻村社区,进一步深化社企联动,助力产城融合。"嘉吉甜蜜使者""电产集团'大风车'帮帮团""莎药·蓝睛邻""依爱夫·'依'路同行""川源·水管家"等12个企业志愿服务项目组,开展了家电维修、爱心义诊、治水知识宣传等公益志愿服务。

(二)培育企业责任意识

南六企业(平湖)有限公司成立于2004年,是落户于平湖经开区的台资企业,同时也是我国第一家同时通过美国、欧洲及日本市场的手术衣认证的无纺布制造企业。近年来,企业积极投身于平湖市社会发展,始终秉承"善的循环"的经营理念,在"善尽社会责任、回馈社会大众"的信念倡导下携手平湖居民共同抗击新冠疫情,共同参与基层社区治理,不断密切邻里关系,推动共建守望相助、责任共担的"生活—治理"共同体。

2015年黄清山、黄和村两位董事长个人出资300万元人民币成立了"平湖市南六企业慈善公益基金会"。自基金会成立以来,该企业通过民政局、台办和其他社会组织等,对社区孤老进行系列爱心帮扶活动;通过开发区、总工会等牵线开展捐资助学活动,帮助贫困家庭的孩子,激励学生成长,鼓励学生学有所长,安心完成学业;通过残联联系特殊群体,为残障人士捐资治疗费用,医愈身心伤痛;通过企业工会,为企业内部员工提供大病帮扶,帮助其度过艰难期。

在该企业资助的“转角遇到爱”项目中,为方便老人上下楼梯休息,企业协同志愿者对经开区(钟埭街道)的佳业花苑、宏兴北区小区60个楼道进行摸底,并资助在二、三层转角处安装转角爱心椅。小小的爱心椅转动的不仅仅是为民服务的心,更带动了各类睦邻友好活动的开展,能快速增进邻里情感,营造出邻里互助的友好社会氛围。

(三)搭建社会筹集平台

2021年1月28日,平湖市正式成立新时代文明实践公益基金。该基金下设于平湖市慈善总会,接受社会各界人士、企事业单位和其他社会组织的捐赠。基金主要致力于对道德模范、身边好人、身边“最美”中的困难群体进行帮扶,对因病致贫、因病返贫的家庭进行资助,对家庭经济困难的青少年群体进行帮助,对孤寡老人、残疾人、留守儿童、困境妇女、特困文明家庭等在精神文明建设工作领域需要给予关怀的群体予以扶助。

其中,浙江欧迪恩传动科技股份有限公司就是首批参与捐赠的企业之一,共捐赠100万元。不仅如此,欧迪恩还积极参与到平湖与青田、九寨沟之间开展的山海协作、东西部扶贫协作等活动中,为平湖开展对口协作工作助力。

六、民族睦邻:血脉相通的民族共同家园

习近平总书记强调,“促进各民族像石榴籽一样紧紧拥抱在一起,推动中华民族走向包容性更强、凝聚力更大的民运共同体,共建美好家园,共创美好未来”。平湖市少数民族均为散居,多数是近年来婚嫁迁入人口,共涉及回族、壮族、布依族、苗族、土家族等30个民族。2020年平湖市现有常住少数民族2585人,流动人口少数民族18321人。针对少数民族人数多且分散的特点,平湖市通过创新工作机制、开展特色活动、提供多元服务等建立长久的情感联系来重构邻里关系,促进社会融合,为“金平湖新

崛起”凝聚起强大的民族合力。

(一)创新工作管理方式

伴随着外来人员的增多,切实加强居住出租房屋综合治理,全面提升居住出租房屋消防安全和流动人口管理,成了平湖市的一项重要任务。

例如,曹桥街道石龙村是一个多民族聚集的村庄,新居民310多人,汇集了22个少数民族。因此,石龙村与派出所共治居住出租房屋“旅馆式管理工作”,按照“房屋租前安全把关、租客入住登记、租客离开注销”的总要求,设立集租房审核、信息采集、监督检查、情况报送等基本功能为一体的“旅馆总台”。同时,小龙办“石”事小程序推出“精选房源”“热门出租”等板块,目前共上线鲁庵浜、王家浜、沙浜三个区域,可提供优质房源58个,并按照“家庭旅馆服务总台”和嘉兴首个出租房屋五星级评价标准对房源进行管理,让新居民找房更安心。

(二)开展社区特色活动

2018年,平湖市举办“民族团结一家亲”迎春文艺汇演,以威风大鼓《一家亲》开场,群舞《掀起你的盖头》、男声小组唱《天山牧民把歌唱》等14个节目充分演绎了丰富多彩的民族文化。通过举办此次迎春文艺汇演,各民族之间的友谊得到深化,各民族同胞之间的沟通与交流更为密切。

经开区白马堰社区住着来自五湖四海的13000余名新居民,其中有来自23个民族的400多名少数民族人士。2018年,白马堰社区通过在白马堰文化公园举办“堰上米乐”暨第八届邻居节,将能歌善舞、多才多艺的少数民族人士和社区居民汇聚一堂,古筝表演、茶艺表演、垃圾分类互动游戏、“堰上米乐”美食分享等丰富多彩的节目,不仅加深了邻里之间的感情,也进一步彰显了“善德进取、和睦共融”的社区精神。

(三)优化服务供给方式

平湖市始终坚持民族团结一家亲的理念,把民族工作理念融入日常事务管理,城乡社区不断完善少数民族管理服务。近3年,平湖市累计开展志愿服务200余次,帮扶对象50余人,就业培训500余人次。全市民族领域呈现和谐稳定的景象,少数民族流动群众普遍感觉“进得来”“留得住”

"融得进""有发展"。

以林埭镇为例,全镇现有少数民族人口 561 人,涉及回族、苗族、彝族等 30 个少数民族,人口流动性较强。该镇对于少数民族群众采取网格化管理、组团式服务方式,以民族大团结助力社会治理,以细致的服务与管理举措筑牢民族团结的社会基础。保丰村村民唐某女是云南傈僳族人,在平湖市打拼已经 31 年却因户口问题生活十分不便。林埭派出所民警丁秋美与保丰村党委书记潘温丽针对其情况携手为她解决了户口问题,让林埭真正意义上成为她的"第二故乡"。

目前,林埭镇已经将少数民族工作全面纳入全镇新居民网格化管理"一张总网格"的范围,再按照村级划分设置若干子网格,形成地域清晰、覆盖全面、归属明确、责任到位的少数民族服务网格,切实做好少数民族服务工作,助力基层治理。并且按照《平湖市少数民族工作室建设和运行规范》,在全镇开设同心家园,祥中村都家浜更是专门设立了少数民族谈心室,为少数民族群众提供贴心服务。

七、地域友邻:合作联姻的浙沪联动发展

实施区域协调发展是党的十九大以来的重大战略部署。新时代,地区间的联系日益紧密,各主体基于对公共事务的治理需求和对公共利益的追求,打破原有的组织边界走向联合,①表现出跨域性的特征。但因行政区划涉及不同地区,公共管理和区域发展被强行分割,区域经济发展不平衡、公共服务发展不均衡等特征愈发突出,面对因行政分割而导致的跨域封闭,党建引领是跨域有效实施的关键。现代中国将分散化的地方社会整合为一个有组织的地方社会,源自政党向基层的嵌入,②通过对党组织自身、群团条线外围力量以及群众进行全方位系统整合,促进区域资源融合,建构有形的符号感召和刚性的制度文本规范,强化各地对跨域治理的深化认

① 张成福,李昊城,边晓慧.跨域治理:模式、机制与困境[J].中国行政管理,2012(03):102-109.

② 徐勇."政党下乡":现代国家对乡土的整合[J].学术月刊,2007(08):13-20.

同,探索形成本土地域特色的毗邻党建新模式。

《长江三角洲区域一体化发展规划纲要》明确提出,要“加强规划衔接,统筹布局生产生活空间,共享公共服务设施,共同推动跨区域产城融合发展”。平湖市作为浙江省接轨上海第一站,以“1+6+4”合作框架为基础,以党建为突破口,创新实行毗邻党建引领区域联动发展新模式,推进与上海的全要素接轨,谱写“平沪之恋梦”。

(一)加强顶层设计

2017年8月17日,平湖市与上海市金山区签订毗邻党建引领区域联动发展合作框架协议,构建平湖市委与上海市金山区委、两地相关职能部门组成的6个专门工作小组以及新埭镇与枫泾镇、新仓镇与吕巷镇、独山港镇与金山卫镇、广陈镇与廊下镇四个毗邻地区的“1+6+4”合作框架。

在此基础上,两地深化村庄布局规划、村落风貌提升、特色产业发展等方面合作,编制《“田园五镇”乡村旅游联动发展规划纲要》,成立长三角“田园五镇”乡村旅游发展、特色果蔬产业发展、红色基因党建三个联合体,完成长三角草莓种源研发中心等项目建设。同时,两地共同打造“一带六廊”,即以一条毗邻党建七彩示范带为基础,深入推进建设产业发展、为民惠民、平安建设、生态旅游、文化科创、人才建设六条合作共赢发展走廊。

(二)坚持统筹协调

首先,实现立体式人才共育。按照党管人才要求,探索建立人才共育机制,2018年平湖市选派48名领导干部、优秀村社干部到上海市金山区挂职锻炼,金山区选派24名青年干部人才到平湖挂职。同步健全两地党组织书记、党务干部培训交流制度,两地党校互相承办领导干部培训班、党组织书记培训班、大学生村干部培训班等多期干部培训班次,在互动交流中提高干部履职能力。

其次,推进全方位资源共享。在基础设施互联互通、市场一体化、产业协调发展、生态文明共创、公共服务共建、党建阵地建设等方面加强资源互补与共享,推动毗邻区域资源要素加速流动和优化配置。在公交路网建设上,两地打通 2 条省际断头路,开通 3 条省际毗邻公交线路和 1 条城际公交快线,实现公共交通的互联互通。在医疗健康上,两地群众可以持本地医保卡在两地医院享受门诊、住院医疗费实时点对点结算服务,为毗邻地区异地就医提供更加优质、便捷的医疗保障。

最后,促进多元化活动共联。着眼全域合作交流,实行市、镇、村三级联动,推进各部门、各条线、各领域之间开展交流互动,积极开展联建共建、学习交流、文化体育、护航峰会、平安边界等各类活动。例如,两地首创"边界十联"平安建设机制,在边界出入口、无名道口安装 150 余个实时图像监控,"一村一车一警"治安巡逻模式实现边界建制村全覆盖,成立平湖·金山矛盾纠纷联合调解委员会,实现司法行政毗邻联动。

随着乡村治理体制机制改革的逐步深入,以"新乡邻"为内核的创新实践不断彰显出中国式现代化的制度优势和组织优势。新主体的吸纳与动员,新阵地的拓建与完善,以及新机制的构建与作用发挥催生出平湖乡村新的治理体系,有效解决了传统社会转型中面临的人户分离常态化、利益诉求分散化、人际关系疏离化等问题。以"乡"为靶心,打造高素质乡村治理队伍,建设高标准治理品牌,整合本土资源网络,重新编织与联结乡土记忆,推动着物质文明和精神文明相协调的现代化。最后,将服务与治理创新的单元和载体再次回归与定格邻里,创建出包括邻里文化、邻里产业、邻里服务、邻里交往于一体的"生活—治理"共同体。从理念创新到空间拓展再到单元与重心下沉,平湖"新乡邻"时代实验已然彰显出中国式现代化的生机与活力。

第四章

四大模式:治理示范“邻”样本

农村基层治理是国家治理体系的重要组成部分,进一步提升乡村治理的制度化水平和推进农村基层治理能力现代化,是现代国家建构的题中应有之义。党的二十大报告提出要全面推进乡村振兴,坚持农业农村优先发展,畅通城乡要素流动,扎实推动乡村产业、人才、文化、生态、组织振兴。自2017年底被民政部列入全国农村社区治理实验区以来,平湖市主动适应农村改革发展新形势和顺应农村居民新期待,在乡村振兴的政策愿景下,以“农村基层党建为统领,构建自治、法治、德治相结合的农村社区治理体系”为实验主题,在“新乡邻”自治项目的实施基础上和社会组织、专业社工带动下,深入调研充分挖掘各乡村特色,探寻农村社区实际需要和发展方向,提炼出富有平湖乡村特色的农村社区四大治理模式,着力打造“一村一品”“各美其美”的农村社区,形成了一批可复制、可推广的农村社区治理示范样本,为乡村振兴探寻可在全国推广的“平湖新路径”。

第一节　生态创新型

随着社会经济的快速发展,许多传统村落在城市化过程中面临十分严重的生态问题。传统村落的规划理念、日常生产与生活、农村社区管理不当等一系列原因导致地区经济、社会发展与环境的协调关系被破坏,使农村肩负着水污染、大气污染、噪声污染以及固体废弃物污染治理的沉重压力,给农村社会、经济资源、环境的协调、可持续发展造成了障碍。因此保护生态环境实现可持续发展成为共识,而建设人与自然相和谐的人居环境,是实现可持续发展的重要组成部分,因此寻求农村社区的可持续发展已成为一个重要课题。在此背景下生态创新型社区应运而生并得到了快速的发展,它的出现既体现了人居需求的发展,又体现了生态保护需求的发展。

一、人民美好生活满足与生态优先

党的十八大以来,以习近平同志为核心的党中央十分关注农村生态环境治理问题。在许多重要场合和重要会议上,习近平总书记就农村生态环境问题作出了一系列科学的论断。党的十八大之后,连续 7 年(2013—2019 年)的中央一号文件以及中央的有关重要文件均对农村生态环境问题提出了科学、详细的治理举措。党的十九大报告指出,"必须树立和践行绿水青山就是金山银山的理念",并将"生态宜居"作为乡村振兴的总要求之一。党的二十大报告也高度强调必须牢固树立和践行"绿水青山就是金山银山"的理念,持续推动绿色发展,促进人与自然和谐共生,推动乡村生态振兴。2018 年 2 月发布的《关于实施乡村振兴战略的意见》则将农村生态环境治理作为重要抓手,明确提出"乡村振兴,生态宜居是关键",要求"牢固树立和践行绿水青山就是金山银山的理念",以期通过对环境突出问题的综合治理,"让农村成为安居乐业的美丽家园"。

在全国生态环境保护大会上,习近平总书记特别强调,“生态环境是关系党的使命宗旨的重大政治问题,也是关系民生的重大社会问题”,要“持续开展农村人居环境整治行动,打造美丽乡村,为老百姓留住鸟语花香田园风光”。2018年9月印发的《乡村振兴战略规划(2018—2022年)》将“建设生态宜居的美丽乡村”作为第六篇的标题,提出要“推动乡村生态振兴,建设生活环境整洁优美、生态系统稳定健康、人与自然和谐共生的生态宜居美丽乡村”。

表4-1　生态环境的政策梳理(2014—2018)

政策内容	名称	发布机构	发布时间
“突出重点,循序渐进改善农村人居环境”“完善机制,持续推进农村人居环境改善”	《关于改善农村人居环境的指导意见》	国务院办公厅	2014年5月16日
“坚持人与自然和谐共生。建设生态文明是中华民族永续发展的千年大计。必须树立和践行绿水青山就是金山银山的理念,坚持节约资源和保护环境的基本国策”	《决胜全面建成小康社会夺取新时代中国特色社会主义伟大胜利》	中共中央	2017年10月18日
“乡村振兴,生态宜居是关键”“牢固树立和践行绿水青山就是金山银山的理念”“让农村成为安居乐业的美丽家园”	《关于实施乡村振兴战略的意见》	中共中央、国务院	2018年2月4日
“推动乡村生态振兴,建设生活环境整洁优美、生态系统稳定健康、人与自然和谐共生的生态宜居美丽乡村”	《乡村振兴战略规划(2018—2022年)》	中央农村工作领导小组办公室	

续表

政策内容	名称	发布机构	发布时间
“改善农村人居环境,建设美丽宜居乡村,是实施乡村振兴战略的一项重要任务,事关全面建成小康社会,事关广大农民根本福祉,事关农村社会文明和谐”	《农村人居环境整治三年行动方案》	中共中央办公厅、国务院办公厅	2018 年 2 月

“走向生态文明新时代,建设美丽中国,是实现中华民族伟大复兴的中国梦的重要内容。”党的十九大将美丽中国作为建成社会主义现代化强国的奋斗目标之一,并做出具体部署,明确到 2035 年美丽中国建设目标基本实现。习近平总书记的系列重要讲话以及中央的有关政策与文件,不仅全面阐述了农村生态环境治理的时代意义、遵循原则、科学方法与具体举措,也为农民群众保护“乡情美景”和建设生态宜居家园提供了理论指导和行动指南。

党的十九大以来,随着国家实力的不断增强,我国的社会主要矛盾已转变为人民日益增长的美好生活需要和不平衡不充分的发展之间的矛盾,我国农村面临的突出问题是生态环境问题。以习近平同志为核心的党中央着眼于新时代继续推进生态文明建设的理论创新与实践发展,形成了习近平生态文明思想,其理论内涵主要包括生态哲学观、生态经济观和生态法治观三个方面。从 2013 年中央提出“美丽乡村”的建设目标,到 2014 年发布《关于改善农村人居环境的指导意见》指出要“突出重点,循序渐进改善农村人居环境”,再到党的十九大报告中,将“生态宜居”作为乡村振兴的总要求之一。一个个标志性文件的出台和执行,不仅表明对农村生态环境治理的关注不断加强,也体现了我国农村生态环境治理政策体系的日益健全。

二、生态优先与农村生态环境治理

(一)农村生态环境治理的内容与任务

从既有研究成果看,国内外学者对农村生态环境治理的研究角度各不相同,因地理环境、地域经济、风俗习惯等因素影响,各地工作举措和效果也有所不同,主要包括现状研究、模式创新、影响因素、措施四个方面内容。

农村生态环境污染问题的现状研究。农村生态环境问题主要涉及农业面源污染、畜禽粪便污染、生活垃圾污染以及城镇地区的转移污染等,成因则可概括为内生型(农村社区、农户)和外源性(国家法律、环境监管体制、治理技术及资金投入)两类。

农村生态环境治理模式的创新。以政府为唯一主体的治理模式存在弊端,故在发挥政府主导作用的同时,应关注地方企业、农民、农村社区、非政府组织等主体的作用,通过构建合作联动网络,形成多元主体"共治"格局。学术界结合环境治理困境提出公众参与治理模式,着重强调治理中协商合作和多元主体,多元共治才是农村环境治理的有效路径。[①]

农村生态环境治理影响因素研究。农村生态环境治理的突出问题主要包括3个主导因素:生存压力、资源不合理开发利用、生态环境监管不力。[②] 在中国城乡二元结构的背景下,有许多不完善的财政政策在农村生态环境治理中出现,包括缺乏政策执行的后续管理、缺乏中长期规划的政策设计等。

农村生态环境治理的措施方面的研究。应从实际国情出发,完善农村生态环境治理的法律体系,培养农民的生态文明意识,大力发展以循环经济为载体的高效、集约型绿色农业。若想从根本上解决农村生态环境问题,需要更多主体积极主动参与到治理工作中,政府、社会成员、社会组织要积极发挥自身作用,主动作为。[③]

(二)农村公共事务治理危机下的生态创新型社区

公共事务的一个典型特征是在消费过程中缺乏排他性或者完全不具

---

① 杜焱强,刘平养,包存宽,等.社会资本视阈下的农村环境治理研究:以欠发达地区J村养殖污染为个案[J].公共管理学报,2016,13(04):101-112,157-158.

② 陈群元,宋玉祥.我国新农村建设中的农村生态环境问题探析[J].生态经济,2007(03):146-148,152.

③ 侯保疆,梁昊.治理理论视角下的乡村生态环境污染问题:以广东省为例[J].农村经济,2014(01):91-95.

有排他性。这种公共事务的固有属性容易导致两个方面的问题。一是排他性的缺失使得公共事务的占有权与使用权的主体频繁产生更易,在这种情况下处于公共环境下的事务治理过程容易产生“搭便车”的行为,造成集体行动的困难,如哈丁的公地悲剧。二是公共事务自身内涵的公共性与公共事务治理的利益公共性互相关联。也就是说,对于公共事务治理的不是个体利益驱动的私人性活动,而是关涉全体村民利益的集体性行为,尤其是集体产权导向的农村社区治理。

环境问题作为农村公共事务治理的重要组成,其自身的特质能够充分反映出当前集体产权导向下的农村社区治理的诸多困境,并不断赋予社区作为治理主体的合理性。环境作为公共物品无法依靠市场机制在封闭性的农村治理体系中发挥作用,容易产生市场失灵的问题。同时,农村环境问题自身的复杂性和外部性,使得政府这只“看得见的手”看似强大,但却无法有效解决环境治理中日益凸显的不同治理主体之间的利益纠纷,即产生政府失灵的问题。同样,作为社会力量的社会组织介入农村环境治理也会因为环境的外部性产生自愿失灵的问题。

社区作为村民生产与生活的主要空间载体,自然成为农村生态环境治理的主体。中国农村公共事务治理在进入21世纪以来面临着严峻考验,“突出表现为村容村貌、农田水利、人文环境、生态环境等公共事务,在很多村庄无人组织、少人参与”[①]。在封闭性的集体产权导向下,农村环境治理出现的问题势必会影响村民的集体利益。在新型城镇化快速发展的当下,推动城乡一体化发展势在必行,解决农村环境治理问题需要统筹好人与自然的关系,需要统筹考虑历史传统和现实生活。要在制度供给方面,由政府主导的制度供给体系向多元化制度供给体系转变。在可信承诺方面,加强建立公民和企业的环境责任制度,推动生活生产主体自发形成环境治理的可信承诺。在相互监督方面,着力加强政府监督之外的公民监督

① 王亚华,高瑞,孟庆国.中国农村公共事务治理的危机与响应[J].清华大学学报(哲学社会科学版),2016,31(02):23-29,195.

和社会监督。

实践中,为了解决农村环境治理的危机,中国各地进行了大量的实践探索,并在推进农村环境治理方面取得了一些有益经验,把乡村生态治理与村民个人利益紧密结合,合理解决乡村居民对经济发展和生态福祉的双重利益诉求,实现两者同频共生。由此,在公共事务治理危机的刺激下生态创新型的农村社区应运而生。

三、生态创新型农村社区的内涵

习近平总书记在继承马克思主义生态文明思想的同时,立足新时代社会主要矛盾,站在中国特色社会主义事业"五位一体"的战略高度上,对生态环境保护提出许多重要指示,形成包含生态文明观、生态民生观、厚道发展观、生态法治观和生态安全观[①]在内的科学思想体系。生态创新型社区的内涵生成于习近平生态文明思想体系之中。生态创新型社区所勾勒的人与自然以及人与人和谐共生的生活画卷深刻体现出习近平生态文明思想的生态文明观。生态民生观与厚道发展观内涵于生态型社区创建的社会逻辑与产业逻辑。生态法治观既是生态创新型社区建设的根本指导原则,也是推动人与自然和谐相处和人与人之间友邻和睦的价值遵循。最后,生态安全观表征生态创新型社区的目标与手段。

所谓生态型农村社区,就是绿色环保、经济高效,在社区建设中,坚持"生态优先"的原则,保持人与自然和谐共生的社区模式。我国广大农村地区要想在完成城镇化的同时实现可持续发展,需要将现有的农村建设成生态型农村社区。这不仅要以"三农"和乡村振兴政策为指导,秉承和发展新农村建设"生产发展、生活宽裕、村容整洁、乡风文明、管理民主"的宗旨和思路,发挥农村地区独有的生态优势,在确保原有生态平衡不遭到破坏的前提下实现能源、生态资源的高效利用,以生态型农业和生态环境治理为重点,结合新型工业和生态文化,降低废气污染物的排放量,达到生态平衡、经济高效、社区美好的发展目标。还要以"以资源环境承载力为基

---

① 刘海霞,王宗礼.习近平生态思想探析[J].贵州社会科学,2015(03):29-33.

础、以自然规律为准则、以可持续发展为目标的资源节约型、环境友好型社会”为总体目标，促进绿色发展、循环发展、低碳发展。

四、生态创新型农村社区的特征

生态型农村社区和传统的农村社区相比，其特点主要表现在下列几个方面。

居民生活文明。农村社区在党建引领下，通过加强思想政治工作，引导农民群众摒弃陋习，文化、道德水平不断提高，崇尚文明、崇尚科学，提高农民整体素质。带领广大农村社区居民养成生态文明意识，遵纪守法，在生态环境保护上具有良好的主人翁意识和强烈的集体荣誉感。各级政府组织开展一系列新型职业农民培训、文明新风宣讲等活动，引导和培养农民以绿色生态为主体的消费观念和生产方式，将村规民约与环境保护、绿色生态等理念有机统一。

绿色的生活、生产方式。生态型农村社区把农村经济发展和生态环境建设有机结合起来，尊重自然规律，倡导绿色发展理念，主导产业应该是高效持续、布局科学合理的。目前，信息技术产业突飞猛进，农村社区应使用绿色农业技术，大力发展节约型、循环型、生态型农业。在生活性消费上，应是健康合理的绿色消费模式，在追求物质享受的同时，提倡节约，应选购带有节能能效标识的产品，同时要求使用清洁能源，鼓励发展循环经济。

生活环境友好。生态型农村社区应建立在生态文明基础上，将农村社区的经济效益、社会效益与生态效益进行有机结合，环境应该是优美、整洁、和谐的。在这样的社区环境中，农民安居乐业，身体健康，生活质量也有保障，令人心旷神怡，流连忘返，也能真正地实现人与自然的和谐统一，共同发展。

五、典型案例

优胜村位于独山港镇政府西北处，东邻前进村，南至黄姑塘与星华村相望，西与独山港社区相界，北接新仓镇三叉河村，交通便利。自 2016 年开始，独山港镇开始全力推进美丽乡村建设，全力打造精品美丽乡村，发展休闲观光旅游业。优胜村借此契机以“红色引领,绿色生态”为治理思路,打造开放型“花海优胜、浪漫田园”主题公园,探索出一条“红花绿叶”生态创新型的乡村发展新路径。

坚持党建引领。优胜村围绕“五彩党员岗”品牌,设立“红色传承岗”“绿色养护岗”“紫色监督岗”“蓝色宣传岗”“橙色活力岗”五个岗位。党员根据自身特长认领不同岗位,积极参与到“美丽乡村”“三改一拆”“五水共治”等中心工作中,实施“住宅白化、村道硬化、路灯亮化、河道净化、环境美化”的“小五化”工程,重点对道路、河道、房前屋后、绿化带等进行清理,大力推进生活污水、卫生户厕、养殖污染等进行治理,改善村居生态环境,助推优胜村建设成为浙江省美丽乡村特色精品村。

搭建特色平台。“邻优胜亲”展示阵地以“花海优胜”为主题,依托红色遗迹,采用“红色引领”以及“绿色生态”的治理路径,用红色文化熏染家风家训,用绿色文化造就美丽乡村,致力于展示村民党群、产业、生态、文化和村社区自治等内容。同时,该村以“邻优胜亲”平台为载体,以当地文化特色为核心,整合优势资源,开设环保、美食、文化传承等多种主题的阡陌课堂。一方面用新颖独特的方式和多元化的文化展现新型文化教育,减少代际间的文化断层现象;另一方面帮助提升生态创新意识,引导各项政策的传达和落实。

聚合村级团队。文体活动是社区文化建设的重要内容,更是聚集社区人气的重要手段。优胜村每年元宵、七夕、重阳等传统节日,都会举办金婚感恩庆典、春风亲子秀等各类浪漫文化主题活动。通过活动开展,凝聚起一群志同道合的同行者,包括社区文艺骨干、公益爱心人士、党员、小组长、热心村民志愿者等,在垃圾分类、阡陌课程等村级事务中发挥了重要作用。

在具有大批志愿者的基础上,该村先后组建美丽姐姐团队、社会组织联合会等多个村级社区社会组织,充分发挥团队自治力量。如创新实施“村落管家”制度,定期对网格内农户开展垃圾分类、房前屋后环境督查。每家每户印制了一本善治积分兑换卡,环境卫生、垃圾分类评比获得优秀,参与志愿服务、有家庭成员参军等都可以积累一定的积分,以“股权 + 积分”的奖励模式，激发村民参与文明创建的积极性。

项目运作，创新发展。为推动当地旅游业发展，带动当地村民就业，社区与各组织以传统尺糕为原型打造“优胜糕”，一方面传承传统文化，增强村民认同感，另一方面丰富旅游产品，带动当地收入。同时以社会组织联合会为平台，用项目化理念带动村民参与项目设计和实施，助推美丽乡村建设。

在引领组织实施“旧物换新颜——老物件变形计”项目中，该村组织召开动员大会进行全面动员和部署，招募志愿者，建立队伍，发挥村民骨干、社工、志愿者的模范带头作用。通过发动村民共同收集“老日子”的物件、创新设计老物件、美化装饰老物件陈列展出等，在弘扬传统文化以及留住乡村记忆的基础上，充分调动和发挥了农民群众的主动权和积极性，帮助上一代重温记忆与体验。

坚持走生态创新之路，切实改善了优胜村的村居环境。该村先后建立美丽的花海、荷塘月色、流星许愿、情侣秋千园、爱神之箭、鹊桥相会、阳光草坪、相思岛等多个旅游景点，真正成为宜居的精品美丽乡村。同时，通过开展形式多样的阡陌课堂和治理项目，培育了多支热情的农民骨干队伍，为生态创新模式的长期发展提供了人员和资金支持，村民通过骨干队伍的宣传和活动参与自治意识不断加强，对于村中事务的参与度也大大提高。

近年来，平湖市优胜村积极践行“绿水青山就是金山银山”理念，并在乡村振兴战略指导下，聚焦农村生态环境治理的内容与任务，阐释优胜村的生态创新型农村社区的具体内涵，在治理共同体的治理主体带领下，采用内外相融治理方式，通过社区营造、文化传承、政策引导、资源引入等系统构建农村精准扶贫创新生态系统，以深化精准扶贫，打造生态创新型治理模式，助力乡村振兴战略的实现，推动平湖走上可持续精准脱贫的道路。

第二节 区域联动型

近年来,在我国市场化建设稳步推进、区域一体化快速发展、信息技术突飞猛进等多种趋势相互交织的背景下,地区间联系变得日益紧密,区域合作的领域和范围不断拓宽,大量公共事务开始打破传统行政区划边界的束缚,表现出无界化、多元化、复杂化、外溢化等特征,并转变为跨区域、跨组织、跨边界等跨域性公共事务形态,表现为雾霾污染、水污染为代表的跨域环境污染问题,区域一体化背景下的地方协作问题和特大城市公共安全防控问题等。因此,传统形式的管理模式在现实中遭遇了重重困境,地区之间相互封闭、要素流动受阻、跨域配置困难,增加了地方之间的交易成本,跨域治理的公共议题得以凸显,跨域治理作为一种新型的治理模式应运而生。

一、区域联动型的理论内涵

党的十九大提出实施区域协调发展的战略部署。长三角地区作为我国经济最具活力的区域,肩负落实长江经济带和建设世界城市群等国家战略的重大使命。随着长三角一体化进程的加速,区域协调发展进入新阶段,省市之间的合作交流取得较大进展,但仍然存在行政体制约束、系统谋划不充分、资源互补不明显等问题。值得注意的是,在区域协作与联动治理过程中,制度成为推进区域协作的重要影响因素,其不仅决定区域一体化的实践进程,也会影响区域间要素流动的方向与频度,进而影响区域间相互作用的力度。

习近平总书记指出,新形势下促进区域协调发展,要按照客观经济规律调整完善区域政策体系,发挥各地区比较优势,促进各类要素合理流动和高效集聚,增强创新发展动力。区域协调发展关系到一个国家的经济增长、社会稳定、综合竞争和可持续发展能力。基于此,金山区和平湖市作为上海、浙江两地接壤的地区之一,充分发挥党组织助推中心工作的政治优势和组织优势,以党建为突破口,创新实行“毗邻党建”,通过创新区域联动的制度体系,引领区域联动发展新模式,为推进金山、平湖两地共赢发展和长三角高质量一体化发展提供了样本和经验。

(一)跨域治理

对于跨域治理的概念理解,学术界目前围绕以下三个方面进行探讨。

从地理意义上而言,这是基于地理空间范围的角度,强调跨域治理至少涉及两个不同地域的主体,跨越地理空间的边界,作为区域发展的典型现象,城市群在区域一体化的过程中出现了越来越多的跨域问题,诸多公共事务已经普遍超出传统的行政区划边界,相互交融。① 例如,李长宴认为跨域治理是“超越不同范围的行政区域,建立协调、合作的治理体制,以解决区内地方资源域建设不易协调或配合的问题”②。

从组织意义上而言,将组织视为一个单元,不同类型组织在参与公共事务过程中会突破自有的单元边界,走向合作的跨域治理。例如张成福等认为跨域治理是指两个或两个以上的治理主体,包括政府(中央政府和地方政府)、企业、非政府组织和市民社会,基于对公共利益和公共价值的追求,共同参与和联合治理公共事务的过程。③ 即同时涉及两个或两个以上管理单元,需要这些管理单元协同治理的事务。④

从整合意义上而言,该视角是对前两种视角的一种综合。例如,丁煌和叶汉雄将跨域治理的“域”拓展为跨区域、跨部门、跨领域三种,并强调“政府、私人部门、非营利组织、社会公众等治理主体携手合作,建立伙伴

---

① 王佃利,杨妮.跨域治理在区域发展中的适用性及局限[J].南开学报(哲学社会科学版),2014(02):103-109.

② 赵永茂.府际关系:新兴研究议题与治理策略[M].北京:社会科学文献出版社,2012.

③ 张成福,李昊城,边晓慧.跨域治理:模式、机制与困境[J].中国行政管理,2012(03):102-109.

④ 曹堂哲.政府跨域治理的缘起、系统属性和协同评价[J].经济社会体制比较,2013(05):117-127.

关系，共同解决所面临的公共事务”。[①] 在此基础上，刘祺进一步拓展为区域、领域、层级和部门（组织）四种维度。[②]

（二）跨域联动

跨域联动是基于相邻的地理区位和差异的经济联系，以资源优化配置和提升整体区域竞争力为目标，借助于政府的引导与市场的双重作用，在产业发展、空间规划、市场流通、生态建设和行政制度上实现共享再造，从而形成功能分异、错位发展的区域经济发展格局。

就跨域联动的基础而言，它以地域特色为基础，通过区域分工，在提高区域核心竞争力的同时，力图形成各地区间的资源共享、产业互补。就跨域联动的条件而言，首先，区域经济水平是影响跨域联动的重要因素，也是跨域联动的基础因素，它与跨域联动发展之间存在着一定的因果关系。其次，区域经济增长中心，区域环境，市场运作机制，具有包容、开放、学习和借鉴的区域开放意识也是跨域联动的重要因素。也正是相似的区域环境、共同的区域习俗和区域发展目标推动平湖农村社区治理从整体性治理迈向跨域联动。显然，这并不意味着跨域联动排斥整体性治理的理念与机制，相反跨域联动这一过程的实现既要着眼于整个空间的总体状况，又要着眼于各个区域的优势和潜能的充分利用。

就跨域联动的机制而言，竞争与合作是跨域联动的重要机制。现代社会中，区域间的竞争，是建立在合作基础上共赢的竞争。跨域联动没有排除各种经济利益主体的经济利益需求，力求通过消除制度和行政壁垒，从而降低各经济利益主体在市场运行过程中所产生的不必要的交易费用，实现资源的优化配置，促进要素的自由流通。

就跨域联动的目的而言，主要是通过区域之间的合作，发挥区域间的协同效应，从而提升区域竞争力，其目标是区域内社区达成共同追求；就跨

---

① 丁煌，叶汉雄. 论跨域治理多元主体间伙伴关系的构建[J]. 南京社会科学，2013(01)：63－70.

② 刘祺. 理解跨界治理：概念缘起、内容解析及理论谱系[J]. 科学社会主义，2017(04)：95－100.

域联动的方法模式而言,即区域内各成员单位通过互动、互通补充有无,实现资源、产业和市场整合;通过借鉴和促进取长补短,提升自身素质;就跨域联动的模式而言,跨域联动通常是由政府主导和推动,以企业为主体,基于利益连接,依托市场运作的行为。

党的十八大之后,习近平总书记更加重视地区的发展战略问题,在强调继续实施集体发展总体战略的同时,适时提出了“一带一路”倡议、京津冀协同发展战略和长江经济带战略。

平湖市将跨域治理嵌入治理过程之中。平湖市区域经济发展和公共治理呈现统一、合作、借鉴形式,在平湖的治理进程中,以发挥区域相邻优势为重点,开展联建、联办、联合,相互引入治理工作经验,将人力、财力及其他资源协调统一,并结合本土文化特色,推动区域协同发展,建立共赢合作模式。

(三)党建引领

随着社会变迁而产生的“碎片化”状态,具有开放性、整合性特征的区域化党建正日益成为执政党有机嵌入社会结构的一种新途径,这要求我们进一步转变传统的党建模式,健全区域化党建组织架构,强化党员干部创新思维,进一步构建创新的社会环境,充分发挥党建强引领、聚人心、促发展作用,以高质量党建引领区域协同发展。

党的十八大以来,以习近平总书记为领导核心的党中央高度重视基层党建工作,围绕新时期社会结构的不断变化,强调要在基层社会治理工作中将党的领导贯彻到底。学界关于党建引领基层治理的相关研究,主要从党建引领基层治理的意义、党建引领着力点、党建引领基层治理存在的困境和完善路径来研究。

1. 党建引领重要意义。既有研究从党的地位、性质和宗旨等方面出发,强调了党建引领的重要性和必要性。例如,邵妍认为“基层治理中发挥党建引领,是巩固党的执政之基的需要,有利于全面推进基层党建工作,巩固并扩大党的工作覆盖面”[①]。从社会治理的现实需要,由于党在基层治理中具有独特优势,因此强调要加强党建引领。[②] 基层社会治理结构变化带来了新的矛盾和挑战,有效应对这些挑战和矛盾需要创新党的基层建设,实现良好引领作用。[③] 吴新叶认为“党建依然是社会治理主阵地,其阵地和作用将在未来相当长时间内不可替代”[④]。

2. 党建引领的着力点。主要集中在以下方面:刘柳和李毅弘认为农村基层党组织是乡村治理的领导核心,其引领着力点在以服务为本,以协同为基和共治为引领。[⑤] 刘蔚则从“政治强化引领,以三治引领,以服务塑造引领,推动乡村治理现代化”[⑥]。王梦阳将基层党组织工作细化为“六个引领”,即“政治引领、干部引领、组织引领、人才引领、党建引领、标杆引领”。[⑦]

3. 基层党组织建设的现状。基层党组织建设不断推进,取得了很大成效,但党组织仍有改进空间,具体来讲其适应性有待提高、功能有待强化、凝聚力有待提升。从结构层面看,吴梅芳认为影响农村建设中基层党组织作用发挥的主要因素包括党员和干部队伍建设有待提升,基层党组织设置形式有待改善,基层党组织的领导方式有待转变。[⑧] 从文化层面看,刘子平提出党组织适应能力的降低,与两个因素相关,一个是农村基层党组织

---

① 邵妍. 以党建引领基层治理[J]. 人民论坛,2018(08):90-91.

② 齐卫平. 论党的领导与多元社会治理结构[J]. 探索与争鸣,2012(12):48-51,123.

③ 钟宪章. 以基层党建创新引领和推动社会治理创新[J]. 理论导刊,2016(11):44-48.

④ 吴新叶. 党建引领基层社会治理的新趋势及其应对[J]. 国家治理,2017(33):30-37.

⑤ 刘柳,李毅弘. 基层党组织在乡村治理中的引领着力点探析[J]. 中共成都市委党校学报,2017(03):45-49.

⑥ 刘蔚. 基层党组织何以引领乡村治理[J]. 人民论坛,2019(08):42-43.

⑦ 王梦阳. 坚持“六个引领”推动基层党建全面发展[J]. 四川党的建设,2018(10):41.

⑧ 吴梅芳. 农村基层党组织作用发挥状况的调查与思考[J]. 理论探索,2013(03):48-51.

自身建设不力,二是部分党员素质低下。[①] 在此现状认识的基础上,学界开始认真重视与反思基层党组织建设的诸多困境。郑钧蔚对成都村级治理创新的研究中指出农村基层党的建设存在"党组织权力效能的弱化;'行政化'倾向严重,村级组织职责不清;利益表达和综合功能不足"的问题。[②] 邓顺平认为党组织在治理中存在边界不清、行动困难、高成本运行等问题。[③]

4. 党建引领乡村治理的完善路径。学界大多是通过研究个案,从个案到一般,提出党建引领乡村治理的完善路径。通过"党建 +"模式实现党建引领乡村治理。陈亮和李元提出四种基层治理模式,即"价值引领式""平台搭建式""资源整合式""机制保障式"治理。[④] 从构建机制方面来提出对策。卢胜通过坚持"党员联户、社区赋能、组织引领、办好实事、整合资源,建立起'发现问题—反馈问题—解决问题'的长效机制"。[⑤]

(四)"毗邻党建"

毗邻,是指边界接壤的意思。"毗邻党建"是上海市金山区委组织部在 2016 年提出的概念,是区域化党建的一种创新实践,随后在全国各地陆续出现类似的探索,但名称有所不同。"毗邻党建"是指具有不同行政隶属关系的相邻两地,以党组织为纽带,以跨区域的党建为引领,突破区域和行政壁垒,克服行政区划和管辖界限的制约,依托两地资源互补优势,凝聚各级各类党组织、党员和广大人民群众的合力,联动开展党建联建和实事项目合作,推动发展、改善民生,服务群众、建强堡垒,促进两地从单边发展

---

① 刘子平. 农村基层党组织社会影响力建设的现实梗阻及逻辑进路[J]. 探索,2016(05):108 - 112.

② 郑钧蔚. 村级治理创新发展背景下农村基层党的建设及其功能实现路径研究[D]. 四川省社会科学院,2015.

③ 邓顺平. 党治基层:当代中国基层治理的理论与实践[J]. 领导科学,2018(05):16 - 19.

④ 陈亮,李元. 去"悬浮化"与有效治理:新时期党建引领基层社会治理的创新逻辑与类型学分析[J]. 探索,2018(06):109 - 115.

⑤ 卢胜. 致力"五个坚持"提升治理效能:都江堰以党建为引领构建社会治理新格局实践[J]. 国家治理,2018(45):40 - 43.

向融合发展转变,在更大范围、更宽领域、更深层次上成为互融共通的“一家人”,最终达到“1 + 1 > 2”的发展效果的一种跨区域党建模式。

“毗邻党建”具有引领性、跨界性和一体化的特点。根据不同的分类标准,可以将“毗邻党建”划分为不同类型。根据区划范围,可以将其划分为省市内毗邻党建和跨省市毗邻党建;根据具体内容,可以将其划分为单一型“毗邻党建”和多样型“毗邻党建”;按照存续周期,可以将其划分为长期型、中期型和短期型“毗邻党建”。一方面,“毗邻党建”可以将各类组织力量有效地结合起来,通过加强人才交流、信息交流、资源开放共享,使各地区之间的发展政策差异得到平衡,提高合作的主动性和有效性;另一方面,“毗邻党建”能够整合不同资源,促进区域间合作,突破区域间行政壁垒。

二、区域联动产生的现实效应

区域联动是生产力发展的必然产物。加强党建引领,区域联动发展,有利于资源配置在区域空间范围内的调整与优化,在更大的区域空间市场上谋求最佳组合以实现合作共赢。要实现区域联动效应最大化,推动产业联动、市场联动、空间联动、生态联动、行政联动的多元协同发展过程。①具体而言,区域联动的现实效应表现在以下两个方面。

(一)区域联动的经济效应

1. 区域联动促进城市联盟的形成。城市联盟打破了行政区域划分的限制,消除市场壁垒;降低了交易成本,有效配置资源,同时具有协同效应。区域联动发展的特性是以市场为机制,以利益趋同为动力,有效促进各种资源的合理配置,从而达到区域内成员多赢的目的。

2. 区域联动有利于消除行政区壁垒,增强区域之间的经济互补性。通过经济联动与经济力量的整合,各个行政区之间原本存在的各类壁垒将被弱化,从而促进生产要素在区域之间顺畅流动,各地区可以根据自身的优势,形成错位发展,各显优势的经济联合体。

---

① 王海飞,林柳琳. 区域联动及其相关基本问题研究[J]. 改革与战略,2014,30(06):82 - 86,118.

3. 区域联动有利于相邻区域之间的协同发展,提高区域经济整体竞争力。行政区域的存在,使区域之间各自为政,盲目竞争,造成产业同构,产品重复开发,资源浪费等弊端。区域联动的目的,就是要整合区域之间的资源,克服产业同构,优化产业结构,共享基础设施,共赢发展红利,实现协同效应。

(二)区域联动的生态效应

联动效益是联动效应的目的所在。通过区域内部不同地区的联动,实现生态效益质的飞跃,是区域联动发展的目的之一。平湖市地势平坦、河网密布,四季分明、气候宜人,是江南著名的“鱼米之乡、瓜灯之城、文化之邦”,素有“金平湖”之美誉,生态价值较高。

区域联动发展要充分认识到自然资源的利用和生态环境保护之间的关系。多年来,平湖市始终贯彻“绿水青山就是金山银山”的理念,坚持绿色发展,把生态文明建设放在突出位置,高水平建设新时代美丽平湖,在兼顾产业集聚和生态价值的同时优化区域空间布局,实现区域生态联动、产业联动和空间联动,实现环境保护优先的空间布局。

三、区域联动的特征及条件

(一)区域联动的特征

1. 经济要素是区域联动发展的基础。区域经济发展离不开区域经济要素作支撑,在经济水平不同的地区,经济要素所起的作用是不同的。在欠发达地区,土地、矿产资源、水利、农林等资源型经济要素在经济发展中发挥着重要作用。而在经济发达地区,资金、技术、人才、科技、企业组织等社会型经济要素发挥着重要作用。区域联动就是要整合区域内的各种经济要素,调动各经济主体的积极性,以市场为导向,促进市场公平、有序运转,提高经济要素的配置效率,从而推动区域经济整体的顺利发展。

2. 实现区域利益最大化是区域联动的动力。区域联动中,最根本的是区域利益。区域利益包括区域经济利益、区域社会利益和区域生态利益等,而区域经济利益是区域联动的核心驱动力,其他利益都是通过经济利益体现的。从区域联动的目的来看,实现区域在经济、社会和生态等方面综合利益最大化是区域一贯的追求,特别是地方政府,受财税金融体制、干部任期制和绩效考核制等各种因素的制约,必须要考虑和实现区域利益的最大化。

3. 竞争与合作是区域联动发展的重要机制。现代区域的竞争,是基于实现双赢或多赢的竞争。因此,区域之间的竞争,更主要地体现为区域之间的合作,即实现优势互补,各方受益。区域联动并不排斥各经济利益主体的经济利益需求,而是力求消除体制障碍和行政壁垒,促进充分竞争,减少各经济主体在市场运作过程中不必要的交易成本,促进生产要素的顺畅流动和资源的合理配置,获得联动效益。只有展开有序合作,才能互通有无,区域才能实现优势互补,产生区域协同效应。可见,区域之间的竞争与合作正是区域发展的重要机制。

4. 城镇体系是实现区域联动发展的空间载体。空间是人类进行社会经济活动的场所,无论是乡村还是城市,其空间结构合理有助于人们经济活动的顺利开展。城市空间集聚了经济活动中所需要的各类资源,通过城市人们可以获得经济活动所需要的各类资源,城市空间也成为各经济主体进行交流最频繁的场所。通过城镇体系,一方面把中心城市的经济资源扩散到各网络城镇;另一方面,把网络城镇的各类资源集聚于中心城市。最终通过城镇体系,实现资源利用的合理分工、产业结构的合理规划、人力资源的合理利用。

(二)区域联动的条件

1. 区域经济发展水平。区域经济水平是区域联动的基础因素。区域联动发展与区域经济水平互为因果。经济水平高的区域,对周边区域的辐射力和要素集聚性就会比较强。从宏观的角度来看,一个国家的经济发展水平和外来的直接投资存在明显的正相关性。而从微观层面来看,一个区域的经济发展水平高低也直接决定了该区域对其他外来产业的吸引力。如果经济发展水平较高,区域对外来产业的吸引力就越高,相互之间的产业联动也较容易形成,并且关系会相对稳固。反之,如果一个地区的经济发展水平比较低,这个区域难以形成较强的集聚效应。

近年来,平湖市加强组织宣传工作,通过党建引领,积极推动高质量发展,提升产业竞争力,为实现“两战赢”“四连胜”做出了突出贡献。要从根本上突出党建统领力,建立健全党建工作保障体系,整合各方资源,切实做好围绕发展抓党建、抓好党建促发展。

2. 区域经济增长中心。区域经济增长中心是区域发展的起搏器。区域经济发展是在区域增长中心作用下实现的。弗里德曼所指的核心区域一般是指城市或城市聚集区,这类地区工业发达,技术水平较高,资本集中,人口密集,经济增长速度快。核心区域是经济发达地区。它包括国内都会区、区域中心城市、亚区的中心、地方服务中心等区域。经济增长中心往往具有特色资源,有优势产业和支柱产业,或者是综合性较强的中心城市。中心城市经济规模比较可观,整体实力比较雄厚,科技创新能力强,经济水平高,并具有便捷的交通网络、通信网络和信息服务系统,对周边区域的辐射力强。步入新时代,平湖打造了“飞地抱团”、红色物业、“网格连企、暖心助企”等一系列党建品牌,全面提升了平湖基层党建的辨识度和表现力,以党建高地创建为契机,打造品牌特色,深度挖掘平湖潜在优势,将其转化为发展的经济动力。

3. 区域环境。区域联动一般首先是在邻近的区域之间展开的。无论是空间联动,还是产业联动,对区域环境的要求都是必不可少的。区域环境包括自然环境和人文环境。自然地理条件是区域联动的基础,我国大部分经济密集带、城市群分布于平原地区、河谷地区和交通枢纽地区,地理条件及区位条件比较优越,有利于区域之间的交流。

地理上的相邻不仅形成相似和相容的历史文化背景,更为重要的是区域之间的经济往来更为便捷,这大大降低交易成本。人文环境包括经济环境、社会环境和文化环境。区域物质环境是区域发展的基础物质环境,由基础设施、生产设施和生活设施等组成。基础设施的建设水平和完备程度成为各个行政区成员开展合作的重要硬件。良好的农业生产和工业生产条件是区域联动的经济基础,这些地区一般经济水平高,工业基础比较雄厚,有能力带动整个区域经济的发展。社会和文化环境属于区域软环境,指各种社会配套服务、相关配套政策以及区域制度安排,软环境也是生产力,为区域的联动发展营造良好的环境。在全球化和信息化时代,软环境对区域的开放性发展作用越来越突出。

4. 市场运作机制。完善的市场运作机制是市场经济条件下各类经济活动有效运行的必要条件。区域联动客观上要求按照市场机制进行资源配置,把联动发展的权利交给市场主体,政府虽然是区域联动的倡导者,但必须遵循市场经济运行规律,通过制定适应经济发展规律的产业政策、区域开发政策等,要尽力放弃更多阻碍区域间资源要素流动的管制。如果区域市场运作机制不健全,区域之间的联动将缺乏联动媒介和其他条件,区域生产要素配置和产品流动将难以顺利进行,区域联动也就成为政府间简单的“拉郎配”,进而区域整体效益将无法实现。

5. 区域开放意识。在区域经济关系中,封闭意识与落后观念具有自足、自满和排外特点,因而成为区域联动的障碍。培育和形成具有开放、借鉴、学习和包容的区域文化,往往是区域经济走向发达的重要途径。开放的意识和观念则具有广泛参与性,具有较强的包容性,并在此基础上吸收和创新,因而有利于区域联动的发展和经济力量的整合。因此,要促进区域联动发展,必须打破封闭意识和落后的观念,树立开放意识,大胆学习,主动接受外部的挑战。

四、联动机制

平湖市在面对区域联动的问题时,更多的是发挥审批和指导功能,而在统筹协调、监督约束等方面有所不足,这些问题就可能致使区域联动力不强。因此,在制度设计上要以串联式机制凸显整体性、协同性及联动性。

(一)整体性

首先是立足于整体性,为区域治理提供法理依据。因应跨区域的环境污染、突发事件、公共安全等区域公共问题,在立法层面要对现有探索得比较好的府际协议的法律地位予以明确,对缺乏实质内容的区域府际协议进行梳理规范,同时对跨区域的问题联动过程中的权责划分、法律责任等进行界定,为区域联动制度提供规范的法律文本,为各个行政区的地方政府实施区域联动行为提供明确具体的法律依据,并保障府际协议的稳定性与执行的强制性。

(二)主动性

其次要立足协同性,在国家层面构建区域政策共同体。政策共同体就是与某一政策相关的主体围绕政策问题和目标形成相对持久稳定的互动和沟通模式的社会系统,其本质是一个具体的政策网络。基于国家治理框架来实施区域治理,在区域政策上必须改变过去部门区域政策和行政区政策,形成政策共同体,这样才能促使行政区政府间的合作不流于形式。"要实现政府间的有效合作,需要实现从内部政策到区域公共政策的转变"。[①] 这样才能在区域大气污染防治中真正"同呼吸、共行动"。

(三)协同性

要立足联动性,在国家层面加强对区域集体行动指挥和协调的权威性。在区域主体形成稳定的协调机制和政策共同体后,区域协同共治有了制度保障和利益纽带,但是由于区域间发展阶段与水平、政策执行能力以及利益分配的差异性,可能会在集体行动中产生矛盾和协同掣肘,这时就需要中央政府及其部门对区域联动进行强有力的协调和指挥。

五、典型案例

旧埭村位于平湖市新埭镇西北,北靠上海金山区枫泾、兴塔两个镇(街道),西邻嘉善县惠民镇,交通便利,地理位置优越。旧埭村与新黎村地域相近,人员相亲,两村村民走动来往密切。旧埭村依托区域相邻优势,借鉴周边地区的特色产业和致富经验,通过党组织引领、党员示范带动、合作社带动、产业基地支撑、资源整合等,大力发展特色花卉产业,将传统的纯农业村进行美丽蝶变,壮大村级集体经济,让村里百姓的腰包实实在在鼓起来,探索出了一条联动型的乡村基层治理新路径。

(一)党建引领,区域合作

2017 年,在平湖市与金山区"毗邻党建"引领区域联动发展的大背景

① 陈瑞莲,刘亚平.泛珠三角区域政府的合作与创新[J].学术研究,2007(01):42-50.

下,新埭镇与枫泾镇签订“毗邻党建”引领区域联动发展合作框架协议,全面开启两地资源共享、拓展合作、优势互补的区域化联动发展新模式。同年10月,旧埭村与新黎村建立党建结对共建关系,以区域化党建引领,通过联系走访、互学互鉴和同创共建,在经济社会发展、环境综合整治、社会治理创新、平安稳定和谐等方面互相促进、共同提升。

2018年,两村深化推进“边界十联”平安建设机制,签订以党总支共建等为主要内容的毗邻共建协议,6月两村党总支开展了首次结对联席会议及党员志愿者服务活动。通过毗邻党建,促进在产业发展、平安建设、志愿服务等方面的交流与合作,为两地经济社会发展提供有力支撑。

通过两地区域化党建联动,逐步形成了“区域一体化、管理一体化、服务一体化、党建网格化”的工作格局,有效带动毗邻地区的社区共治和自治,不断提升区域内党建引领的社会治理水平。

(二)搭建平台,联动治理

为促进区域间联动治理,两地轮流在两村村民家中开展主题党日,搭建沟通交流平台,同时发挥党员示范作用,汇智聚力。旧埭村重点学习新黎村扶贫救困、关爱老人等方面的民生保障工作优势,取长补短,推动社区治理相关工作。

美丽产业是美丽乡村建设的支撑,旧埭村建立千亩花卉产业园,引进了8家花卉苗木公司,形成从花卉基质生产、种苗培育到成品花卉销售及花卉展示的产业链,用农业招商这步棋盘活了旧埭村的土地;在物业方面,开设集体房屋、农业设施的租赁;在服务业方面,投资部分公司获得的股金分红,发展旅游业,多种方式增加集体收入。旧埭村把一二三产业链整合起来,通过旅游带动民宿、农家乐、农副产品、花木的销售,把村里的闲置资产盘活,把美丽环境变成美丽经济。在两村结对以后,新黎村重点学习旧埭村“美丽经济”发展经验,不断提升乡村“颜值”,通过产业振兴、生态振兴、文化振兴来带动农民致富,让文明乡风吹遍两村的每一个角落,达到治理有效、生活富裕的目标,农业、物业加服务业“三业”齐头并进,让百姓真正得到实惠。

（三）培育骨干，组建团队

随着旧埭村花卉基地的建设，旧埭村招募培育党员、村民小组长、乡贤代表、热心志愿者、村班子成员等多元主体力量，组建花卉志愿服务团队，服务旧埭村里的花卉企业，包括做好花卉基地用地保障，完善道路建设等基础设施，沟通协调农用设施，帮助做好招工服务以及基地后勤工作等。同时，以村民需求为导向，多次举办村民喜爱的绿色环保、手工创意、居家生活等主题的农民课堂，挖掘培育村民骨干200余人次，成立16家社区社会组织，治安巡逻队、消防志愿队、慈善工作站、残障人士分会、“文宣队”等多个组织联合，激发村民参与村级事务的意愿和能力。

（四）政策共建，公约共守

新黎村和旧埭村在新埭镇区域化党建联动的背景下，构建了政策共建关系。两村加强联防联控，出台系列政策以破除“企业用工难、交通物流难、供应链协同配套难、市场拓展难”等难题。自结对以来，毗邻两村以区域化党建为引领，加强政策同创共建、互动学习、交流走访，两村共同遵守公约规定，在农村社会治理、美丽乡村建设等方面互相促进、共同提升。

新黎村与旧埭村充分利用两地资源优势，打破地域限制，强化区域经济合作，实行资源共享、联合开发、优势互补，共同推进两地乡村建设。通过在两个区域之间搭建交流平台、学习彼此特色，取长补短，传承和发扬区域文化，村落治理氛围增强，村民“邻里圈”逐渐扩大，邻域联动型治理模式逐渐形成。同时旧埭村依托千亩花卉特色产业园，以花为媒，形成了特色花卉文化产业链和景观旅游带，以新丁路美丽风景线为主干线，形成“花漾旧埭”村落旅游品牌，带动村民增收致富。

第三节　城乡融合型

推动城乡融合发展,是实现乡村振兴的重要途径,是拓展高质量发展空间的有力抓手,也是破解新时代我国社会主要矛盾的必然选择。城乡融合型社区正是以遵循城乡互惠共生为原则,推动城乡资源双向互补流动,最终实现工业与农业、城市与农村的双赢局面。城乡融合发展模式立足乡土社会与地域特色,将各种制度、力量和资源整合到社会治理,更加注重广泛的参与性、协调性以及协同性。通过自治引导,在尊重市场经济、良性竞争及发展的基础上,凝聚村民意识、提升自治能力,构建该村落的城乡融合模式。

2021 年,《中共中央　国务院关于支持浙江高质量发展建设共同富裕示范区的意见》发布,共同富裕示范区落地浙江。共同富裕其中一个重要指向就是缩小地区差距、城乡差距,形成全域一体、全面提升的均衡图景。平湖市是全省共同富裕示范区建设缩小地区差距领域首批试点。2022 年,《平湖市高质量推进城乡融合聚变共富三年行动方案(2022—2024 年)》出炉,计划用三年时间,全面实施全域土地综合整治、"腾笼换鸟"整治提升、城镇有机更新三大专项行动。

一、快速城镇化与城乡融合型社区治理

在资本主义工业革命和城市化过程中,产业革命使得工业化与城市化交织并起,城市人口迅速增长,劳动力分工更加专业化,城市的发展超越国界,遍布世界各地。城乡关系的巨大变化引起了马克思、恩格斯的关注和研究。马克思和恩格斯从生产力发展、社会分工等方面对城乡关系发展的历史规律进行了分析,认为城乡关系发展可以分为三个时期:混沌一体、分离对立、融合发展。马克思、恩格斯指出,在生产力落后、社会分工尚未形成的原始社会中,城市与乡村之间的关系是混乱的。由于生产力的发展,

农业剩余的产生,使得手工业与工商业逐渐脱离了农业,从而推动了城市与农村的分离。马克思恩格斯城乡关系理论认为城乡融合只有在消灭资本主义私有制,建立公有制的共产主义社会后才能实现。

19 世纪中期,马克思、恩格斯在批判和继承空想社会主义关于城乡关系发展观点的基础上,形成了城乡关系从分离到融合的马克思主义城乡关系理论,其包括以下主要内容。

第一,剖析城乡分离的原因。马克思将城乡分离看作是资本主义制度和生产力发展的必然结果。资本主义的出现和发展使得工业和人口向城市集中,同时也为金融资本对农业生产者的剥削提供了渠道和条件;随着生产力的不断发展,社会分工也逐渐深化,商品经济快速发展,由此推动城乡之间的分离。

第二,分析城乡对立的后果。城市对乡村的剥削极其严重,城乡之间的贫富差距越来越大。资本主义大工业的发展使得农村人口向城市集中,庞大的城市人口所消费土地的组成成分,导致土地资源的大量消耗和掠夺,将会给农村的发展和农业带来灾难性的影响。

第三,指出城乡融合的实现路径。即实现城乡融合必须有两个条件:一方面,要推动生产力的发展,以大工业为基础,通过大工业带动城市化和农业现代化,从而推动城乡融合;另一方面,消灭资本主义制度,建立无产阶级专政的社会主义制度,要使城市和农村、工业和农业、工人与农民相结合,最大限度地推动生产力的发展。

当代中国城镇化进程取得了前所未有的巨大成就,中国经济社会发展的长足进步是这种成就最为充分的证明。与此同时,我国城镇化发展进程也正遭遇重大挑战,这种挑战关系着城镇化发展的不同性质、不同出路以及不同后果的重大时代问题。同时,快速城镇化进程所衍生出的问题并不仅仅表现为经济与社会发展的结构性矛盾等宏大现实议题,还集中体现在社区治理的不同方面。如“城市病”诱发的基本公共服务供给质量不均和供需错位等社会问题。

马克思主义城乡关系理论揭示了城乡关系从分离到融合演进的总体

趋势,对新时代我国城乡融合发展具有重大理论价值与实践价值。这不仅为新时代我国破解城乡二元经济结构,缩小城乡区域差距提供了重要的理论支持,同时也为加快推进城乡发展指明了前进的方向。在马克思的理论逻辑中,城乡间空间的区隔造成要素交换障碍,不充分的要素配置与供给影响产业及其体系的升级,进而影响城乡公共服务的供给与治理体系的革新。将视野置于我国现实的政策场景,作为治理基本单元的社区,由于其行政与空间的双重属性,在承接亿万农民进城后,作为治理与服务的平台,其本身也承担着消解快速城市化带来的诸多社会矛盾,承担着以半工半耕的代际城镇化生存模式实现代际接力与身份跃迁的现实任务。

二、世界视野下的中国城镇化难题

中国城镇化发展进程正遭遇重大挑战,这种挑战关系着城镇化发展的不同性质、不同出路以及不同后果等重大时代问题,我国城镇化发展需要马克思主义城镇观的指导。

城乡发展不平衡不协调,是现阶段中国经济社会发展中最为突出的结构性矛盾,也是长期面临的许多问题的总病根。党的十九大明确提出“建立健全城乡融合发展体制机制和政策体系,实施乡村振兴战略”,意在更好地解决城乡发展不平衡、农村发展不充分等重大问题,加快补上“三农”这块全面建成小康社会的短板。当前乡村发展面临许多问题与难题,总体概括为“四缺五弱”,即科学规划缺、制度体系缺、长效机制缺、创业人才缺,以及建设主体弱、资源支撑弱、产业基础弱、科技创新弱、公共服务弱。从城乡关系看,亟待破解的现实问题主要是城乡发展不平衡、城乡差距巨大,农业基础不牢固、发展压力加大,“乡村病”日益严峻、多种矛盾加剧。正视问题,统筹谋划,创新驱动,科学规划,成为加快推进城乡融合和乡村振兴的根本途径。马克思主义城乡观也为实现社会的统一进步和发展做了理论上的宏观指导,尤其是统筹城乡战略思想的提出和坚持,成为我国解决“三农”问题、缩小城乡差距、促进社会发展的重大举措。

三、从城乡对立走向城乡融合

（一）人口城镇化

农村迁移人口是在城乡融合的背景下产生的新的社会群体，随着城市化进程的加快，大量的农民离开乡村前往城市务工。农村迁移人口即指户籍依然是农村户口的城市外来务工人员，从实际情况来看，大多数农村迁移人口都是在户籍所在地附近的城镇从事其他生产劳动。随着我国城乡二元制度的逐步瓦解，有相当数量的外来务工人员未能在城市安家落户，不能享有与城市居民同等的生活待遇。党的十八大以来，党明确提出要“在2020年全面建成小康社会”，因此，必须从根本上解决农村迁移人口落户难问题，保障其生活水平和质量，有序推进农村流动人口的市民化进程，推动城乡融合发展，打造城乡融合发展背景下农村流动人口社会治理新格局。

（二）经济城镇化

城镇化属于一种城市性生活叙事的展开，本质上是社会发展、生活方式与个体行为相互作用、相互形塑的过程。在这一转型过程中，经济城镇化，即经济总量的提高和经济结构的非农化，成为推动城镇化的动力机制。虽然学界对城镇化发展过度关注经济总量提升的论调普遍持批评态度，但不得不承认城市规模的快速扩张和农业人口迅速向第二、三产业集聚，推动产业结构转型，这种经济城镇化所产生的效应更加明显与深远。其次，一些农村地区仍然存在着落后的农业生产经营模式，农村经济发展体制机制仍需健全优化，经济发展的特色化尚未形成，整体发展水平还比较低下；此外，我国农村商品流通的市场化程度较低，尤其是市场规范性不足，缺乏现代化的经营手段和管理手段，缺乏有效抵御市场风险的能力。因此，亟须通过顶层设计，统筹区域城乡总体布局，加大力度补齐乡村发展短板，加快推进城乡协调与乡村可持续发展。

（三）制度城镇化

改革开放以来，我国在城乡发展方面逐步提出“建立以工促农、以城带乡的长效机制，形成城乡经济社会发展一体化新格局”“新型城镇化建设”“建立健全有利于城乡要素合理配置的体制机制”等一系列城乡发展理念,为推动城乡融合发展提供了制度保障。但是,由于户籍制度的限制,土地管理制度中经营权流转定价的科学性和合理性有待进一步加强,社会保障制度在不同群体、不同地区、城乡及不同行业之间都存在着差别。

制度问题具有全局性、长期性、根本性的特征,在构建城乡一体化制度时,必须充分考虑到其与非正规制度之间的耦合性和耦合程度,制度的设计要符合生产力发展水平和市场运行的客观规律,在制度方面进行重构,打破“路径依赖”这一突出问题,推进城乡关系制度变革与创新,激发城乡融合发展新动力。

(四)基础设施城镇化

我国是一个人口大国、农业大国,农业、农村、农民问题是关系国计民生的根本性问题,我国农业肩负着保障粮食安全、保护生态环境、保证数亿农民就业与增收的重要使命。但作为高风险、低收益的产业,农业在工业化、城镇化进程和市场化竞争中往往面临更多问题、更大风险。农业基础不牢固集中体现在缺乏现代农业发展必需的产业体系、生产体系、经营体系,农业基础设施薄弱,科技支撑能力不足,农机装备水平较低,抗灾减灾能力不强,严重制约着我国农业可持续发展。

交通建设领域方面,与城市相比存在一定差距;通信基础设施方面,尽管数字乡村建设提升了现代信息产品与技术的普及程度,但与城镇居民相比仍然有很大的差距,城乡间通信基础设施的发展不平衡给城乡融合发展带来了挑战;供水基础设施方面,城乡居民日用水量比例失衡;供水基础设施的新旧差异与设施落后是制约城乡一体化发展的重要因素;农田基础设施建设方面,守住耕地红线、保障粮食安全是首要战略性难题。如今,优质耕地减少、农业用水比重下降、青壮劳动力缺乏等硬约束增强,人口数量在持续增长,工业化、城镇化对粮食消费需求不断增大,保障发展与保护耕地的压力增大,因此,要提高粮食安全和仓储设施的承载力,加快农田基础设施提档升级。

四、有机结合:不同场域的资源集结

融合型治理模式,以专业化特色明显的乡镇为节点,通过建立城镇融合性网络系统而达到基层治理要求。

农村集镇建设将统筹规划、建设、管理三大环节,实行分级分类、竞争创建,通过推动集镇资源集约、产业集聚、人口集中、特色彰显,形成一个集镇带动多个美丽乡村建设的“1 + N”联动发展模式。

以发展农村集镇为重点,发挥集镇职能,为乡村供应所需的生产资料和生活资料;同时满足其服务范围内的居民对教育、医疗、娱乐等的需要,并通过集镇建设及自治,激发村民自治意识,在区域联动中发挥着集聚、辐射、影响和带动作用,打通城乡之间的纽带,激发乡村活力。

做大做强新农村工业,对有一定工业基础的新农村,要纳入县域发展整体考虑;大力发展现代农业,扩大土地流转规模,打造“一村一特”“一村一品”的农业全产业链,建设现代农业示范区;全面提升旅游业,对具备一定旅游资源的集镇,按照特色化、差异化、多样化的要求,打造业态新、功能全、产业旺的文旅村镇;发展乡村新型服务业,发展提升农技推广、土地托管、农资供应等生产性服务业。

注重发展基层治理体系的专业化特色。专业特色是区域农村社区的核心竞争力来源,社区的生命力不仅来源于区域的创新能力,还依赖于专业化特色。

推进乡村振兴是一项惠民工程,从长远看对于城乡统筹发展以及农村经济建设都有重要的意义。为此,要在政府推动下,通过统一规划与设计,整合城乡资源,以经济建设为基础,打造设施完善、环境优美的新社区。一旦形成专业特色明显、产业发展各异且互补性强的产业格局,这个融合型治理体系会产生持久的竞争力。

五、典型案例

虹霓村位于当湖街道东南处,距平湖市区 4 千米,西北与钱家村相接,东与林埭镇相邻,南接嘉兴港区,村域内有虹霓集镇,商户众多。针对居家养老、特殊关爱长者、文化家园、志愿服务、环境整治等问题，村委班子及村内骨干组成了虹霓村社会组织联合会，开展形形色色的志愿服务。同时，村内年轻党员与创业青年骨干也自发成立了青年创业联盟，为村内各类商户提供电商业务方面的支持与指导。

（一）成立自治联合会，打造商圈自治共建式家园

为破解集镇商户管理难题，彻底解决“有人投诉就管、无人投诉就不管”的症结，2019 年虹霓村成功组建了由集镇商户代表与商户骨干组成的虹霓集镇商圈联合会。该社会组织共有 7 位理事会成员，下辖“零售百货”“餐饮食品”“公共服务”三个小组，每个小组由相应商户骨干组成，共 11 人。商圈联合会通过整合商圈内信息、资金、人员等资源，加强了对商户的直接管理，推动集镇商圈市场规范运行，实现商圈管商家、商家互相监督，同频共振、互促双赢，开启了集镇商圈自治的新格局。

针对商圈党建资源分散、缺乏党组织有效指导的情况，该村在集镇构建了党员活动阵地“红色驿站”，通过评比党员示范经营户等，将商圈自治工作与党建工作结合起来，把党员活动室、图书室、学习室、会议室融为一体，引导党员商户文明诚信经营，促进商户间合作与交流。

（二）形成商户公约书，发挥商圈自治联动式效应

商户自治公约书从“遵纪守法、执行政策、环境整洁、垃圾分类、依规建造、门前三包、诚信经营、品德修养、经商环境”九个方面明确了公约内容，以通俗易懂、朗朗上口的顺口溜形式，让大家更加容易记住，也更生动形象地展现了商户的责任义务范围。

除此之外，商圈联合会也参与制定“年度文明经营户”的测评标准、奖励机制及实地测评工作。文明经营户每年评选一次，还推选出自律共治、诚信经营、礼貌待客、爱心奉献经营户。按照要求，商圈联合会每季度都会对商户进行打分，虹霓村委则对分数进行复核，每季度一打分、每年一评比，到了年底评出“十佳文明经营户”。

（三）开发共治二维码，实现商圈自治智能式管理

集镇的每家商户门前都有一张“共治牌”，“共治牌”上张贴着属于商户自己的独一无二的二维码。市民可以通过扫一扫共治二维码查看商户简介以及证照情况，了解商户的经营范围、经营业态、消费提示等基本信息。同时，系统后台还引入智能化“星级考评制度”，市民可以在系统内对商户进行点赞，以此作为对商户星级评定的依据。通过引入大数据、数字化运营理念，打造商圈共治二维码，进一步充实了经营主体共治平台数据，督促其诚信经营，同时为消费者开展消费辨识提供了有效途径。

虹霓集镇积极发掘商户骨干，组建“虹霓集镇商圈联合会”，逐步形成“服务体系”“引领体系”“互助体系”“自治体系”四位一体的自治体系，以“一会一书一码”为核心的工作手法，规范了营商的环境，提升了商圈居民的自治意识。通过定期培训、活动、沙龙、例会等形式不断引导商户积极履行社会责任，探索建立共同商讨、自觉落实、相互监督、合力共治的社会秩序维护体系，真正营造出“规范经营、诚实守信、文明礼貌、爱护环境、遵纪守法、履行责任”的和谐营商环境。

2022 年中央一号文件《中共中央　国务院关于做好 2022 年全面推进乡村振兴重点工作的意见》发布，文中提出推动经济社会平稳健康发展，必须着眼国家重大战略需要，稳住农业基本盘、做好“三农”工作，接续全面推进乡村振兴。作为城乡融合型农村社区，平湖的虹霓集镇“通过完善和强化中心村镇的社区功能，搭建城市与乡村之间物质和信息交换的平台”，促进基本公共服务均等化。其主要通过 3 种方式进行融合：①通过改善村镇居民的生活条件和公共服务质量，如成立“自治联合会”、共建“商户公约”等；②吸引城市退休人员、乡村人口集聚，带动生活型服务业发展；③激发居民参与意识。该路径是新时代城乡融合发展进程中乡村发展到一定阶段的刚性需求，具有更强的普适性。

乡村振兴和城乡融合的过程，是促进城乡地域系统有序发展、优化升级和城乡经济、社会、环境可持续发展的过程，是城乡差距逐步缩小和实现动态均衡发展的过程，地理学的人政关系地域系统理论和区域空间结构理论为新时期中国城乡融合发展和乡村振兴研究提供理论依据。

第四节　多元共治型

社区是社会的基本单元,是社会的微型缩影,更是连接个人与社会、个人与国家的桥梁和纽带。通过社区多元治理推进社会“善治”已是当今世界的共识。再从组织化的角度审视城乡社区的基本定位,并在农民个体与村社集体的不断分化组合过程中衍生出不同的社区治理类型,多样的社区治理类型,其实践和目标共性表现在推动社区治理结构重塑,促动治理资源与治理重心下移,满足城乡居民日益增长的美好生活需要。

构建社区多元治理体系是新时代打造共建共治共享的社会治理格局的应有之义,共治即共同参与社会治理。参与权是人民群众的一项重要权利。在物质条件和基础较差的中华人民共和国成立初期,人民群众参与公共事务的积极性还没有得到充分体现或不同程度上捆绑着国家强制性与集体化的行动意志。然而,随着我国社会主要矛盾发生变化,人民群众对于民主、法治、公平、正义、安全、环境的要求越来越强烈。人们开始追求诸如民主、法治、公平、正义和个人价值的实现。

基层自治是社会主义民主的一种重要形式,是人民群众实现自我管理的重要途径,对维护公民参与社会治理、社会和谐稳定具有积极的作用。党和政府必须为人民群众参与社会治理创造有利的环境,完善社会治理格局。在新时代,社会治理要充分调动社会各个主体的积极性,促进政府治理和社会调节、居民自治的良性互动。要坚持党委领导、政府负责,积极引导企事业单位、社会组织和公众参与社会治理,形成多元化的社会治理模式。同时强调并重视基层的自治功能。

一、新时代中的社区治理

党的十八届三中全会首次正式提出“社会治理”的概念,强调要改进社会治理方式,坚持系统治理,加强党委领导,发挥政府主导作用,鼓励和支持社会各方参与,实现政府治理和社会自我调节、居民自治良性互动。这标志着党和政府社会建设理念进一步走向现代化,也为如何创建新的社会治理体制指明了方向。

社区是社会治理的基础平台,已日益成为各种政策的落实点、各种利益的交汇点、各类组织的落脚点、各种矛盾的集聚点,是创新社会治理的重要突破口。浙江平湖历来高度重视社区建设,但多元化的社会发展趋势依然使现有的社区发展模式受到严峻挑战。一方面,社区治理主体职责不清,政府与社会边界模糊、社区服务行政化特点明显,社区治理的系统性、回应性、协同性不足;另一方面,社区自治机制不健全、社会参与不足、社会组织发展相对滞后、社区居民缺乏归属感,社区共治共享、良性互动的局面尚未形成,影响了社区活力的激发、居民福祉的增进、党群干群关系密切、社会的和谐稳定。基于此,浙江平湖把社区治理列为区全面深化改革的重点项目,探索如何构建多元共治的社区治理模式,着力建立现代社区治理体系和构建社区良性社会生态。

二、社区治理的时代命题:构建多元共治的治理格局

(一)“多元共治”内涵

作为新的社区治理模式,“多元共治”的主要内涵是“一个主题,两个目标,三个多元”。即围绕“多元共治”的主题,以“建立现代社区治理体系”和“构建社区良性社会生态”为目标,形成以“多元主体、多元平台、多元服务”为基本架构的多元共治社区治理体系。其中,多元主体包含上级党政部门、社区居委会、社区工作站、辖区单位、社会组织、社区居民六类主体,意在整合社区各种积极力量共同参与社区建设;多元平台包含议事决策、服务执行、评议监督、矛盾调处、信息网络五个平台,意在使社区各类事务都有处置的渠道;多元服务包含社区行政服务、社区基本公共服务、社区公益服务和社区便民服务四项服务,意在让社区居民享受到丰富便捷的公共服务。

(二)多元共治时代意义

当下的多元共治是一个全新的命题,尤其是党的十九届四中全会明确

提出,以党委领导,多元协作,打造共建共治共享的社会治理格局。在社会治理中,坚持以解决实际问题为导向,政府与社会公众、市场与社会组织等多元治理主体之间通过系统的机制体系与科学的方式,实现协同治理。即依托我国具体国情,坚持以党委为领导,发挥政府的协调作用,积极调动多方参与,相互配合、引导,在法治的基础上实现“三治合一”,达到国家和社会的良性互动。

当前我国农村人居环境治理中,政府主导型模式已不能满足其复杂性需求,面对这一严峻现实,把多元共治与农村人居环境治理结合起来,是在基层治理现代化背景下,“十四五”时期持续推进农村人居环境治理的新方向。进入新时代,农村人居环境多元共治可被理解为在国家政策方针指导下,基层政权通过协调政府部门、村自治组织、企业、社会组织、村民等,能够在农村人居环境治理过程中直接或间接参与的利益相关者,运用资源、权力,互相协调,使其充分发挥各自优势,共同参与治理,实现农村人居环境的长效整洁美好。

三、典型案例

赵家桥村位于独山港镇北部,东临新仓镇大进村,南接黄姑镇虎啸桥村,西与独山港镇丰荡村和新港村相接,北靠广陈镇三兴村,平廊公路东西贯穿全村。全村有31个自然村,48个村民小组,1146户,常住人口4282人,党员123名。该村在乡村治理工作中着力推行“五个一”网格治理模式,即“一组”指党小组、“一网”指微网格、“一规”指村规民约、“一会”指议事理事会、“一队”指“红色管家”服务队,做到治理为了村民、治理依靠村民、治理成果由村民共享、治理得失由村民评判,全力构建“党建引领、网格治理,党群互动、便捷高效”的共建共治共享的乡村善治新格局。

(一)加强党建引领,推进双网融合

赵家桥村加强落实党员在村内的示范带头作用,通过以村管理网格为单位设立网格党小组。小组长由党性观念强、政治素质高、模范作用好、群众威信高的党员担任,积极发挥党小组长及党员在村民说事议事、村情民意收集、方针政策传达、联系服务群众等工作中的带头作用,开辟农村基层

党建新载体,推进“党建网”和“治理网”双网融合。

(二)组建红色管家,助力多元共治

赵家桥以网格党小组为载体,组建“3+2”红色管家队伍(“3”是指村党支部书记、村民党员、网格党员;“2”是指社会组织、志愿团队),充分挖掘资源,鼓励村民参与。“红色管家”队伍作为“身边的榜样”,通过积极发动村民志愿者,推动“政治引航员”“民情啄木鸟”“乡邻守望者”等一批新岗位应运而生,强化村庄收集社情民意以及化解矛盾纠纷能力,并带动更多居民参与村庄治理。“红色管家”让党员与群众沟通有桥梁、管理有渠道,消除了网格党建工作“死角”,较好地形成了“党建引领、居民自治、人人参与、共治共享”的多元化治理模式。

(三)搭建议事平台,畅通服务渠道

在村党支部的指导下,该村搭建以村党组织为核心,村民党员、网格党员以及村民代表等多方融合的议事平台,采取线下议事厅、民情微信群、议事开放日等方式,加强协同,联动互动。针对村民需求多元实际,社区下移治理重心,打造村党组织、网格党小组二级联动的党建微网格结构,重点推行议事理事会机制,完善众商、众议、众策、众决“四议机制”,构建起日常事小组议、忧难事网格议、焦点事村委议的“治理闭环”,让矛盾在网格内化解。

(四)精准对接需求,优化惠民服务

在入户排摸村民需求的基础上,有针对性地选取、对接公益组织,将惠民服务精准送到居民家门口。深受村民欢迎的“舌尖上的乡味”——邻里美食课堂,促进邻里和睦,打造温馨家园;“匠人工坊”——传统工艺 DIY,汇聚村民智慧,传承乡土文化,促进新老融合;科普基地让村民不出家门,就能知晓丰富的科学知识,为留守儿童们提供了很好的科学实践场所。

赵家桥立足不同村民的特点,贴合村民实际的需求,开展形式多样的服务。同时还将村集体工作的宣传与服务活动有机结合,努力解决好村民身边的民生实事,打通联系服务群众“最后一百米”,做到民事民治、民事民办、民事民议,提高村民群众的幸福感和满意度。

党建微网格注重和谐善治氛围的前端营造,深入实施“红色管家”队伍建设,“以小见大”激发基层治理活力,营造了自治、法治、德治“三治融合”的善治格局,打造了人人参与、人人受益的“全民网格”,乡村治理和服务焕发出平安和谐的新风貌。通过村党支部牵头,该村有效整合了村民党员、网格党员、社会组织、志愿团队等各类资源,从内而外带领多元力量开创乡村社区治理的新局面。

在多元共治理论的支持下,赵家桥村多元协同治理不仅具有可能性,也具有可行性。赵家桥村在党组织的统一领导下,通过对不同主体之间的互动、平台的搭建、资源的整合以及需求的供给等各个治理内容的完善,构建具有赵家桥村本地特色的多元共治的治理格局进而为城市社区之治理奠定良好的基础。

“共建共治共享的社会治理格局”是执政党治理理念的不断升华、治理实践的不断拓展的结果,强调公民是社会公共事务的建设者和受益者,是协商民主的理论基础,构建共建共治共享的社会治理格局已经成为中国政治民主的一种表达形式和实现途径。它不仅是新时期我国社会治理格局的重要方向,也为社会组织在参与社会治理中的角色定位和功能定位提供了依据。各级政府、各职能部门都应该借助这一制度的顶层设计指导,为社会组织等各级社会力量的健康成长、农村社区健康发展创造“善治”的良好氛围,让人民群众生活愈加幸福,铺开乡村振兴的壮美画卷。

随着城镇化的发展,社区作为现代中国社会的最基本单元和社会治理的神经末梢,是观察、描述、理解中国社会结构变迁与社会治理现代化的最佳切入点。对社区治理进行深入研究和实践探索,对于深入贯彻习近平新时代中国特色社会主义思想,推进国家治理体系和治理能力现代化,建设共建共治共享的社会治理格局具有重大的理论价值和深远的现实意义。

第五章

微微协同:社区治理新经验

城乡基层治理是我国社会治理的基础,实现良好的社会治理首先要提升基层治理的成效。社区是治理的基本单元,具有“邻距离”的特征,但是在全面深化改革和社会转型发展的当下,部分地区基层治理面临着社区邻里联结削弱、邻里意识淡漠的困境。[①] 平湖市积极利用本地城乡社区具有的内部治理单元小、文化认同高、利益联结紧等特点,巧妙地把“邻距离”和“微治理”结合起来,坚持走治理的精细化之路,努力发掘社区“微治理”的潜力,注重构建社区治理微平台、培育发展社区社会微组织、开展各类社区治理微项目、打造特色社区治理微品牌,让居民触摸和感受以及亲身参与身边的“幸福”,形成了一批可资借鉴的经验。

---

① 秦海燕. 村民自治与居民自治的差异分析:以“让农民上楼行动”为例[J]. 行政与法,2012(02):43-46.

第一节　微平台打造:构建友邻关系网络

一、治理现代化与社区服务平台的演变

在传统的社区治理中,政府和村(社区)党支部、村(居)委会等往往将社区工作一家独揽,在政府“过制度化”的效应催化下,作为社区治理主体的居民缺乏参与的渠道和平台,难以真正参与社区治理,容易产生基层治理的两个困境:社区自治“代理人”与社区自治“委托人”的居民之间频繁出现低效互动,出现“一头热”的尴尬境况,同时也会因为居民在自治能力不足和公共精神缺失的状况下为争夺资源优先使用权而陷入“一哄而上”的无序困境。[①] 上述两种困境的产生,本质上是作为代理人的“社区”与作为委托人的“居民”之间的信息不对称所诱发的。

如何解决社区治理过程中出现的信息不对称?优化社区治理格局,精准对接居民需求,需要畅通居民意见表达和治理参与的渠道,需要建立能够组织居民参与治理的公共服务平台。当前,农村社区多以建制村一级为基本治理单元,治理单元过大,管辖半径过长,组织居民参与的工作复杂、低效。所以需要通过治理单元的沉降与缩微,在合适的范围内构建起公共服务平台,提升服务效率和质量,并通过平台建设来重建良好的邻里关系,再现传统社区中的温暖的邻里感,进而推进社区居民自治,促进和谐的友邻善治的美好社区的建设。

社区平台在发展之初便以提供社区服务为主要功能。早在 1985 年,民政部倡导要加强社区的服务工作,在此之后,在全国各地,大大小小、各种各样的社区服务平台纷纷涌现,为社区发展和社会和谐稳定做出重要贡

---

① 唐晓勇,张建东. 城市社区“微治理”与社区人际互动模式转向[J]. 社会科学,2018(10):79－90.

献。不过在20世纪80年代至21世纪初这一阶段,社区平台的发展带有浓厚的行政化色彩,如同社区事务服务中心,内部运行系统缺乏协调,运行主体单一,日常的运转则是依靠行政化力量来维持。进入到21世纪,随着经济发展和社会转型,社会利益分化和公民诉求日益多元化,政府作为公共服务供给主体的局限性逐渐凸显出来,如公共服务供给有限、总量不足、结构不合理等,实现公共服务均等化面临着诸多困难。因而,整合各类社会力量和社会资源、由社会组织承接部分公共服务职能、创造多样化公共服务供给方式,成为新的发展趋势。[①]

正是在这一背景之下,传统的社区服务平台也在不断转型,其最大的变化便是由单一治理主体向多元合作治理的新型平台转型。这一时期,社工机构和专业社工的力量被社会所认识,社区开始吸引社工机构和专业社工参与社区治理并一同建设社区治理平台。

另一方面,社区服务平台功能的配置与整体背景下社区乃至国家治理的模式紧密相关,在市场经济改革的浪潮下,现代公共管理模式尤为强调市场经济的作用,崇尚企业管理的科学模式,用数字化与技术化的治理手段精准捕获与匹配居民生产与生活需求。由此,精细化管理逐渐取代粗放型管理模式。党的十八大以来,人民对美好生活需要的精度和深度不断积攒,加之"过制度化"引发的条线分割、制度僵化和复杂治理系统所带来的居民参与感弱化等问题[②]不断削弱社区治理的现实效能,推动精细化管理过渡到精细化治理,成为社会发展与国家治理的时代主题。

精细化治理是社会管理和服务方式"微创新"的过程,是治理的细节化与系统化的有效结合,是治理从宏观到微观、从粗放式到精细化的转变,[③]旨在追求治理过程的精细化与治理结果的精准化。在社区发展转向

① 郭丽兰.农村基层治理的主体变迁与机制创新:对广东省珠三角地区的考察与分析[J].中州学刊,2016(11):6-11.

② 王阳.从"精细化管理"到"精准化治理":以上海市社会治理改革方案为例[J].新视野,2016(01):54-60.

③ 谢正富.治理孵化器:社会工作视角下"微治理"实现机制探索:基于襄阳古城15个社区的调查[J].云南行政学院学报,2016,18(01):77-85.

精细化治理的客观需要下，“精细化治理”尤其注重政府自身职能和政社关系的转变，与社会、公众间的关系也逐渐趋向平等合作，社区服务平台不再只是政府行政命令贯彻与政策意志渗透的“工具”，转变成政社互动与社群联动的双向沟通渠道，由单一式的服务型平台转型升级为开放的多元主体合作供给与治理的多边平台。

受资源和制度的完备性影响，当前国内的社区治理平台很大程度上还是以行政力量为主导的单一式服务平台，但行政力量主导下的社区服务平台并非全然意味着服务效能的低效化。相反，各地陆续启动的以协调条块、增能居民、强化自治为主题的公共服务改革，其在去行政化、强化治理组织功能、推动社会力量有效介入、促动社区居民自组织发育等方面成效卓著。

如深圳市在全国率先启动了“政府购买，民间运作”的社会工作服务机制，在社区内开发设置试点岗位，培育和发展了一批社工机构，借助社会力量开展社区专业服务。再如，广东清远等地则利用本地的宗族传统，在自然村基础上设立村民理事会，作为加强村民自治与服务的补充力量。村民理事会的职责包括纠纷调解、农村建设等工作[①]，其目的在于寻找一个合适、能充分发挥农民主体作用的治理单位，通过激发自治的内在力量，解决乡村治理长期存在的公共事务治理难题，实现治理有效。[②]

总体而言，社区公共服务平台的演化过程是由政府推动的渐进式变革，其实质是政府基层社会治理和社区服务供给的理念、模式和手段的革新。不仅整合社区服务的供给侧资源，提高需求侧的服务效用，而且提升基层社会治理能力。

社区治理在基层社会治理中发挥着综合性作用。一方面，集中社区各方资源，盘活社区剩余空间，提高社区服务能力和效率。另一方面，通过构

---

① 项继权，王明为. 村民小组自治的实践及其限度：对广东清远村民自治下沉的调查与思考[J]. 江汉论坛，2019(03)：40－48.

② 白雪娇. 治理有效视阈下“微治理”的实践探索及其运转逻辑[J]. 广西大学学报(哲学社会科学版)，2020，42(01)：131－136.

建综合性的治理平台，社区可以根据自身特点，建立起符合本地实际、具有社区特色的社区治理组织或者是社区议事平台，以此为基础锻造社区骨干队伍，并激发社区居民自治活力，拓宽居民参与社区治理的渠道，推动社区共同体与合作治理格局的形成，实现社区治理工作的高质量发展。

将目光置于平湖实验区创建的长时域中观察，“两邻”理念所闪耀的理论光辉恰巧启示着我们要从服务平台的建设、改进与整合着手，营造和谐的邻里氛围与治理基础。为推进服务优化，构建“三治融合”的社会治理体系，平湖市努力强优势、补短板，充分利用起本地文化认同度高、价值认同感相似的优势，大力挖掘“邻”文化，以情感联结起居民，同时坚持“硬件”“软件”一起抓，通过引入专业社工团队，培育社会组织等行动打造社工站、三级友邻阵地等微治理平台，将关注的事务集中于社区居民的身边问题、生活小事，切实关心居民自身利益，实现办公有场所、活动有场地、学习有去处，成功激发居民治理积极性并形成有效的集体行动，有力地推动社区治理能力与治理体系的现代化进程。

二、“三社联动”：社工站打通“最后一米”

党的十九届四中全会提出要健全党组织领导的自治、法治、德治相结合的城乡基层治理体系，实现政府治理和社会调节、居民自治良性互动，推动社会治理和服务重心向基层下移，把更多资源下沉到基层，更好提供精准化、精细化服务。在推进社会治理精细化的过程中，各地进行了大量的创新实践，取得了丰富成果并积累了许多有益经验。其中，将社区、社会组织和社工联系起来的“三社联动”是近些年我国在基层社会治理实践中主推的一种新型社区治理模式和服务供给方式。

（一）“三社联动”的内涵与本质

“三社联动”的出现有其特色背景，即产生于“政社分工”时期，意在破除社区治理的“内卷化”[①]。我国城市基层社会管理体制历经数次变迁，从

---

① 曹海军.“三社联动”的社区治理与服务创新：基于治理结构与运行机制的探索[J].行政论坛，2017，24(02)：74－79.

新中国成立之后实行“单位制”到改革开放之后实行“街居制”,再到当下所实行的“社区制”[①]。新中国成立之初,在高度集中的计划经济体制之下和出于控制、整合社会成员和调配资源以及巩固新生政权的需要,我国在城市社会基层所建立的以“单位制”为主,“街居制”为辅的管理体制。

改革开放之后,我国经济体制发生重大变革,社会流动加剧,社会持续转型,“单位制”已经不再适合我国基层社会发展的现实。而在改革开放后普遍实行的“街居制”同样不能有效地适应基层社会的变革与发展,职能大大超载,出现“行政有效,治理无效”[②]的难题。所以,势必需要构建一种新的城市基层管理体制,“社区制”便应运而生,成为我国基层社会管理和社会整合的重组体制。

“社区制”的发展同样困难重重,在城市管理体制逐步转型为“社区制”过程中,我国城市社区的行政色彩依旧难以得到彻底抹除,这便意味着打通社区服务的“最后一公里”的步伐同样缓慢。在社会管理改革趋向社会化、群众利益需求趋向多元化、社工专业服务趋向专业化、社会组织发展趋向内源化、社区建设目标趋向人本化[③]的宏观背景下,为创新社会治理模式、推进基层治理现代化,各地政府和社区工作者进行了许多有益探索,以强调“社区”本位特征,发挥社会组织“桥介”属性,注重“社会工作人才队伍”功能整合的“三社联动”也在这一时期涌现并逐步向全国各地总结推广。

“三社联动”的创新实践最早可追溯到上海市的实践经验,其概念内涵源自政策实践。2004 年,上海市民政局提出“社区、社工、社团”互动的概念。2010 年,民政部将“三社互动”的提法进一步修改为“三社联动”,并将其作为中国社区治理的重要模式在全国逐步推广。

---

① 何海兵.我国城市基层社会管理体制的变迁:从单位制、街居制到社区制[J].管理世界,2003(06):52-62.

② 上观新闻.林尚立:上海基层治理有效吗?[EB/OL].(2014-9-24). https://www.jfdaily.com/news/detail.do?id=63.

③ 叶南客,陈金城.我国“三社联动”的模式选择与策略研究[J].南京社会科学,2010(12):75-80,87.

事实上,“三社联动”的理论内涵依旧充满歧见,如叶南客等认为,“三社联动”是社区建设、社会组织培育和社会工作现代化体制建立的三大系统的联动。王思斌对于“三社联动”内涵的界定更加聚焦于主体间的联动,即社区居委会、社会组织和社会工作者的三个主体的联动。不论是系统联动论还是主体联动论,两者均强调社区范畴内不同治理主体、治理客体和治理资源乃至治理环节的联动过程。社区居委会、社会组织和社会工作者在社区领域,围绕居民开展的社区治理活动,其目的是提高居民福祉、实现基层民主、促进社区内生性发展;其中作为自治协商平台的居委会和项目运作载体的社会组织、专业服务提供的社会工作者之间均存在双向互动关系。①

(二)平湖“三社联动”的特色路径

社会工作的目标是实现社会性功能重建,并以此来恢复服务对象的社会关系,维护他们公共参与的社会权利,使其具备社会行动的能力,从而促使社会环境更好地满足人的社会生活需要。2017 年,《中共中央 国务院关于加强和完善城乡社区治理的意见》中提出推进社区、社会组织、社会工作“三社联动”,完善社区组织发现居民需求、统筹设计服务项目、支持社会组织承接、引导专业社会工作团队参与的工作体系。这表明国家进一步重视社会工作、社区组织在社区治理中的作用,尤其是注重发挥它们打通福利及政策服务“最后一米”的作用。

面对新发展阶段的新任务,民政部 2020 年 10 月召开会议并作出决定,力争“十四五”末,实现全国乡镇(街道)都有社会工作站,村(社区)都有社会工作者提供服务。民政部推动乡镇社会工作站建设的初衷是增强基层民政服务能力、打通为民服务“最后一米”,为民政对象及时提供保障质量的服务,促进基层政权建设和社区治理。总体而言,乡镇(街道)社会工作站的主要职能是协助民政部门履行基本民生保障、基层社会治理和基

① 徐永祥,曹国慧.“三社联动”的历史实践与概念辨析[J].云南师范大学学报(哲学社会科学版),2016,48(02):54-62.

本社会服务职责。

平湖市高度重视发展社会工作,积极培育引导本土社工人才助力社会治理创新。特别是浙江省民政厅推进乡镇(街道)社会工作站建设以来,平湖市根据浙江省、嘉兴市统一部署,依托现有的"三社联动"服务平台(社会组织党群服务中心和社会组织培育孵化平台),探索社工嵌入基层治理的"平湖模式",用高质量社会工作推动基层社会治理高质量发展,其创新实践主要体现在以下几个方面。

首先,抓住"四个关键"明确功能定位,推动社工站高标准落地。坚持科学的总体布局,实施三年行动计划;规范化建设现有社工服务平台,全面进行功能性改造提升;引入专业运营结构,推动社工站社会化发展;项目化实行服务模式,全面梳理项目清单,依照"1+1+N"模式设置服务项目,即"1"个基础项目、"1"个品牌项目和"N"个创新项目。

其次,建立健全统筹协调机制、多元投入机制、绩效考评机制、第三方评价督导机制,充分发挥市、镇(街道)两级社工委统筹协调和28个成员单位协同作用,推动社工站的高质量建设以及提供高品质服务。

最后,通过搭建人才培养的支持平台、有效整合社会资源、促进协同治理的多元参与、推动社会工作的本土发展来做到聚焦"四项职能",建立起多元主体参与共治的协作桥梁,推动社工站高效率运行。

在镇(街道)社会工作站建设过程中,各镇(街道)结合自身实际,整合相关资源,围绕"设施完善、制度规范、功能多样、服务专业"的目标,深入推动社工站的建设,形成了一批各具特色的社工站。其中比较具有典型代表性的是独山港镇社会工作站,该站依托海容创益园,形成了特有的"1+18+N"的社会治理模式。

独山港镇社会工作站是以海容创益园为载体,以社会组织党群服务中心、新时代文明实践中心、社会组织培育中心等镇级综合服务设施为基础,具有完备的办公以及活动场地,实现资源共享。社会工作站依托专业社工人才和优秀志愿者团队,为独山港镇广大社群提供专业化社工服务。社工通过发挥核心作用,策划与实施了一批专业的社工项目,逐渐形成一批志愿者队伍。目前共有各类社会组织384家（其中登记注册42家，备案342家），实现支持型、枢纽型社会组织全覆盖，全镇持证社工102人。

1. 明确建设标准，推动规范化运营。

首先，明确空间布局。秉承“空间共享、功能互动”原则全面参与了站点的格局划分、软装设计、人员配备等工作。注重独立的展示空间与内容，标准化的三室一厅，并做到标识清晰、挂牌显著、服务窗口固定、规章制度上墙、服务标准明确。

其次，明确功能定位。通过前期走访调研，明确站点“四园地六平台”功能定位。以此为载体，积极为独山港镇区域内的困难家庭、留守空巢老人、留守困境儿童、残疾人、流动人口等困难弱势群体以及其他有需要的群体提供人文关怀、心理疏导、关系调适、能力提升、生计发展、社会融入等专业化、个性化服务。

最后，明确运营模式。平湖市独山港镇已建成社会组织培育中心并实体运行，并由注册民非机构自主运营，根据市级“相互融合、相互独立、相互支持”的建站宗旨，社工站确定了以自主运营为主，督导服务为辅的运营模式。

2. 实施分阶培养，促进专业化发展。

平台运营模式是社会工作发展的生命线，独山港镇社会工作站以专业经验和本土需求相结合为出发点，探索确定“本土 + 督导”渐进化培养模式。该模式由三个部分组成。帮着做——“派驻社工 + 督导团队”。在此阶段，平湖市独山港镇和站点社工一起为镇区域内困难弱势群体提供专业服务，在每一个环节起到核心和示范作用，启动“师徒式”督导模式，帮助站内工作人员逐步了解专业社会工作的开展方式和管理内容。

教着做——“培养社工 + 督导团队”。独山港督导团队将指导社工完善社工站的各项机制建设与制度建设，加快社工站的规范化运营与专业化发展。促使工作人员逐渐适应专业社会工作的理念和要求，对辖区内各项服务的开展逐渐摸索出工作经验和方法，通过“训练式”“管理式”督导模式，工作内容逐渐转变为督促、鼓励以及提供更多的创意策划。

领着做——“本土社工＋督导团队”。当站内工作人员已经具备独立开展服务的能力后，督导团队采用“启发式”“咨询式”督导模式，对行政、实务、财务、档案、项目管理等方面进行监测把控，强化本土社工自我能力培养。

3. 注重品牌打造，提供精准化服务。

依托社工站平台充分发挥社工核心作用，策划、实施一批专业社工项目，打造属于独山港的特色品牌。立足基础，培养全科社工。助推社工站发展与人才培养并行。提炼“望闻问切”四诊法，加强独山港各村社区工作队伍建设和全科型人才培养。“望”指作为服务协助者的身份，参与到被督导者的服务中；“闻”指作为聆听者给予督导对象可行性的建议；“问”指服务开展结束后的分享与反思；“切”指手把手引导和分享经验。

立足需求，创新服务模式。立足本土自身特色，引导成熟的社会组织开展常态化专业社会工作服务，将社会工作专业理念、方法、技巧融入社区治理中，协助村社区居民解决实际困难与问题，发展专业化队伍，推进项目化服务，打造独山特色的创新服务道路。

立足本土，打造服务品牌。常态化开展专业社会工作服务的同时，致力于独山港创投大赛的发展路径规划，通过不同阶段创投大赛的升级之路，打造出本土“我的一天”“市民公益日”“星星点灯，村村联动”等系列服务品牌。同时在“一村一品”的治理格局上，形成了独山港镇社工站特有的“1＋18＋N”的社会治理模式，“1”是指独山港社会工作站，“18”是指18个村社区自有服务品牌，“N”是指“群议、群建、群治”。

三、友邻网络体系的重构与撬动

（一）开辟公共空间，重塑邻里关系

良好的社区治理需要社区具备持续的互动系统，换言之，需要积攒起社区社会资本。形成社区社会资本的内生性动力来自居民在社区生活中形成的多重交往和合作需求。在现代社区，邻里互动呈现日益减少的态势，较为夸张的说法可以说是“对门相见不相识”，尽管如此，社区社会资本的主要来源依然是居民自发的日常互动。通过强化居民的日常互动，以

形成非正式的邻里网络，特殊互惠、人际信任与社区归属感。①

社会互动需要以一定的具体空间为载体，居民共享同一物理或虚拟空间才能展开邻里互动②。邻里互动主要是自发地形成于社区公共空间的社会性活动之中，空间的性质和结构影响着社会互动的频率和性质，丰富且分布合理的社区公共空间及其相应的活动设施，能够提高居民自发性活动的发生频率，带动连锁性社会活动。

"远亲不如近邻"表现出了邻里关系在人们生活中扮演着重要的角色。当前，最简单、最普遍的邻里交往依然发生在村庄（社区）之中。费孝通在《乡土中国》中指出"中国农村的邻里关系是基于固定的思域和空间限制的生活范围而形成的，乡土社会的生活是富于地方性的，由于生活的固定，才结成了稳定封闭的邻里关系"③。然而近年来农村社区面临人户分离常态化、利益诉求分散化、社区关系疏离化等新情况、新问题，农村邻里关系的代际传递受到了破坏，邻里关系趋向冷漠、利益化，以及邻里间的冲突增多，造成了邻里之间关系的维持与发展面临重大威胁。

在这一背景之下，平湖市以整合和重构传统乡邻关系为切入点，加快构建乡村美好生活共同体，推动建设以"新乡农、新乡规、新乡风和新乡情"为主要内容的"新乡邻"社区。通过借力专业社工机构的驻村服务，挖掘出具有村落特色的村民聚集点，搭建起联系居民与居民、居民与社区之间的乡邻网络。

（二）编织友邻网络，造就和睦乡邻

2016年，平湖市选定当湖街道为试点单位构建邻里互动的公共空间并以此开展邻里关系重塑，以"与邻为善、以邻为伴"为治理理念，以整合和重构传统邻里关系为切入点，探索实施"党建引领、友邻善治"城市基层

① 方亚琴，夏建中．社区治理中的社会资本培育［J］．中国社会科学，2019（07）：64－84，205－206．

② 吴惠芳，陈健，王惠，等．多元主体参与乡村建设实践路径与效能的比较研究［J］．中国农业大学学报（社会科学版），2022，39（01）：62－74．

③ 费孝通．乡土中国 生育制度 乡土重建［M］．北京：商务印书馆，2011．

治理新模式。

当湖街道按照街道、社区、网格基层治理层级,建立“友邻中心—友邻汇—友(乡)邻点”的纵向“邻网络”空间,作为友邻体系支撑运行阵地,开展邻里培育孵化、信息整合、交流协调、参事议事等活动,掌握城乡社区内部社情动态和群众需求,强化社区与居民的互动融合。

友邻中心是街道(乡镇)一级的邻空间,其建设思路是引进专业社会组织,由街道党委、办事处、社会组织、辖区居民等多元主体依照“党建引领、政府主导、社会协同、公众参与”的理念,搭建街道友邻空间。街道友邻中心交叠为4个空间:第一重空间是社区社会组织培育孵化园,为社区社会组织提供场地支持、政策咨询、能力提升、专业培训等培育发展服务;第二重空间是邻里互动协商会,通过在友邻中心定期开展协商工作,召开基层议事协商会、社区说事会等协商活动;第三重空间是街道信息流动站,整合街道内有关社区公共事务和民生实事的信息,并通过新媒体平台向社区居民传达;第四重空间是专业提升培训班,友邻中心适时定期针对各类人群开展有针对性的专业培训,更好地传递服务,提升服务质效。

友邻汇是友邻体系的第二级,以社区为单位设立。友邻汇处于第一级和第三级之中,其主要的功能便是承上启下,衔接协调。一方面,收集社区居民相关信息和需求,处理友邻点上报以及不能解决的事项;另一方面,配合街道和社区开展相关工作,将自身不能解决的事项上报至街道友邻中心。除此之外,友邻汇也承担着资源聚合的功能,将社区内的资金、物资、场地、人员等资源盘活和组织起来,为居民开展活动提供支持。同时,友邻汇还配合社区推进居民自治,通过开展活动等方式来发掘社区能人,并鼓励和支持社区能人带动社区居民组建社区志愿服务队伍,为邻里互动、社区协商提供组织支持。

友邻点则是三级友邻体系的末端,根据社区实际情况,约每200户设置一个友邻点,利用小区内闲置的部分物业用房、架空层、先锋站、村居民客厅等公共空间为活动阵地,每一个点邀请或挖掘一个热心公益并具备一定组织能力的党员或居民担任负责人,社区干部则是以指导员的身份参与。作为社区居民互动的公共空间，友邻点具有挖掘邻里使者、共议邻里议题互动、促进邻里关爱三大功能，友邻点的负责人及时对居民难以解决的问题进行处理与汇总，回应群众关切，构建起邻里互动与居民自治的新治理空间。

“友邻中心—友邻汇—友邻点”三级友邻网络搭建起了“共享共建”的社区小单元，充分凝聚起了多方资源，实现了立体服务网络的资源联用、事务联商、活动联办、服务联动。

当湖街道的试点取得了良好的成效，为整合和重构邻里关系积累了丰富的经验。2017 年，平湖市将这一模式全面推广至全市范围内，通过挖掘村落特色、培养治理骨干、开设农民课堂、培育多元治理主体，截至 2022 年 5 月，平湖市已建设友邻中心 9 个、友邻汇 27 个、友（乡）邻点 650 多个，其中打造近百个精品友（乡）邻点，如野马村的乡理乡亲馆、龙萌村的邻舍屋里、赵家桥村的水韵临澍服务点等。

平湖市广陈镇充分运用“党建 +”系统思维，围绕“党建引领、村民参与、管家治理”的治理理念，构建“三个邻、闭环办、连环扣、一盘棋”的治理体系，打造了村落治理新品牌，实现了资源在村落整合、服务在村落拓展、问题在村落解决、民心在村落凝聚，为建设“农业硅谷、农创高地”乡村振兴示范区夯实了基层基础。

构建“三个邻”治理体系，延伸村落治理触角。组建“邻管家”基层队伍。广陈镇通过推选基层优秀党员、乡贤能人、村民骨干担任村落管家，每个村落组建了一支“邻管家”基层队伍，统筹负责管理村落内矛盾纠纷化解、政策宣传、民情收集、评比检查、邻里互助等各项事务。目前，全镇共有村落管家 946 名。通过建立统分结合、高效互动、脉络清晰的运行机制，形成干部联站、党员联户、骨干带动的机制，实现了市镇村三级干部联系村落、党员骨干联系农户全覆盖，着力打通联系服务群众“最后一米”。

建立“邻聚里”村落“议站”。广陈镇通过挑选所在村落中有威望或者名声较好的农户家作为村落农户议事的村落“议站”，充分发挥村民自治作用，农户可以在 5 分钟内步行到达村落“议站”，开展议事、学习、宣讲等，目前，全镇共有村落“议站”165 个。村落“议站”的建立实现了反映问题更加便捷、收集问题更加及时、解决问题更加高效，成了一线访民情的“联络站”、一线议民事的“小客厅”、一线解民忧的“连心廊”、一线宣民策的“宣讲所”、一线推工作的“桥头堡”。

构建“邻里圈”服务网络。每月 15 日平湖市镇村干部及党员到联系村落开展联系走访活动，会同村落管家召集村落农户召开村落议事会，开展政策宣讲、矛盾调解、协调联络等各方面服务，构建了 5 分钟“邻里服务圈”。完善了“1 + X”暖心结对组团帮扶机制，在原有党组织结对的基础上，把村落管家队伍纳进来，每个自然村落至少建立了一支志愿服务队伍，定期开展志愿服务，实现“村落一家亲”。

构建“闭环办”运转体系，提高村落治理效率。建立全方位意见收集制。自觉敞开门听取意见，广陈镇村落管家通过向村落农户发放民生服务卡，在村落“议站”内设立意见箱，建立社情民意台账，及时获取民需民求，并对采集的民情信息进行整理归档。主动走上门听取意见，村落管家联合市镇村三级干部及党员深入开展联户走访工作，及时发现不稳定隐患，经常性关心关爱村落中的特殊群体。主动请进门听取意见，通过深入开展 15 日村落议事会和 25 日驻站接访工作，听取群众意见建议。

建立多层级意见办理机制。广陈镇构建了“村‘两委’、先锋站（网格）、村民小组、村落”四级民情网络，畅通上情下达、下情上传工作渠道。在党员先锋站和村落“议站”建立了民情茶话室，由镇村联系干部主持，经常性召开党群议事会、骨干座谈会、户长会议，深入分析村落内民情民意，统一思想，商议形成初步处理意见，疑难问题提交村“两委”商议。村“两委”定期召开村联席会议，商议村落村民提交的民情民意，形成民情办理方案，落实办理责任人。

建立高效化意见反馈机制。各级民情网络通过及时交办解民忧，严格实行承诺服务制、限时办结制、督查通报制、承办单位第一责任制和办理情况反馈制，用好民生问题提交单、民生问题交办单和民生问题督办单“三张单”，实行能解决的问题当场办，重大事件每半月一交办的机制，及时解决并反馈当事人。开展群众事务“红色代办”,村落管家兼任红色代办员工作,实时代理群众事务。

构建“连环扣”评价体系,提升村落治理水平。建立健全村落评比机制。广陈镇各村在成立初召开了村落议事会,研究制定了各村落公约。村落农户实行互相监督,引导村民参与环境治理长效管理,提升村落治理水平。开展村落农户月度、季度和年度评比,建立了农户积分制管理模式,通过积分运用形成奖罚鲜明的治理体系。坚持正向引领、反向鞭策,建立了点赞栏、曝光栏。在评选先进荣誉、落实困难救助、组织政治审查时,事先征集村落管家的意见,听取其对该户履行村民义务情况的评价。充分发挥党员作用,党员先锋指数考评与所联系农户积分情况相挂钩。

建立健全考核评比机制。广陈镇实施村落管家工作目标责任制考核,根据工作职责和任务,做到定期考核、日常考核和重点工作考核相结合。每年对村落管家进行一次综合考核,考核结果作为评先推优和工作奖励的重要依据。每年镇党委评选表彰一批示范村落和优秀村落管家,对表现突出、工作优秀、群众满意的村落管家,推荐作为各级党代表、人大代表人选,树立优秀典型。

建立健全村民点评机制。广陈镇通过建立民情评价机制,在广陈镇村网站、微信公众号设置民生实事点赞栏,进行满意度民意调查;民主评议会对民情办理情况进行综合评价,及时收集意见建议,督办民情办理进度、办理效果;年终村(社区)班子向村(居)民述职会议上,村(居)民代表对民情办理情况进行综合评价。强化测评结果运用,民情办理满意度作为村社区班子、村社区干部考核的重要依据。

构建“一盘棋”统筹体系,丰富村落治理内涵。与推进中心工作相结合。广陈镇村落治理的开展是在服务村民的同时紧密结合平湖市、广陈镇的中心工作、重点工作,着力围绕“五水共治”、“三改一拆”、小城镇环境综合整治、“最多跑一次”改革、垃圾分类、美丽乡村等工作,实现统筹兼顾、有效整合。

与特色亮点打造相结合。广陈镇通过村落治理逐步建成一批环境优美、乡村文明的精品村落，在村落里展示党建引领、"三治融合"、乡风文明、垃圾分类、三乱整治、群团改革等特色亮点工作，既能看到成效，也能看到工作机制。通过将党建融入农村治理的各领域和全过程，切实发挥农村基层党组织的引领作用和村落党员的示范带头作用，打造了党建引领基层治理的"广陈样本"。

与条线部门联动相结合。广陈镇强化部门联动，发挥部门合力，加强村落各项工作指导。整合了各条线部门的力量，每年对村落管家队伍重点开展法律法规、惠农政策、社会管理、实用技能和群众工作方法等专业培训，建设了一支服务邻里、乐于奉献、精通业务、熟悉政策的高素质村落管家队伍。发挥乡情乡愁的纽带功能，吸引青年回村、乡贤回归，以发挥示范引领作用，助力基层治理。

平湖市推动下辖镇（街道）围绕"与邻为善、以邻为伴"的建设理念，构建"三级友邻"全网络，形成了"友邻善治"的新模式。通过友邻中心、友邻站（汇）、友邻点"三级友邻"网络的结网运作，优化社区治理和服务，改变了以往自上而下的治理方式，在构建熟人社区、培育社区情感、丰富社会资本方面取得了显著成效，居民被拉回到一个充满平等、温情的公共空间之中，邻里情感不断升温，彼此间的沟通与合作日益频繁，居民也更富热情地投入到社区治理之中，实现居民自治的良性发展，为构建自治、法治、德治"三治融合"的基层治理新格局提供了有益经验。

第二节 微组织培育:凝聚联治联动合力

随着基层社会转型的加速,城乡社区呈现出利益主体多元化、利益关系复杂化、利益矛盾显性化、利益诉求碎片化、利益供给失衡化等倾向,[①]这些现象已经成为制约基层治理现代化的重要因素。如何满足社会多元化发展的需求,构建多元主体参与城乡社区治理的体制机制,推动形成党组织领导下的自治、法治、德治“三治融合”社会治理体系成为当前重要议题。

近年来,城乡社区社会组织渐趋兴起,成为参与基层治理的重要主体。社区社会组织是指民间自发、自愿形成的以服务社区居民为宗旨,具有公益性和非营利性的自主团体、协会、服务性组织。社区社会组织扎根于社区、贴近群众,是最基层的社会组织,是构建和谐社区不可或缺的一支重要力量,对完善社区治理结构、培育社会资本、化解社会矛盾、释放居民参与势能等具有广泛而深远的意义。基于社区社会组织以上种种地位和功能,培育和孵化社区社会组织是拓宽居民参与社区治理渠道、加强社区治理体系建设、推动社会治理重心向基层下移、打造共建共治共享的社会治理格局的重要路径。

为推进基层治理体系和治理能力现代化,平湖市高度重视社区社会组织在基层治理中所发挥的作用,先后出台多项政策帮助孵化、培育社区社会组织,规范社会组织管理,全面推动社区社会组织高质量发展,并参与社区治理,努力构建起共治共建共享的社会格局。

一、党建引领社会组织发展

社会组织作为基层治理的重要主体之一,在参与基层治理和提供公共

① 张锋.农村社会组织参与农村社区治理的利益机制与制度建构[J].学习与实践,2020(08):96-104.

服务方面具有重要作用。但是社会组织在发展过程中还存在着较多问题，与城乡社区的嵌入性还可以进一步优化。具体来说，社会组织发展面临的问题主要为：规模小、力量薄；社会影响力不足；社会信任度较低；过度行政化而独立性不足；居民参与弱而不能准确捕捉居民需求等。[①]

如何破解这些弊端，推进社区社会组织发展并借助其力量来实现基层治理现代化，是当前所面临的一个重要问题。平湖市积极探索和创新社区社会组织发展培育路径，在党建引领社会治理的整体格局下，平湖市采取由基层党组织作为社会组织“孵化器”，组织村社区内进行自组织建设，培育城乡社区微社会组织，并为微社会组织运作提供先进的价值引领、持续的内在动力和坚固的支撑保障。

在这一理念的导引下，平湖市强化党建引领，不断健全体制、完善政策、搭建平台，推动社区社会组织规模由小变大、覆盖范围由窄变宽、作用发挥由弱到强，成为参与社会治理的重要力量。建立“一核双孵三元四纳入”工作机制，并在省内率先建立社会组织综合党委、社会组织党校和社会组织党建研究中心，实现社会组织和党组织的同步指导、融合发展，深化探索党建引领社会组织参与社会治理的新机制、新途径。目前，平湖市现有登记注册社会组织500家，备案社区社会组织1568家，已建社会组织党组织36个、党员263名，实现社会组织党组织覆盖率、工作覆盖率100%。

（一）创新“1234”工作机制

“1”即围绕“党建引领社会组织发展”核心。平湖市先后成立“一委一校一中心”，即建立社会组织综合党委、组建社会组织党校、成立社会组织党建研究中心。这三家机构分别承担推动实体运行、社会组织党组织孵化与培训、与高校和研究机构开展课题研究等工作。通过建立这三家机构，将原来分散、松散的社会组织网罗集聚起来，形成社会组织党建中心建构的联动体系。同时，社会组织的党建工作也一并纳入基层党建工作考核内

---

① 何欣峰.社区社会组织有效参与基层社会治理的途径分析[J].中国行政管理，2014(12):68－70.

容,制作社会组织党建工作清单,督促"党建引领社会组织发展"核心发挥实效引领作用。

"2"即建立"双孵化"平台。平湖市在市级层面建立社会组织创益园,在镇街层面建立"三社联动"服务中心,在社区建立社会工作服务站,构建起三级联动服务平台。该平台主要有两大孵化功能,一方面为培育和孵化社会组织提供基地,并为社会组织参与社会治理提供平台;另一方面,三级服务平台还承担着培育孵化社会组织党组织,实现社会组织和社会组织党组织同步孵化、同步指导、同步发展。

"3"即实行"三元式"管理。平湖市根据社会组织的行业特性和独立性等特征,对社会组织实行"属地管理 + 行业管理 + 兜底管理"管理体制,对于民办教育、医疗、养老等部分对公共部门依附性比较强的社会组织党建工作,实行属地管理;对于行业性强、规模大、具有明确主管部门的社会组织,例如律师、注册会计师等社会组织,由行业主管部门党组织进行管理;对于一些难以归口的社会组织,则由社会组织综合党委兜底直接管理。

"4"即完善"四纳入"机制。平湖市将社会组织党建情况纳入注册登记、年检年审、等级评估和政府购买服务范围,把党的工作融入社会组织运行和发展全过程,有效地实现同步介入、应建尽建、全面覆盖。

(二)探索"党建 +"服务模式

以"党建 + 标准"提升能力。平湖市率先在公益类民办非企业单位制定《社会组织党组织工作标准指导目录》,对党组织的主要职责、组织设置、队伍建设、组织生活、工作保障五个方面内容予以明确和规范,并逐步在其他类型的社会组织推广。同时,开展社会组织党建示范创建,培育社会组织创益园党总支、长红公益发展中心党支部等多个不同特色的社会组织党组织示范点,并加强分类指导,根据社会组织的组织性质、服务内容等情况,量身定制"红色成长路线",按照"成熟型""加强型""种子型"分步延伸推进,切实提高党组织活动规范化水平。

以"党建 + 服务"凸显优势。平湖市推行党员志愿服务项目领办制,并建立社会组织党建指导员(联络员)制度,选派党建工作指导员和联络员开展“一对一”服务，打造社会组织服务社会、服务群众的新亮点。全市各社会组织党员共领办小候鸟爱心午餐项目、蓝丝带助残行动、计生特殊家庭帮扶计划等志愿服务项目 170 余个，组织活动近 1650 场，直接服务群众 12 万余人次，有效提升了社会组织的执行力。

以“党建 + 公益”激发活力。为了让社会组织更好地融入社区治理之中，平湖市注重发挥社会组织优势，以公益活动来助推党建工作，引导社会组织参与基层治理。如曙光应急救援中心党支部先后参加云南鲁甸、天津塘沽等救援活动，在民政部救灾协调平台备案并荣获浙江慈善奖“志愿服务奖”；和谐家庭事务所党支部获评全国百强社工机构。

（三）突出党建引领保障

把握大方向。平湖市先后出台《关于进一步加强社会组织建设管理的意见》《关于进一步加强和改进社会组织党建工作的意见》等 20 多个文件，为促进社会组织发展、加强党的建设提供政策保障。同时，严格落实党内“三会一课”、党性体检、民主评议等制度，完善信息互通、难点协商等机制，把握思想动向，明确发展方向。

培养“领头羊”。为更好地提高社会组织的执行力与战斗力，平湖市采取“双培养”建设机制，即将社会组织的骨干成员培育为党员，将党员培育为社会组织的领军人才。在社会组织党组织负责人的推选上，采取“内部选育、外部选派、社会招聘”等方式，选优配强。“领头羊”的积极行动能够产生示范效应，具有高社会认同的骨干得到培养提拔，将对居民产生显著的带动效果，激励居民投身于社会组织和社区治理当中。综合党委成立以来，已有 30 多位优秀公益人士提交入党申请书，10 人成为入党积极分子，多名党员分别荣获“中国百名社工人物”、浙江省“千名好支书”、“金平湖先锋”共产党员、“南湖百杰”等荣誉。

增强保障力。平湖市以项目带动社会组织活起来，并设立了“社会组织公益创投基金”、福彩公益金等资金管理机构。举办“红色创投”等活动，鼓励社会组织和志愿服务队伍主动参与打造公益项目，以项目牵引社会组织发展。平湖市实行“三给予一返还”确保工作经费，即每个新建社会组织党组织一次性工作经费补助5000元，每年工作经费2000元，每名党员每年教育活动经费180元，党员党费全部返还。通过项目支持和基金支持来保障微社会组织能够获得充足的发展经费和开展多元化活动，使微社会组织能够顺利壮大。

二、平湖社会“微”组织培育的实践路径

社会组织是撬动基层治理的重要支点，在政府与社会的连接之上具有独特的优势，并且能够更好地让社区居民参与社区自治。平湖市先后出台了《关于加快推进城乡社区社会组织培育发展的意见》《关于进一步加强社会组织建设管理的意见》等文件，鼓励和支持城乡社区社会组织的培育和发展，推动社会组织与社区治理展开良性互动，高效发展。根据不同社区面临的治理难题，平湖市指导孵化培育不同类型的社会组织，因地制宜联动多元主体，优化公共服务供给，促进社区共建共治共享格局形成。

（一）联动治理：“小蜜蜂”激活社区治理大联动

工业化和城市化进程的发展，使城乡差距逐渐扩大，愈来愈多的农村人口进入城市务工并有相当一部分选择扎根于城市。作为外来人口，他们缺乏在城市立足的根基，往往围绕工厂或者商圈聚居成新的社区，这类社区人口流动性大，商贸发展较为繁华，但居民社区归属感淡漠，治理难度较大，如何帮助他们融入社区，融入城市，并在此基础上参与社区治理成为这类社区的工作关键。

平湖市当湖街道北河浵社区就是这类社区典型，是一个拆迁安置小区与楼宇商圈空间显著分隔的社区。辖区内有楼宇16幢、商铺766户、企业773家。现有实际居住6270人中，外来人口占50%以上。在这样一个处于“陌生社会”的小区，如何将居民、商户、企业有效组织起来，形成共建共享共治的治理格局是重要难题。

2014年12月，北河浵社区登记成立社区内首家社区社会组织——小蜜蜂社工服务社。社区以小蜜蜂社工服务社为联动纽带，发挥社会组织的资源整合和专业服务优势，以项目制形式来解决社区问题和满足群众需求。

作为社区支持型社会组织，小蜜蜂社工服务社自成立以来注重专业性

和规范化建设。一方面，利用平湖市社会组织创益园的资源优势，入驻园区接受专业孵化培养，创始人和骨干成员积极参加各类领军人才培训，并入选嘉兴市社区工作者领军人才和平湖首批督导人才。另一方面，积极加强内部治理建设，完善制度建设和项目化管理，成为平湖市第一家获评3A评估等级的社区社会组织，获得平湖市优秀社会组织称号。

聚焦服务社区、服务居民的组织定位，发挥“来自居民、回馈居民”的组织优势，精准聚焦居民反映较为集中的问题，加强与社区居委会的沟通协调，精细设计和推动实施各类服务项目，有效回应了居民诉求。例如，针对社区内外来务工家庭和双职工家庭反映的孩子放学后无人接的问题，利用社区闲置空间开设“三点半学堂”，免费为这些家庭提供接送和陪伴服务，6年多来先后让200多户家庭受益。

小蜜蜂社工服务社以社区为平台，通过参与公益创投、争取友邻基金资助等方式，积极调动辖区内的公益达人、企业商铺、医院学校、志愿者等多方资源，形成以社区社会组织为协调枢纽，社区、社工、社会公益力量、社区志愿者共同参与的多元共治氛围。

例如，为引导农拆后的居民改变乱种植的习惯，联手专业的社会组织——美丽家园环保服务中心，开展“绿管家”项目，利用社区服务中心空闲的露天大阳台开辟种植空间，划分种植区域，让有需求的居民申请认领种植“承包地”，并引导自行制定规划，开展自我协商与管理，由社区提供资金支持，社工提供资源链接，社会组织提供技术服务，让居民在参与过程中有了“家”的归属感，为社区营造出共建共治共享的良好氛围。

培育骨干队伍，激发自治活力，小蜜蜂社工服务社充分发挥社会工作专业方法和技能，在社区中挖掘培养一批有影响力和正能量的“居民领袖”，推动培育一批接地气、有活力的社区自组织，并采用“社工＋志愿者”的服务模式，招募培养一批有奉献精神和专业知识的社区志愿者，凝聚力量共建邻里互助社区，进一步激发社区善治活力。几年来，小蜜蜂社工服务社培育社区自组织16家，培养志愿服务团队7支、骨干志愿者89名。如培育的楼宇联盟互助汇力会，推动楼宇成员间、楼宇成员与社区居民间的良性互动,形成有事商量、资源互惠、合作共赢的有序自治局面。

在社区党委的领导下,小蜜蜂社工服务社利用社区优势,以多样化的项目为牵引,有效整合楼宇商户资源、居民志愿者和专业社工力量,拉近了社区和居民的距离,增强了社区的凝聚力,实现了优势资源在社区内的互融互促,形成了良好的社会效应。

首先,带动了社区"大参与"。小蜜蜂社工服务社开发实施的多个接地气的"微项目",让社区居民得到大实惠,拉近了社区和居民的距离,增强了社区的凝聚力,许多居民主动向社区反映情况、参加公益服务,协助社区出谋划策。

其次,促进了资源"大整合"。在社区党委的领导下,小蜜蜂社工服务社利用社区优势,以多样化的项目为牵引,有效整合楼宇商户资源、居民志愿者和专业社工力量,实现了优势资源在社区内的互融互促,形成了很好的社会效应。

最后,营造了善治"大友邻"。小蜜蜂社工服务社持续实施"爱的手链"精准扶贫项目、微心愿圆梦行动、"楼宇党建齐汇力"项目等,重构了社区内的邻里关系,传播了"与邻为善、以邻为伴"的善治氛围,推动实现了党建引领下的共融共治共享。

(二)协商治理:美丽乡联理事会

野马村位于平湖市曹桥街道西南部,原是一个以种植传统农作物和饲养生猪为主的纯农业村,村里90%的农户都在养猪。近年来,随着生猪"减量提质""三改一拆""五水共治"等工作推进,该村在乡村振兴中面临如下几个问题:一是村民的经济收入来源面临转变,原本的经济收入状况被打破,转为外出务工及零散工作;二是村落环境因长期密集养猪不堪重负,需要持续深化治理;三是刚性治理过程中出现短板与不足,偏向权威式治理,村民主动参与治理的意识不强。

针对野马村的问题,该村积极探索开展美丽乡村、生态家园的项目,激发乡村活力,提升村民的素质和能力,增强村民的归属感和凝聚力。通过组建美丽乡村联合理事会,搭建村民参与治理平台,构建"服务体系""引领体系”“自治体系”三位一体的治理体系，充分发动基层群众广泛参与，培育城乡社区建设多元主体，建立社区大服务供给体系，完善基层社会治理结构。

以服务体系为基础，发动群众积极参与活动。野马村借助已有的社会组织，成立野马互助小组，构建起邻里互助体系，并引入专业志愿服务团队和乡贤协助开展邻里互助活动，弥补乡村社会资源缺失的短板；提出“野马一小时”（挖掘村内志愿者，开展每月为困难群体服务一小时的志愿服务）的服务口号，积极引导村民志愿向善，培育志愿服务、邻里互助的良好氛围，为项目自治奠定优异的基础。

以引领体系为支撑，提升意识完善自治服务。在初步组建互助小组后，野马村着眼于组织的能力提升和长续发展，通过建立“乡村社工”工作坊学习平台，挖掘一批有能力、有思想的乡村骨干，开展自治小组发掘领袖；开设专项增能培训班，进行社工工作方法和理念的专项培训，培育带动全民参与自治和创新社区治理的专业力量团队；通过团队引领，带领更多村民更新意识，并促进自身造血。之后对组织进行系统化管理和培训，将原有组织成熟化，发挥更强的作用；其次根据农村发展需求，培育一批新的组织，扩展自治涉及领域，完善自治网络；最后孵化出新的村民领袖。

以自治体系为核心，建立理事会实现可持续运营。野马村通过村民协商议事对村内各组织进行建章立制，促进理事会各功能协调发展，规范化运作；建立议事决议平台，完善村民决策制度、财务公开制度、服务承诺制度、理事会评议制度等，促进运作公开、民主；设立“帮扶”基金会，处理突发事件。打通村民民意传达通道，规范理事会办理村民事务和受理村民诉求的办法和程序；采取自治积分制，所有自治服务都将获得积分，当自己需要被服务时会消耗一定的积分，激励村民加入自治中来；资源整合再分配，采取谁享受服务谁买单、谁主张谁负责的原则，让自治有序运作起来。

野马村通过成立“美丽乡村联合理事会”，构建起村庄议事协商平台，聚合村庄内社会资源，动员村民参与村庄治理，激发村民自治热情。联合理事会以村民自治为基础，解决野马村在生态治理、人文环境治理过程中出现的各种问题,有事大家商量,商量好了一起干。村内基础设施好起来了,美丽乡村建设取得优异成绩,村庄面貌焕然一新,既推动中心工作,又使村民利益最大化,老百姓和村干部的“双向获得感”得到了极大提升。

三、平湖社区“微组织”建设的成效

在党建引领下培育社区微组织融入社区治理的平湖实践,将党的建设、社会组织培育发展和社区治理有效融合并推进,延伸了党的组织触角,强化党在基层的领导,推动了社会组织的有序发展,扩大居民参与社区治理的渠道,创新了城乡社区治理。

(一)坚持党建引领,保证社会组织有序发展

相较于传统的组织体系,社会组织是具有市场性的,是随着市场经济的发展而发展的。如果不对其加以引领和指导,那么作为社会的组织力量的社会组织其发展是不受控的,在与社区的对接与磨合过程中,也许会难以取得好的效果。平湖市积极主动介入社区社会组织的孵化、培育和发展过程,完善体制机制,大力推动社区社会组织建设与发展,使其朝着健康良好的方向前进。一方面充分发挥了社会组织的服务优势与专业化优势,另一方面也提高了党的基层治理能力。

(二)激发内生动力,保证社会组织长续发展

社会组织的发展往往具有很大的不确定性,普遍存在着不规范、小、散、流动性大等特征,并且在过往实践中,也存在着一些靠行政力量维持的社会组织,当支持力量稍有松动就难以存续。因此,提升社会组织建设的质量,激发社会组织内生动力,保障其长期发展是平湖发展社会组织工作的一个重要方面。平湖市通过深入动员社区居民主动参与社区社会组织的孵化、培育和发展过程中,选优配强社会组织领导人,充分利用社区内的人力资源、空间资源、文化资源等,将社会组织发展与居民自治内在结合起来,既激发居民参与社区治理的动力,又实现社会组织长续发展。

(三)强化项目扶持,保证精准对接居民需求

为居民提供服务,满足居民需求是社区社会组织的重要功能,但在现实中,服务效果往往不明显或者是不理想,提供的服务与居民需求间存在

供需矛盾。另外,由于社会组织间的不当竞争,也使得服务同质化、低效化。平湖市以项目化运作的形式来探索社会组织链接资源、协同街道和社区共同发力的服务模式,进一步提高社会组织品牌建设能力,促进区内社会组织可持续发展,助力构建共治、共建、共享的基层治理新模式。

第三节　微项目运作:焕发居民自治热情

项目制是国家在推行分税制改革后,采取的一种保障地方公共服务供给的治理模式。作为一种国家治理模式,项目制的推行体现着不同政府层级的权力运作方式以及政府治理的效果。分税制改革后,中央政府对地方政府或者上级政府对下级政府以项目的方式对财政资金进行分配,地方政府或基层则通过申请项目的方式获得上级政府的资金支持,以确保地方公共服务的推进,这些资金占中央政府全部转移支付的40%,上级政府主要以项目制的形式实行转移支付,促进国家部门管理和治理目标的项目化和财政扶持专项化。

在国家推进基层治理重心下移的过程中,城乡社区建设成为国家关注的重点领域。城乡社区作为国家治理的基本单元和基层治理的"神经末梢",一方面承担着服务社区居民、维护居民的合法权益、管理居民的公共事务和公益事业、调节居民纠纷、协助维护社会治安等职责;另一方面其地位、管理权限、治理能力和治理资源都存在有限性。社区职责广泛性与治理能力有限性之间的张力,决定着上级政府要加大对社区财政扶持力度,从根本上解决社区问题、满足居民需求。[①] 但在社会治理重心下沉过程中,如何将治理重心落到社区自治层面是一个难题。长期以来,都是自上

① 谭明方,郑雨晨."城乡融合发展"视角的县域社会治理研究[J].南开学报(哲学社会科学版),2021(02):62-72.

而下由政府来进行组织和动员的模式,如何自下而上来组织居民、社区主动承接下沉资源成为破解该难题的关键。

因此,国家探索推进城乡社区公共服务项目,以提高社区公共服务质量,实现国家基层治理现代化目标。近些年来江苏、浙江、广东和上海等地,在将项目制运用到基层自治领域做了许多有益探索,并取得了丰富的经验成果。在这种新型项目制运作过程中,项目来源是自下而上,形成“反向发包”关系,并通过多元主体联动推进,改变了以往依靠“政府订单、社区供给和居民接受”的传统治理路径,[①]有效降低了单向行政决策的弊端,形成自上而下和自下而上的双轨动员治理,最大程度激发了基层自治活力。

作为社区治理的一种创新方式,“项目化运作”指的是针对居民申报的项目按照项目产生、项目评审、评审公示、项目实施和项目评估这几个环节运作并提供相应资金支持的一系列过程。项目化治理是基层社会治理的重要形式,也是未来社会治理的发展趋势之一。项目化治理的实质就是从解决民众需求出发,以项目供给的形式满足民众的需求。微项目强调对特定群体的微小型诉求的主动回应和积极反馈,既要解决民众细微小众问题,也需要化解普遍性的遗留难题,避免产生“针尖大的窟窿,漏过斗大的风”的问题。[②]

以微项目作为“微治理”的落脚点和承载体,能够以较低的成本达成预期的治理目标。微项目对技术、资金及项目承接能力的要求不高,这既适应基层社会组织发育不足、能力不强的现实情况,也适合民众微心愿、微满足的客观需求。因而推进项目式的“微治理”,既有助于培育和发展基层社会组织,也有助于明确和具化基层治理的任务事项。另外,微项目的微小性、自利性及低投入性等特点,在启动过程中比较容易得到民众的支

① 李小艺.双轨动员:项目制社区自治的实践逻辑及其影响:对上海市P街道社会服务项目化运作模式的考察[J].天津行政学院学报,2020,22(03):60-69.

② 谢秋燕.基层社会“微治理”的生成逻辑与实施路径研究:以社会治理精细化为视角[J].理论导刊,2020(10):79-84.

持配合,易于推进实施,并能产生较好的社会舆论效应。

2021 年,《中共中央 国务院关于加强基层治理体系和治理能力现代化建设的意见》中指出要完善支持社区服务业发展政策,采取项目示范等方式,实施政府购买社区服务,鼓励社区服务机构与市场主体、社会力量合作。由社会组织承接部分公共服务一再被强调,这是优化政府公共服务提供质量和效率的重要举措。平湖市在实验区建设过程中,以居民需求为导向,注重发挥项目牵引作用,提升社区建设和社区服务水平。积极推行"项目牵引、契约合作"的发展方式,通过项目管理,开展一系列项目实践,引导居民自发进行自治探索,破解现实生活中的难题,并在此过程中进行专业化的指导,从而打造各具特色的治理品牌。

一、社区公益创投与利益调适

传统的政府管理模式在履行社会管理和提供公共服务的职能上存在效率低下、成本高昂、供需错配、内容单一等问题,随着社会经济的发展,社会组织、市场主体等社会力量逐渐壮大,为改善政府提供公共服务提供了有力的支持。国务院办公厅印发的《关于政府向社会力量购买服务的指导意见》明确要求,在公共服务领域要更多地利用社会力量,加大政府购买服务的力度。但是,作为承接政府公共服务重要主体之一的社会组织,出于规模、资金、服务范围、从业人员等原因限制,也难以有效承接政府公共服务。

针对这一问题,公益创投开始被引入到城乡社区治理领域,公益创投能够补足社会组织短板、完善社会组织建设、丰富公共服务内容。但城乡社区规模较小,所拥有的资源也比较有限,且呈现细碎化分布特征,参与社区治理的组织多为居民自发成立的小微组织,人数少,规模小,在民政部门正式登记注册的更是少之又少,因而大多数社区社会组织难以获取政府项目经费,在社区开展公益创投也就易造成"小马拉大车"的情况。为使项目制更好地融入城乡社区治理之中,平湖市在借鉴全国各地创新实践基础上,采取了公益微创投的发展模式。

公益微创投,是指为了公共利益对公益组织提供资金支持的社会融资工具及其方式。在社区开展公益微创投,即指通过培育社区公益性社会组织来优化社区公共服务的供给,弥补政府在社区"最后一米"的供给短板。

作为一种创新性的社区公益发展理念和模式,公益微创投是社区公益创投的小型化、细微化。一方面可以借助项目化运作的优势,动员社会上的多元力量共同参与社区治理,克服"政府失灵"和"市场失灵"的弊端,满足居民多样化的需求;另一方面,展现微治理的灵活性,公益微创投支持的项目规模更小、参与人数更少、所需时间更短、经费额度更小、与居民生活需求更紧密、操作程序更简化灵活,且项目大多切口小、立意新,与居民生活息息相关。①

通过公益微创投的方式,基层社区形成了许多不同领域的微项目,在项目运作的过程中形成的微社团、社区社会组织通过承担政府职能,向居民提供各项针对性的服务。一方面,社会微组织通过这种形式参与了公共事务管理,另一方面扶助了弱势社群,满足了社区居民的需求。

早在2014年,为鼓励、支持社会组织参与社会管理和公共服务,推进社会公益事业的专业化发展,平湖市委社工办、市民政局就开始了公益创投活动的探索,由平湖市政府出台相关政策、搭建相应平台,面向相关基层社区和社会各界广泛征集公益服务项目,并委托平湖市社会组织培育发展中心具体负责活动的实施,优先培育和发展公益类、社区服务类和慈善类基层社会组织,充分发挥和运用企业、社会组织的优势作用,共同促进社会和谐与科学发展。

通过实施公开申报、上下联动、部门协作、社会参与等措施,平湖市充分发挥公益微创投在全市公益服务领域创新创业创优的制度平台作用,全力打造一批优质公益项目,培育一批专业社会组织和公益领军人才,满足民生需求,助推社会创新,推动全民公益,为建立与全市经济社会发展相适应的社会组织发展体系作出积极贡献。通过项目化运作,不仅涌现出一批

① 谢正富.微公益创投:社区微治理资源整合模式创新[J].云南行政学院学报,2019,21(05):130-136.

贴合群众需求、服务内容丰富、服务形式多样的优质公益服务项目,而且带动了社会力量广泛参与到社会服务、社区治理工作中来。

隶属于当湖街道梅兰苑社区的凝翠嘉苑、吉祥、曹杨小区是农村拆迁小区,部分居民在心理上还未完成身份转换过程,受长期以来的生活习惯影响,乱摆设摊点、乱停放车辆、乱扔弃垃圾、乱张贴广告、乱占用公地“五乱行为”多,社区的物业管理、环境整治和社区治理难度大,是困扰社区和居民多时的棘手问题。且社区位于街道商贸区,外来务工人员多,街摊小贩云集,辖区内房屋频繁出租买卖,人口流动性强,原本的农拆小区“熟人社会”逐步转化为“陌生人社会”,居民之间疏离感和淡漠感越来越浓,社会资本不断减少,社区治理基础持续消解,这进一步加大了社区治理的难度。

为优化社区居住环境,重构社区社会资本,动员居民参与社区治理事务,梅兰苑社区启动了“楼道微自治,和谐 e 家亲”城市基层治理项目,其核心是依托党组织“纵向到底、横向到边”的优势,以“楼道治理”为载体,建构一支年轻新型党员楼道长队伍,以统筹多元治理资源和多向公共利益诉求,带动多元治理主体参与,开展多样化治理行为。2018 年 9 月,梅兰苑社区选定凝翠嘉苑小区为试点小区,并在该小区试点基础上,于 2019 年 5 月全面推广至社区下辖其他小区。

构建一支党员队伍,带动居民自治管理。在项目建设过程中,梅兰苑小区构建了“一核多元”的社区治理体系,以社区党委为核心,建立“社区党委—楼道党支部—楼道党员”三级管理模式,领导和统筹社区内其他治理主体。在三级党建管理体系基础上,通过在职党员报到、楼道党员摸底,发动年轻居民加入,构建成一支党员为主、年龄结构合理、文化层次较高的楼道长队伍。同时创建二级沟通微信平台,由社区组建楼道长交流平台,再由楼道长在楼道中组建微信群,实现上下联动,使党组织、党员和楼道居民群众凝聚成一个有机整体,提升社区党建工作的覆盖面和影响力。

创建一批特色楼道,让党徽在楼道闪耀。为创新社区治理,梅兰苑社区积极发挥党员先锋模范作用,形成自下而上的“微治理”。一是以美化楼道环境为起点,充分整合资源,发动党员干部逐一清理楼道乱堆放,对楼道墙面统一粉刷、楼梯给予油漆见新。二是以特色文化楼道为基地。创建党建楼道、平安楼道、垃圾分类楼道,将单调枯燥的楼道变为党员群众学习的阵地、撒播文明的窗口。三是以居民自治为目标。依托业主委员会、红色物业、楼道党员,引导居民对楼道环境卫生、车辆有序停放、矛盾纠纷调解等自我管理、自我约束、自我发展。

开展一次每月评比,营造争先创优意识。为了进一步优化居住环境,营造争先创优的良好氛围,梅兰苑社区每月安排由楼道长、在职党员、物业人员、业委会人员等组成的检查组,对各楼道进行检查,主要针对扶手灰尘、楼道檐尘、雨棚板垃圾、乱堆放、乱停车、乱涂写、乱张贴、乱搭建、乱拉线等进行检查评比,根据评比结果设置先进楼道、后进楼道,对先进楼道悬挂流动红旗,并在小区宣传栏、"e 家亲楼道长群"、梅兰苑社区微信公众号公示。通过评比、宣传、整改来进一步提升居民自治意识,提升社区治理水平。

制定一套考核机制,提升红色物业水平。为了提升物业的专业化管理水平,梅兰苑社区出台了《梅兰苑社区物业管理工作常态化督查考核办法》,对各小区物业工作进行每周一次督查、每季度一次考评、每季度一期督查通报,对督办物业的问题实行销号制管理。同时还联合业主委员会定期定点召开红色物业协商会议,研究小区治理的难点、痛点、堵点。通过督查、督办、考核,来进一步提升红色物业管理和服务水平。

通过这一系列的创新举措,梅兰苑社区"楼道微自治,和谐 e 家亲"微治理项目取得了显著的成效,大大提升了社区治理水平和服务居民的能力,使居民生活品质得到提升,进一步整合了党建资源,让党徽闪耀在楼道。

2022 年,梅兰苑社区在前期建设基础上,立足实际,瞄准长远,继续创新优秀举措,将"楼道微自治,和谐 e 家亲"项目从 1.0 版本全面升级到 2.0 版本。在新一轮项目建设中,梅兰苑社区着眼于社区精细化治理,进一步激发居民自治意识。首先搭建互动平台,织密社区关系网络,将原来的"4112 楼道微自治工作法"升级至"5113 楼道微自治工作法",即每个楼道民主选举 1 位楼道长 ,每年表彰一批优秀楼道长、示范楼道,每年举办一次梅兰苑社区和谐 e 家亲欢乐友邻节,每年举办一届以楼道为单位参与的梅兰苑社区五子棋联赛,成立一个社区楼道微自治联盟,建立一个三级即时沟通微信群平台,通过各个互动交流平台的建立切实推动社区共建共治共享。

其次凝聚群众力量,疏通治理毛细血管,推动扩面提质,在下辖的6个小区、5个网格、449个楼道全面实施楼道微自治项目。同时,由社区党委牵头,联动全体楼道长成立梅兰苑社区楼道微自治联盟,并经民主选举产生楼道微自治联盟委员会,承担项目的实施。通过楼道微自治联盟委员会作用的发挥,推动项目的可持续发展,赋予该项目自我管理、自我发展的能力、动力,真正实现居民自治。

再次创新自治项目,激活治理末梢神经。为做好环境整治,推进社区治理精细化,依托楼道微自治项目平台,通过楼道长、党员等的宣传发动,在凝翠嘉苑小区率先成立"绿啄木鸟"护绿志愿服务队,并将小区内的绿地进行划分,由"绿啄木鸟"进行认领,负责绿地里的环境卫生和周边居民的文明创建宣传工作。通过"绿啄木鸟"的带动,卫生死角等诸多文明创建难题得到破解,居民自治的积极性也被全面激发。目前绿啄木鸟队伍人数已增至百人,社区治理力量进一步壮大。

梅兰苑社区"楼道微自治,和谐e家亲"城市基层治理项目让以楼组为单元的社区治理更趋精细化,也进一步激发了居民的"大家"意识、"自治"意识,实现了社区治理和居民自治的良性互动。

二、"微治理"创新项目

为进一步激发社会治理活力,创新性解决社区治理问题,培育更多参与治理的社会力量及品牌项目,平湖市民政局于2020年5月决定开展平湖市首届社区"微治理"创新项目征集大赛,大赛以"新邻里·新家园"为主题,以社区需求为导向,面向全市征集治理创新项目优秀方案,涵盖社区治理、心理服务、矛盾化解、志愿服务、文明创建、垃圾分类、儿童教育、红色党建等主题,针对社区身边共同关注的共性需求、社区治理的焦点与难点等问题,提出创新性的解决思路和方案,以激发社区社会组织及社区居民的内生动力,促进社区自治组织、居民参与家园共治。

平湖市首届"微治理"创新项目大赛通过整合村(居)基层组织、辖区企事业单位、社区社会组织、公益达人、义工骨干等力量,成功挖掘培育了"微网格+周末卫生打卡共建美好家园""金大哥工作室""老族长家园微治理"等8个精品创新项目,探索了平湖市"新乡邻"社区治理新模式,优化了平湖市社区治理体系,凝聚各方合力,形成多元主体共治、不断创新的农村社区工作氛围,让治理成果能够惠及基层,让居民能够自己触摸、创造并享受到治理所带来的美好愿景。

在平湖市,有相当一部分农村面临着青壮年人口的不断流失,村庄人口结构发生重大转变,进入深度老龄化阶段的问题。在老龄化和乡村振兴的双重背景之下,如何调动农村的内生资源,提升农村养老服务质效,提高农村老年人口的获得感、满足感和幸福感是摆在平湖市农村发展的重要问题。

尽管多年来政府一直倡导建立多元农村养老服务供给体系,但是至今多元主体参与养老服务供给的局面仅在少部分地区取得较好成效,大多数地区未能顺利推广,出现了多元参与"多元失灵"的局面。[①] 在人口老龄化持续加深的历史性背景下,我国农村地区因缺乏人力、物力和财力,难以建立起城市里规范和专业的养老服务体系,如何满足村民的养老需求,农村互助式养老成了一条重要选择路径。农村互助养老的本质是"后乡土社会"村民依靠自身力量探索解决自身养老困境的一种新模式,就实践来看它也是低成本解决农村养老问题的重要途径,在各地发挥了积极作用。[②]

广陈镇泗泾村是一个传统乡村,以发展传统农业为主线,属于纯自然村落构建的建制村,全村共有2382人,667户人家,大部分壮年村民平日里都外出工作,村内留守的老人数量比较多,60岁以上占40%,80岁以上高龄、独居、空巢老人约计116名,占总人口数量的6%,从人口结构上来看,泗泾村已经进入了深度老龄化阶段。村庄"空心化"的背景下,泗泾村

① 王浩林,程皎皎.人口"空心化"与农村养老服务多元供给困境研究[J].河海大学学报(哲学社会科学版),2018,20(01):17-24,89-90.

② 纪春艳.新型城镇化视角下农村互助养老模式的发展困境及优化策略[J].农村经济,2018(01):90-96.

农村居民的生活方式、工作方式、社区文化等都发生了深刻改变,传统的家庭养老模式在一部分家庭难以为继。在平湖市推动乡村振兴战略和创建全国农村社区治理实验区的契机下,平湖市内的乡村社会迎来了重要的转机。泗泾村抓住微治理创新项目方案征集活动,以活动吸纳为抓手,以挖掘能人为突破口,建立"金大哥工作室"志愿服务队伍,推动农村自助养老服务的开展,并在这一基础上,带动村民参与村庄事务治理,以养老促和谐,以活动促自治。

泗泾村首先是激励和动员村庄能人金继雄,金继雄古道热肠,乐于助人,在村庄中具有良好声誉,在村庄公共生活中也具有一定的影响力和号召力。如果以村庄能人带头发起并组织村庄公共事务,那么凭借其号召力与代表性,在调动村庄资源,获取村民认可和信任等方面都具有较大的优势。为更好地在泗泾村开展便民服务活动,以村内志愿骨干能人金继雄为核心,成立"金大哥工作室",让全村 60 岁以上的老人老有所依、老有所乐、老有所享,绘就 60 岁以上乡亲们的"幸福底色",让乡亲们产生暖暖的幸福感和获得感。

组建"微"团队。志愿者就是该项目的第一资源,金大哥通过自身影响力和感染力,将志愿者资源拓展到村干部、党员、微网格长、村小组长、教师、理发师、企业老板、同学、战友、家人、专职社工、热心公益的社会爱心人士等,团队成员骨干在本村进行挖掘,同时联合村退伍老兵服务社、俏阿姨文艺队、广陈爱之家公益坊等社会组织资源,打造具有本村特色的"微"团队——"追梦农开,为爱启航",为老年人提供更优质的服务。通过团队的功能,打造出家政队、党员队、巡访队等,带动更多群众参与。

开展"微"服务。以村里老人的需求为出发点,工作室面向泗泾村 60 岁以上老人(尤其是 80 岁以上高龄的、独居、空巢老人)进行"微"服务,一方面在泗泾村每一小组内开展磨剪刀、配钥匙、量血压、理发、缝补衣物等公益便民服务;另一方面为老年人开展邻里爱心活动,如生日会、看电影等,提高老年人生活质量,丰富老年人精神生活。

形成"微"动力。依托工作室,通过议事协商,建立有效的团队服务机制,并形成良好的团队服务形式,将服务和宣传常态化。项目还邀请社工及专业人士为团队成员开展服务培训,提升志愿者的服务意识及服务能力,真正发挥出团队的"微"动力。

"金大哥工作室"的成立,整合了多方力量与资源,着力打造了一支"微自治"志愿服务队伍,形成服务常态化、群众化,通过开展"微"议事、"微"调解、"微"服务等项目服务,进一步发挥了社区社会组织的作用,有利于助推基层党建和社会治理发展,促进邻里和睦,实现为老服务"零距离",为泗泾村精神文明建设添砖增瓦。

该项目为泗泾村的老人们提供家门口式的公益便民活动,提高老年人生活质量,丰富老年人精神生活。集中多方村民的力量,共建"微自治",打造属于泗泾村的"微自治"优质示范志愿服务队伍。

以梅兰苑社区城市基层治理项目和金大哥工作室为代表的典型案例,表明项目化运作是引导社区社会组织参与社区治理的重要途径。通过承担项目,一些社区社会组织在这一过程中孵化培育并健康发展,在项目运行实施过程中得到了锻炼,积累了经验,提升了能力,并且能够进一步激发自身参与社区治理的热情。更进一步的是,通过项目制运作培育组织骨干,引导组织开展活动,还对社区居民产生了正向影响,更多居民主动参与进社区事务之中。由此,社区、社会组织、居民之间的互动关系得到增强,社区公共服务提供更加优质和高效,社区治理水平也得到不断提升。

第四节　微品牌塑造:助力区域形象传播

品牌这一概念,过往常常出现在管理学和市场营销等领域,是作为质量的标志或者其他用途,来证明产品的所有权,其本质内涵是用来证明和区别品质的概念。塑造品牌其实就是运用现代管理学的思维,对某一类或者某一系列产品的认知标准化和宣传标准化,扩大其社会影响力。

在传统的社区建设和社区治理过程中，社区行政化色彩较为浓厚，从事工作较为单一，因此主动发现居民需求的积极性偏低，缺乏对社区整体发展的长远规划统筹，长此以往，将使得社区治理偏离发展轨道。

打造社区微品牌就是市场经济领域中的品牌在社区治理工作的“移植”，其并不是将市场营销中的品牌打造简单移植进社区治理工作，实质在于借用品牌管理的理念和培育手段，通过引入、孵化、培育社会组织和采取项目化运作的方式，发掘社区特有资源，形成社区特色文化，创建社区治理新模式。注重的是品牌效应与公众认可，通过将本地特色打造成社区品牌，并在这一过程中建立和完善社区治理机制。社区微品牌塑造的根本目的在于以品牌建设推动社区精准治理、特色发展，明确社区的发展方向，充分展现社区的特色，扩大社区的影响力、辐射力和美誉度，改善社区的软、硬件，精准提供居民服务，增强居民对社区的认同感和凝聚力，通过社区营造的方式来提高居民生活品质和优化社区治理。

社区营造是指居住在同一地理范围内的居民，持续以集体的行动来处理其共同面对的社区生活议题，解决问题同时也创造共同的生活福祉，逐渐地在居民之间以及居民与生活环境之间建立起紧密的社会联系。[①] 近年来，平湖市精准把握“全国农村社区治理实验区”和“浙江省城乡社区治理和服务创新实验区”建设契机，借鉴“社区营造”理论，以“提升优化城乡社区治理、打造美好生活共同体”为目标，从社区生活出发，集合各种社会力量与资源，通过社区中人的动员和行动，建设起了数个具有浓厚平湖气息的社区治理品牌。

通过数年的探索实践，平湖市大力挖掘出本地的“无讼”文化、“邻”文化等优秀传统文化，并将其寓于“三治”之中，逐步形成了具有平湖特色和标识度的息事“无讼”农村社会治理、“友邻善治”社区治理、“五微五连心”微网格治理等基层治理的平湖模式，实现了资源在基层整合、服务在基层拓展、问题在基层解决、民心在基层凝聚。相关经验做法在《中国民政》《中国社

① 吴海红，郭圣莉．从社区建设到社区营造：十八大以来社区治理创新的制度逻辑和话语变迁［J］．深圳大学学报（人文社会科学版），2018，35(02)：107－115．

区》《乡镇论坛》《中国社会报》等知名期刊报纸上刊登,并取得强烈反响,为县级市打造社区治理共同体,开展社区营造活动提供借鉴经验。

一、“息事无讼”夯实“三治融合”之基

在传统乡村社会中,规范人们生活的是礼治秩序,维持这一礼治秩序的重要手段是教化。由富有威望的长老或者乡绅,对逾出礼治秩序的人加以教化[①],形成乡土社会中的“无讼”状态。但随着乡村社会的经济变革与政治变革,民众的思想观念也逐渐发生转变,礼治秩序已难以维持乡村社会的运转。特别是在改革开放以后,许多乡村民间调节系统未能顺利生成或者运行,且农村民事纠纷也日益复杂,乡土社会中的诉讼屡见不鲜,“无讼”逐渐成为历史状态。

面对转型期基层社会治理困难现状,平湖以先贤陆稼书“息事无讼”文化为工作理念和导向,弘扬“平和报本”精神特质,将矛盾纠纷预防和化解的关口前移,打造“无讼村(社区)”,探索“三治融合”实践样本,创设了“调解优先、诉讼断后”制度体系,打造了“息事无讼”的基层社会治理品牌。

(一)深挖“无讼”文化底蕴,精准对接“三治”理念

平湖市组织召开“无讼”文化研讨会,从民间与官方两个视角挖掘“协商共治”理念,探究“无讼”文化自治融合点,引导村民自治协商解决矛盾纠纷,自觉主动参与社区治理。传承“调和息讼”法治文化。将“无讼”文化与司法办案相融合,充分汲取“息事无讼”法治智慧,深入挖掘“调和息讼”调解精髓,与以矛盾纠纷化解见长的“枫桥经验”相结合,加强诉前调解、诉讼调解,使村民不轻易言讼争讼,实现“不判而和”。

积极推进“无讼源”项目建设,挖掘无讼中的“尚和”“厌讼”理念,以诉讼双方既有情感为纽带,弘扬仁义孝德力量,唤起当事人之间的伦理亲情,融入思想教育、榜样示范、舆论引导等方式,有效降低矛盾对抗度和负面性,营造崇德向善、厉行法治的浓厚氛围。

---

① 费孝通.乡土中国 生育制度 乡土重建[M].北京:商务印书馆,2011.

(二)建强"无讼"组织底架,全面融入"三治"平台

在镇(街道),成立"息事无讼"品牌工作室,村(社区)设立"息事无讼"工作站,培养一支勤排查、善调解的"无讼"梯队,建立分片包干、值班备勤、走访排查等制度,介入矛盾线索排摸,就地解除纠纷隐患。同时遴选"无讼"专家团,发挥村庄"五老"余热,开展"无讼"理念宣传、村居事务评议、矛盾纠纷调处等工作。选配"无讼"后援团,引入平湖市、镇街道机关部门事业单位工作人员和法官、村(社区)法律顾问组成"无讼"法律咨询团,为交通事故、经济纠纷等调解提供法律咨询及建议。

(三)做亮"无讼"示范底色,着力打造"三治"样板

试点开展"无讼村(社区)"创建工作,同时启动"三治融合"示范点建设,通过走访调研、问卷调查、村民讨论、征求意见等方式,对现行村规民约、社区公约"两约"进行修订完善,实现"一村一特色,一村一品牌"。联合市文化馆、镇文化站老艺术家,完成童谣《息讼歌》、三句半《无讼就是传家宝》、音乐快板《无讼村风代代传》以及调解情景剧《一排水杉树》等文艺作品,提升"无讼"创建知晓率,扩大"无讼"内容影响力。在全市打造30个"无讼"文化展示阵地,提高百姓对"无讼"创建的参与率,努力实现"无讼"镇、村(社区)示范创建全覆盖。

(四)重绘"无讼"工作底图,聚力探索"三治"路径

依托村居协商共治"百姓评议台",总结提炼一套"提、议、调、督、评"五步工作法,纵深拓展"发现问题—协商讨论—调解介入—监督指导—评议评价"五条路径。"提"即由村民自发提出诉求,或由"无讼"员、"无讼"志愿者、村社区网格员主动排查发现,将信息收集上报"无讼站"统一处理;"议"是对收集信息进行归类分流,简单案件直接调处,疑难复杂案件"评议台"协商讨论处理;"调"即由"无讼员"和"无讼"志愿者及时介入矛盾纠纷,同时引入服务团对村居事务处理提供指导协助;"督"是对问题处理过程进行全程监督,在政策、法律法规等方面给予调解员和村(社区)工作人员指导;"评"是由"评议台"对案件处理过程和结果进行总结评价,对尚未妥当解决的案件进行复议并提出处理方案。

平湖市通过塑造“息事无讼”这一品牌，从乡村社会的法治建设入手，坚持系统治理，带动自治与德治发展，实现矛盾纠纷的全过程化解，构建起乡村社会的规范体系，推动乡村走向善治。

二、“友邻善治”驱动“三治融合”之力

面对城镇化进程中城市社区普遍出现的“邻里疏冷”问题，平湖市坚持以党建引领，围绕“与邻为善、以邻为伴”的建设理念，以整合和重构传统邻里关系，增强居民自治活力作为治理创新的实验主题，实施“三网六事”工作法，深入推动了社区治理与服务从“刚性治理”到“刚柔并济”、社区邻里从“淡漠疏离”到“守望互助”的转变，真正链接和激活存量资源，深化了社区、社会组织、社工之间的合作联动，提高了居民组织化程度，提升了基层自治能力，打造了“友邻善治”的实践样本。

（一）构建“三级友邻”立体网络，夯实治理“共同体”

串点成线，搭建三级网络。平湖市累计投资 300 万元建立 1500 平方米的配套齐全、制度完善的友邻中心 1 个、友邻站 27 个、友邻点 250 个，从组织架构上设置了“友邻中心—友邻站—友邻点”的纵向结构。聘请专业社会组织负责具体运作友邻网络，将“友邻中心、友邻站、友邻点”以各类服务、活动等形式串联起来，形成了以友邻中心为中枢、友邻站为关节、友邻点为触角的“三级友邻”网络运行机制。

连线成面，发挥“432”功能。以友邻中心为主体，社区友邻站为基础，小区友邻点为延伸，实现纵向网络的联动。友邻中心承担着枢纽作用，具有邻里培育孵化、统筹协调、信息整合、能力建设四大功能；友邻站承担着衔接协调职能，具有邻里信息收集、服务支持、自治服务三大功能；友邻点承担着具体实践的职能，具有邻里使者挖掘、互动交流两大功能。

组面成体，推行“三网六事法”。在友邻点实行“自主提事”，提交友邻站议事厅进行“民主议事”，需要多方联动的由社区党组织牵头邀请各类人员进行“约请参事”，然后再在友邻中心的指导下“项目定事”，以专业化、规范化社区项目运作，整合社区资源、充分激发社区自治活力，再是由专业机构进行“专业评事”，评审及督导所有项目开展，友邻中心“按需推

事”,选取一批优秀项目及其中的自治共治工作方案进行总结推广。

(二)探索“四轮驱动”支撑体系,激活治理“内生力”

建立友邻发展学院,激活服务队伍“智能库”。平湖市通过成立“友邻发展学院”,与多所高校实现深入合作,邀请行业专家、教授、同仁前来授课交流,重点培养村社干部“精英人才”和社区社会组织及居民骨干,将友邻发展学院建成街道乃至全市村(社区)干部、友邻使者、社会组织满足自我、展示自我、实现自我的平台。

探索“友邻基金”机制,铸就服务项目“资源链”。在社区共建结对资金基础上,平湖市将政府支持、社会捐助等资金整合起来,设立社区友邻基金,以分类(基本服务类、重点聚焦类及创新服务类)分步(立项申报、预审优化、答辩评审、确定星级)的形式助推项目的实施,有效激发了社区服务项目化、实体化运作积极性,重点扶持、挖掘、带动了一批社区自治项目品牌,解决了居民的迫切需求和社区治理困境。

打造“友邻力量”队伍,储蓄服务供给“能量源”。建设友邻使者联盟和友邻使者名册,推行友邻使者行为守则和志愿奖励积分制,引入党员志愿者和乡贤能人加入。组建“友邻组织”体系,培育壮大社区社会组织,引导居民担任社区社会组织负责人,与社区建立“四联”合作发展模式。如南市社区社会组织联合会、洁芳社区七彩社工服务中心等围绕社区文化、邻里互助等开展服务。

营造“友邻文化”氛围,建设睦邻友好“生态圈”。邻里文化是社区文化的核心,为此平湖市积极推行“邻里公约”,举办友邻节、邻里互助与社区发展论坛、开展共建协商等活动,更好地发挥新型邻里互助功能。如白马堰社区围绕不同主题定期开展邻居节活动,目前已连续开展九届。

(三)搭建“三位一体”推广体系,打造平湖“新样本”

创建标准体系,推行“可供借鉴”的经验。平湖市建立嘉兴市首个社区治理地方标准《友邻善治社区治理和服务规范》,对友邻站点功能、运作机制标准化内容概括提炼并形成量化标准,召开平湖市城乡社区三级友邻体系建设推进现场会,总结三级友邻网络经验,延伸友邻善治理念,展示创建成果，将友邻网络体系辐射到全市范围。

总结创建成果，提炼“友邻善治”的品牌。在创建过程中，平湖市以友邻自治搭建骨架，友邻法治、友邻德治补充内容，围绕需求导向，贯彻执行“友邻善治”理念，真正链接和激活了全市存量资源，提高居民组织化程度，提升基层自治能力，潜移默化中体现了“友邻善治”的平湖特色。

畅通运行机制，生成“更接地气”的项目。形成由友邻点产生项目灵感、友邻站形成项目雏形、友邻中心孵化完善项目的自下而上的项目形成体系，推进友邻项目建设。例如，通过打造“15 分钟”友邻便民服务圈，为社区居民提供智慧生活服务、专业社工服务、养老助残服务等。开展社区小微治理项目，如百花社区友邻站“阳台微景观”项目、凤凰社区“民族一家亲”多民族自治项目、水洞埭社区商圈圆桌项目等，有效提升了治理实效。

三、“五微五连心”提升“三治融合”之效

平湖市坚持以打造党建引领基层治理示范市为目标，充分借鉴微网格工作在疫情防控“两手硬、两战赢”中取得的经验成果，不断深化新时代“网格连心、组团服务”工作，以连心地图、连心标兵、连心服务、连心“议站”、连心比武“五个连心”为抓手，建立健全微网格工作机制，做深做实微网格治理单元，发布平湖市“五微五连心”微网格治理地方标准，推动形成了一套富有实效的微网格基层治理新模式。

（一）构筑“连心地图”，让微循环更有精度

平湖市按照区域性、整体性、适度性原则，结合农村、城市、工业园区、商圈市场等不同区域特点，对平湖市 457 个地理信息网格进行再细分再优化，科学划分 1.3 万余个微网格，实行地理信息统一编码，构建“镇（街道）—村（社区）—网格—微网格—户”的五级治理体系。

同时根据微网格区域内经济社会发展实际和群众需求，平湖市探索运用地理信息技术，绘制《党员联户图》《产业发展图》《服务阵地图》等连心地图，将企业、群众、基层的情况和需求，形象化、精准化定位在连心地图上，实行动态更新、分类管理、精准连接，让连心地图成为基层治理的导航图。

(二)培育“连心标兵”,让微领袖更有力度

平湖市向基层治理最前沿汇聚工作力量,发挥不同群体群众凝聚力强、专业素质高的优势,发动一批优秀村(居)民小组长、党员骨干、新居民代表、驻企指导员、企业主、企业骨干等主动担任微网格长。落实在职在编党员“一编三定”模式,组织7200多名在职在编党员到村社区报到和担任微网格长。如新埭镇发动273名机关干部到村社区担任微网格长,实现全员覆盖,真正做到每个微网格都由机关干部任岗定责。

根据城乡、企业等不同微网格实际,实行AB岗式配备微网格长,采取“就近、就便、就亲、就熟”的方式,每名微网格长联系10~50户农户(居民户)或1~5家企业,真正做到让每寸土地都有党员精细管理,每户人家都有党员贴心服务,切实把微网格长打造成为密切联系群众、真心服务基层的“连心标兵”。

(三)打造“连心议站”,让微清单更有温度

平湖市深化党员联系服务群众“联、访、办、评、爱”五项机制,探索建立微网格长服务清单,重点做好连心结对、连心代办、连心敲门等特色连心服务。微网格长履行宣传员、信息员、服务员职责做好政策法律宣传、社情民意收集、邻里守望互助等服务,对所辖微网格内情况做到底数清、情况明。

注重广泛发动社会力量,组建民情帮帮团、法律帮帮团、科技帮帮团等专业服务团队,如钟埭街道钟埭村组建由退伍军人组成的“破难尖刀连”,有效破解全域环境整治、农村垃圾分类等25个难题。

(四)优化“连心服务”,让微项目更有深度

平湖市充分发挥微网格深入基层、直面群众的独特优势,累计在平湖市微网格建立连心“议站”331个,与党群服务中心、党员先锋站形成村社区、网格、微网格三级连心阵地网络。定期召开议事会,健全完善民情民意“收集—研判—交办—办理—跟踪—反馈”闭环管理机制,帮助解决群众反映的具体困难和问题,不能解决的,及时上报专职网格员、网格长协助解决,切实把连心“议站”打造成为访民情的“小客厅”和解民忧的“第一站”。

坚持网上网下同步运作,平湖市通过整合“微嘉园”“我为乡亲跑跑腿”

“智慧红巢”等信息化移动服务平台,即时收集社情民意、解决民生诉求、提供便民服务,精准精细服务居民群众。截至2021年,平湖市已有7000多名在职党员、社工完成“微嘉园”“云报到”,认领志愿服务岗位1340多个。

(五)激发“连心比武”,让微组织更有厚度

平湖市注重示范引领、榜样带路,根据微网格长专业、服务群体等不同特点,设置“一线比武”“上台比武”“组团比武”等模式,定期举办微网格长“连心大比武”,如2020年4月9日举办“我是微网格长,我在你身边”连心大比武活动,围绕具体问题,8名微网格长通过讲述微网格服务故事、微网格情况知晓问答、微网格服务情景问答等环节进行比拼,让服务方式和服务经验在比武中得到促进。

同时建立健全培养发展长效制度,以平时工作成效和比武选拔结果为依据,对表现突出、符合条件的微网格长进行重点培养;开展评优评先活动,选出一批“示范微网格”“最美微网格长”;出台激励关爱微网格长八项举措,加强微网格工作经费保障,同步建立定期培训制度,提升微网格长履职能力。

平湖市深化微网格建设,有效弥补了全科网格管理不够精准、信息不够灵敏、人员力量薄弱等问题,成功打通了服务群众“最后一米”的最前沿阵地和最灵敏触角,进一步完善了社区微自治体系和治理结构,实现了社区治理机制的创新,提高了社区治理水平。

为提升基层治理效能,平湖市积极探索创新社区治理模式,鼓励村(社区)挖掘本地文化和资源,树立品牌意识,通过品牌的塑造来调动社区和居民的主体性,提升“三治融合”的文化底蕴、系统支撑和运行实效,取得了良好的建设成果。

平湖市塑造社区微品牌的关键在于实现“平台—组织—项目—居民”的联动。首先是构建“邻网络”,打造社区平台,按照镇、村、网格基层治理层级,建立“友邻中心—友邻站—友邻点”的纵向“邻网络”空间,作为友邻体系支撑运行阵地,开展邻里培育孵化、信息整合、交流协调、参事议事等活动,掌握城乡社区内部社情动态和群众需求,强化社区与居民互动融合。

其次是培育“邻力量”积蓄社区能量,平湖市与多所高等院校联合打造“邻治理”实践基地,设立500万元社区友邻基金和公益创投基金,创立微领袖人才培养模式,挖掘培养社区中有影响力的领军人物和微领袖,对邻里志愿团队展开培训。依托各类社会组织孵化平台,以需求为导向培育增能社群组织,指导各村社成立社区社会组织联合会、邻坊中心等枢纽型支持型组织。

最后是开展“邻项目”凸显社区特色,充分利用社会组织培育发展基金会和社区发展基金会,吸引社会力量聚焦社区治理开展专业化服务。通过开展“微治理”创新项目大赛、“幸福自治家园”项目征集活动等,鼓励引导社群组织和居民领袖树立项目意识,激发自治创意。将“邻文化”作为“邻治理”精神内核,推行邻里公约、举办邻居节、开展邻里互助等活动,营造社区“邻文化”。

在“平台—组织—项目”的联动过程中,居民的社会自治活力被激发和调动起来,参与社区公共事务的积极性显著增强。社区公共空间得以利用,社区公共生活得以充实,居民间的情感纽带得以强化,居民的社区主体性也得到积极建构,反过来又对社区自治发挥塑造和促进作用,有力地推动了建设共建共治共享的社区治理体系的进程。

第六章

美美与共:迈向城乡共富的邻善之治

社区善治,既要着眼现在,更要面向未来。未来建设一个什么样的社区?怎样打造一个更加美好的社区?平湖市应该如何在发挥自身特色的基础上建设未来社区?这是所有平湖人正在面对的共同命题。平湖市以“邻治理”为载体,将继续秉承“居民至上”这一根本理念,坚持空间打造多样化,优化提升邻印象。同时以“邻”为主线,将“邻治理”嵌入到未来社区的几大场景中,从而打造有归属感、舒适感和未来感的新型城乡社区。

第一节　未来社区新视野

一、未来社区的政策沿革

为了满足人们对于美好生活的向往和追寻,浙江省在2019年政府工作报告中首次提出“未来社区”这一概念,并出台了《浙江省未来社区建设试点工作方案》,该方案明确了未来社区建设试点目标定位、任务要求、措施保障,为下一步全面开展未来社区建设试点指明了方向。

2022年4月28日,浙江省委领导在宁波调研城乡现代社区建设时指出,“社区是我们未来美好生活的家园,是各级党委政府组织的神经末梢,要坚持党建统领,突出便民、利民、安民,以未来社区建设为抓手,聚焦‘一老一小’等重点群体需求,凝聚各方力量,形成强大合力,探索基层公共服务新模式,持续提升治理能力,打造紧密的社区共同体,不断实现人民对美好生活的向往”。

实际上,浙江省未来社区的谋篇布局从2018年就已经开始。2018年10月17日,浙江省领导对《我省推进未来社区建设的思考和建议》一文作出重要批示,开始对浙江省未来社区建设进行谋划。2018年12月7日,省领导在省政府第14次常务会议中指出,要持续打好高质量发展组合拳,持续打造新时代浙江“金名片”,进一步把经济转型和未来社区、数字浙江建设、有机更新等大文章做细做实做好。

2019年2月20日,省领导在未来社区专题汇报会中指出,未来社区要作为我省“两高”现代化平台打造,要以人为核心,以“高品质生活”为主轴,推动“人的全面发展和社会全面进步”。

未来社区在浙江省主要领导干部的重视下迅速得到推进。自2019年起,浙江省连续4年将“未来社区” 写入《政府工作报告》,并出台一系列政策文件对未来社区的建设进行规划。

《2019年浙江省政府工作报告》指出,“扎实推进大湾区建设。谋划推进未来社区等标志性项目,提高杭州湾经济区能级”。这是“未来社区”首次写进《浙江省政府工作报告》。从2018年10月浙江省领导首次批示,到2019年浙江省政府工作报告,可以看出浙江省对于未来社区的重视程度。

《2020年浙江省政府工作报告》指出,“推进特色小镇和未来社区建设创新建设运营模式,加强城市有机更新和存量住房改造提升,深化‘三改一拆’,推动未来社区增点扩面,培育60个省级试点,改造500个城镇老旧小区,打造美好生活的新型城市功能单元”。2019年是浙江省建设未来社区的开局之年,1年间,出台了两份专项文件,开展首批24家未来社区试点。

2021年浙江省政府工作报告中肯定了未来社区试点取得的积极成效,并进一步定下了未来社区的发展规划,“加快城市有机更新,以未来社区理念统筹旧改新建,未来社区增点扩面到100个左右,改造提升老旧小区800个”。这是在政府工作报告中首次将城市更新和未来社区结合到一起,可见浙江省对于未来社区的认识更加明确,和老旧小区改造一道成为推进城市更新的重要方式。

2022年浙江省政府工作报告指出,2021年全省新增未来社区创建221个。接下来,要“深入推进城乡融合发展,扎实推进城市有机更新,深化‘千万工程’,强化城乡风貌整治提升,联动推进未来社区和未来乡村建设,加强历史文化村落保护,新建成50个城市风貌样板区、30个县域风貌样板区、40个未来社区、200个未来乡村”。“未来乡村”在政府工作报告中首次出现,这是浙江省在未来社区试点成功后,对城市更新的进一步探索。

2019年3月出台《关于印发浙江省未来社区建设试点工作方案的通知》,同年11月,省人民政府办公厅出台《关于高质量加快推进未来社区试点建设工作的意见》。2020年1月,浙江省发改委、浙江省文化和旅游厅联合出台《高质量打造未来社区公共文化空间的实施意见》,6月省发改委出台《浙江省未来社区试点建设管理办法(试行)》,8月出台《浙江省未来社区试点建设全过程工程咨询服务指南(试行)》,同月省发改委、省财政厅、浙江银保监局、人行杭州中心支行出台《关于进一步加强财政金融支持未来社区试点建设的意见》。

从主要领导的关注和政府工作报告的内容体现，到系列文件的出台，可以看到浙江省未来社区的建设在有规划地持续推进，并且已经取得了较大的进展，建成了一批试点，提炼了一些经验；也能看到浙江省在未来社区的规划上越来越清晰，配套政策越来越精准。在未来，浙江省定会打造未来社区建设和城市更新的全国样板，为其他地区的社区建设提供思路和经验。

二、理论视野中的“未来社区”

未来社区已经在浙江省进行了三年的实践，取得了较为突出的建设成效，并且开始在其他省份推广，但在学理层面，对未来社区的理论渊源和推进路径等相关问题还没有成系统的成果产出。从理论上对未来社区进行概念溯源，关注未来社区的理论渊源和演进逻辑，了解国内外最新的研究动向，对于深入推进未来社区建设、探索未来社区发展新路径具有重要意义。

20 世纪末以来，经济的发展带来城乡社会的快速变迁，社会各界逐渐开始探讨未来社区。从未来社区概念的演进来看，可以认为未来社区是在低碳社区和智慧社区的基础上，通过视角的全面化而得来的一个概念。低碳社区，是在人们意识到能源危机之后，基于低碳经济理念所提出的强调环保和生态的社区发展新取向[①]。随着互联网的快速发展，各种新兴技术逐渐运用到城市和社区治理当中，基于智慧城市和互联网的智慧社区概念应运而生。智慧社区希望通过技术手段，降低社区治理成本，实现数字化的社区治理新模式[②]。

无论是低碳社区，还是智慧社区，都只是注重社区发展中的一个方面，低碳社区从能源、生态的视角切入，智慧社区从技术、信息的视角切入。这是 20 世纪晚期对于未来社区规划视角上的单一性决定的。

---

① 张清，贺湘硕，高然. 低碳城市发展研究：基于保定实证分析[M]. 北京：知识产权出版社，2016 年.

② 李春友，古家军. 国外智慧城市研究综述[J]. 软件产业与工程，2014(03)：50－56.

进入新世纪,学界开始重视对未来社区的研究。与低碳社区和智慧社区的单一视角不同,未来社区从综合的视角,为社区发展开辟了涉及教育、交通、医疗等社区生活各个方面的综合推进思路。2019 年 3 月 20 日,浙江省政府印发《浙江省未来社区建设试点工作方案》,率先推出中国版的未来社区综合建设模式。从低碳社区、智慧社区到未来社区,不仅是技术、资源等方面的进步,更是社区发展理念和视角的全面成熟和发展①。

随着浙江省未来社区建设的不断深入,近年来国内学界对于未来社区的研究成果在不断涌现。综合来看,当前国内对于未来社区的研究内容和研究思路主要集中在以下两个方面:一是从单一领域研究未来社区的发展前景,如健康场景下的空间模型建构②、未来社区的法律规制③等;二是从综合视角研究未来社区的发展前景、面临问题和推进路径等理论问题,或探讨未来社区的内在张力和理论根据,或以某一案例为切入,研究未来社区建设的不同模式④⑤。

综合来看,国内对未来社区的研究在近几年取得了较大的进展,在理论探索、案例研究和经验总结上形成了一批水平较高的研究成果。随着浙江省未来社区建设的不断深入,对于未来社区的研究将更加全面,系统性的研究成果将不断涌现。

三、未来社区的浙江布局

(一)社区发展新定义

对于未来社区的发展规划,浙江省提出了“139”的顶层设计。具体而

---

① 田毅鹏.“未来社区”建设的几个理论问题[J].社会科学研究,2020(02):8-15.

② 王淑华,薛巾.基于未来社区健康场景下的疗愈景观空间模型构建[J].城市发展研究,2022,29(08):118-126.

③ 曾智洪,胡沛验.城市未来社区发展图景及其法律规制研究[J].法律适用,2022(07):60-69.

④ 姜玉峰.“未来社区”的文化科技创新模式 以浙江省实践为例[J].新美术,2020,41(05):115-119.

⑤ 罗素洁,李烽平.新型智慧城市视角下未来社区图书馆建设研究:以杭州市余杭区临平图书馆为例[J].图书馆工作与研究,2021(10):83-88.

言,首先,未来社区将紧紧围绕促进人的全面发展和社会进步,突出高品质生活主轴,把满足人民美好生活向往作为“一个中心”,打造群众生活满意的人民社区;其次,未来社区将人本化、生态化、数字化作为“三个维度”的价值坐标,以和睦共治、绿色集约、智慧共享为内涵特征;再次,未来社区将构建以未来邻里、教育、健康、创业、建筑、交通、低碳、服务和治理“九大场景创新”为重点的集成系统,夯实未来社区和睦共治、绿色集约、智慧共享的内涵实质。

(二)社区模式新特征

未来社区作为一种新的社区模式,具有以下几点特征。

第一,以人的需求为中心。打造未来社区,人的需求始终被放在最核心的位置,一切规划与设计都将围绕人的便利、人的健康、人的安全、人的尊严、人的幸福等进行考虑。一个社区是否真正具有“未来性”或让居住其中的人感到幸福,技术仅仅是手段,住房仅仅是载体,真正以人为本,把人的幸福与邻里间的关系、自然环境的质量密不可分的原则贯穿其中才是关键。

第二,生态建设与智慧建设是未来社区的两大驱动力。生态建设致力于人的健康与可持续发展,智慧建设则致力于人的便利、安全及服务等,两者结合有助于推动未来社区在整体形态、价值观念、生产方式、生活方式等方面实现全面重构,社区将更加感知自然、感知社会、善用资源与服务百姓。

第三,文化内核、主题特色是未来社区的标志。国内外的社区建设典范都有自身独特的文化内核或主题。例如,德国弗莱堡沃邦社区致力于打造儿童友好型的低小汽车使用社区;新加坡海军部社区则是专为长者建造融合型的老年社区。浙江省开展的未来社区试点就设置了九大场景 33 项约束性指标作为基本门槛,在达到基本门槛条件后鼓励突出主攻方向、强化文化价值、塑造独特理念、形成特色样板。

第四,共同缔造的建设路径。社区是人们生活的家园,需要政府、社会、居民形成合力进行共同缔造。未来社区的规划建设运营管理全过程都要求居民的主观能动性参与,社区企业、社区基金、社区论坛等多种形式应运而生。社会团体、高校等利益相关者的加入也很重要,多方协力使社区建设更加具有创造性和有效性。

(三)社区建设新原则

如何高质量实现未来社区的建设目标?《试点方案》明确了 4 个基本原则。一是以人为本,文化引领。坚持房子是用来住的、不是用来炒的定位,以人为核心,满足社区全人群美好生活向往,融合先进文化和前沿科技,引领高品质生活方式革新。二是政府引导,市场运作。坚持有为政府和有效市场并重,强化顶层设计、政策引导,充分调动市场主体、投资主体积极性,激发社会活力,探索形成产业联盟支撑的可持续未来社区建设模式。三是迭代创新,体系推进。鼓励大胆探索、迭代优化,坚持创新设计、适度留白,合理设置引导性与开放性指标。充分发挥政策创新牵引作用,系统推进民生改善、产业培育、投资拉动和管理转型。四是因地制宜,分类施策。结合城市实际情况,统筹考虑改造更新和规划新建两大类型,分类推进、精准施策,推动未来社区模式多样化、差异化、特色化,形成百舸争流、百花齐放的建设格局。

(四)社区布局新阶段

将来,城乡社区将继续以习近平新时代中国特色社会主义思想为指导,分 3 个阶段进行布局实施。一是加快启动阶段。优先考虑轨道等公共交通覆盖、地上地下空间开发潜力较大的区块,2019 年初,先行择优启动若干省级试点;到 2019 年底,培育建设省级试点 20 个左右,先行选择杭州等地建设未来社区规划展示馆,同步开通未来社区数字展示馆。二是增点扩面阶段。到 2021 年底,培育建设省级试点 100 个左右,建立未来社区建设运营的标准体系,形成可复制、可推广的经验做法,涌现一批未来社区典型范例。三是全面推广阶段。2022 年开始,全面复制推广,裂变效应显现,夯实未来城市发展基础,有力支撑大湾区、大花园、大通道、大都市区建设。

四、未来社区发展新价值

平湖市结合自身社区发展新优势,将邻空间治理与未来社区建设相结合,聚焦人本化、生态化、数字化三维价值坐标,以和睦共治、绿色集约、智慧共享为内涵特征,关注人的需求,以及人与人之间产生的紧密关系。今后,社区不仅要为居民提供更好的居所,更要创造美好的生活氛围与生活方式,逐渐从单一居住空间转向有温度、有服务、有交互的社群空间。

(一)秉承人本化:促进社区共融

第一,秉承以人为本核心理念。城乡社区治理既是政府、社区组织、居民及辖区单位、营利组织、非营利组织等社会主体共同提供社会公共产品的过程和机制,同时,城乡社区治理又是一个保障居民生活质量、提高居民满意度和幸福度、关乎居民切身利益的民生问题。因此,以人为本应贯穿于城乡发展脉络之中,应当成为未来社区治理的核心内涵。

以人为本的理念在中国古代和西方思想中有着坚实的哲学基础。无论是中国古代的"民为邦本,本固邦宁"的民本思想,还是西方古希腊时期普罗泰戈拉提出的"人是万物的尺度",都蕴含着朴素的以人为本的思想。

马克思、恩格斯经典作家在批判继承前人思想成果的基础上,依据唯物史观深刻揭示了人类存在的真实本质,对以人为本思想作了最根本的规定和最有力的说明。马克思创立的唯物史观,本质上就是以人为本的历史观和发展观。在唯物史观的科学体系中,人的发展是其理论的核心,人的自由和全面发展是历史发展进步的标志,只有从现实的人及其自主活动、实践出发,才能把握马克思主义的真谛。以人的发展为尺度考察社会的发展,是马克思主义的基本观点之一,人的全面发展是马克思主义者为之奋斗的崇高理想。所以,以人为本是马克思主义理论的本质要求①。

坚持以人为本需要遵循两个基本原则。一是要充分提升广大人民群众的积极性和主动性,保证人民群众在社会治理中的主体地位。未来社区的人本化需要为居民搭建参与平台,拓宽居民参与渠道,保障居民的知情权和参与权。要做到这些,需要从根本上改变社区和居民的相处模式,改善社区、社会、政府和居民之间的关系,让居民得到充分尊重,有意愿参与

---

① 刘明合.马克思主义"以人为本"的本体论意义[J].理论探讨,2006(04):57-60.

社区建设。二是未来社区建设需要从人民出发,以人民的根本利益为出发点和落脚点,树立人民至上的思想观念,为人民办实事、做好事、解难事。邻治理的实现离不开人这一主体,因此社区邻治理首要原则是以人为本,要充分发挥好“人”这一能动要素,将更多感知力都落在人的身上。

第二,追求共治共享价值目标。人本化不仅要求为人民服务,也鼓励人人参与。面对基层社会治理日新月异的变化、企业和群众对更高品质服务的追求,平湖在努力深化、打造网格化管理升级版,将组织触角延伸至街道基层治理的每一个角落的同时,也充分激发居民的积极性,成立各类网格小组和服务小组,让广大居民参与社区治理,激发共治共建共享的内生动力。

曹桥街道通过“镇街道—村社区—网格—微网格—户”的五级基层治理体系,将10个村社区38个地理信息网格划分成514个微网格,建立“五微五连心”微网格治理服务组织架构,实现从下到上和从上到下的管理循环。在队伍建设方面,曹桥街道依托微网格,从大处着眼,从小事着手,充分发挥微网格小而灵活、便于参与的特点,优先发展65周岁以下优秀党员、群众骨干等担任微网格长,让党员和群众都成为问题的发现者、解决者,逐步将美丽环境转换为美丽经济,打造“美好家园红色共同体”。曹桥街道建立的“五微五连心”微网格治理服务规范就是从根本上破解难题的关键一招,通过形成联动格局,让力量往一处汇聚,作用往一处发挥,实现以统一促统筹,以联动促共治。

(二)注重生态化:共建宜居家园

进入新时代,我国社会主要矛盾转化为人民日益增长的美好生活需要和不平衡不充分的发展之间的矛盾,人民群众对优美生态环境的需要已成为这一矛盾的重要方面,拥有天蓝、地绿、水净的美好家园是每个中国人的梦想。党的十九届五中全会坚持新发展理念,着眼推动高质量发展,突出强调推动绿色发展,促进人与自然和谐共生,为推进生态文明建设、共筑美丽中国注入强大动力。

伴随城镇化进程所带动的社区治理趋势的迅速推进,基层社区治理的生态目标逐渐清晰,“生态社区”成为国家践行生态文明建设的重要载体。社区生态在学术界经历了“社区治理—社区生态治理—社区生态协同治理”这一研究演变[①],可以发现社区生态治理逐步朝向多元主体协同治理的方向发展,协同治理正成为社区生态治理的新趋势。在实践中,城乡基层社区的生态建设和治理工作已经在一些地区试验展开,同党的十八大以后政府所极力倡导的社会管理创新的政策话语同步发展,并取得了明显成效。

实现自然人文有机融合。在生态文明建设发展理念指引下,农村生态社区首先要强调“以居民为本、居民与自然和谐相处”的生态文明理念[②]。建立起以居民为本的生态社区,不仅是追求建设过程中的景观化与浅表化的行动图景,而是要将居民、社会和资源的一个核心相统一,突出居民的重要性。无论是社区建设还是社区未来发展,都必须从居民的实际需要出发,维护改善居民赖以生存的家园,保障居民最根本的生存和发展权利。通过以居民为本的发展,促使社区将人与自然、社会和谐相处的状态呈现出来,真正实现绿色美丽大花园发展。

改善乡村人居环境。“绿树村边合,青山郭外斜。”绿色,本就是乡村的主打色。平湖的农村有山有水、有河有湖、有林有田、有花有草,从生态而言,本身就是一个有机的生命共同体。近年来,平湖市农村社区的基础设施、生态环境、村容村貌持续改善,乡土味道和农村特点明显体现,生态功能与生产生活功能不断衔接协调。例如,位于曹桥街道野马村的徐家堰浜,联结野马桥、徐家堰两个自然村落,绿树成荫、花香扑鼻、清水细流,令人心旷神怡;由平房改造而来的颇具秀色的农家书屋与家风馆,亦成为村民健身娱乐、休闲养生的好去处,实现了自然美与人文美的有机融合。

当然,污水乱排、垃圾乱扔、秸秆随意抛弃和露天焚烧等问题,这些仍是当下农村生态社区建设面临的诸多难题。因此,未来生态社区在环境建

---

① 杨煜.生态社区治理中知识元素的作用机制:基于 SECI 模型[J].求索,2022(02):133-140.

② 金小红.“以人为本”的社区建设刍议[J].人文杂志,2001(02):16-19.

设方面不仅定的“格”要更高,“面”还要更大,从“村容整洁”到“生态宜居”到“和谐共处”,让绿色成为高质量发展的普遍形态,让绿色发展成为平湖市人民的自觉行动。

建设高品质生活生态社区。建设生态社区,是实现绿色生活方式、创造高品质生活的重要载体,目的是不断满足人民日益增长的美好生活需要。因此,守护一方蓝天、碧水和净土,不仅要在生态空间和生态系统、区域生态屏障、污染防治上下功夫,逐步形成政府探索、企业实践、居民参与的生态环境治理格局,还要不断推进生态环境治理体系和治理能力现代化,为推动区域高质量发展和高水平保护、建设生态美丽社区奠定坚实基础。

曹桥街道注重发掘、鼓励有专业特长的群众、社区工作者、党员成立自发性连心服务队,并成立和引进各类微组织、社会力量开展微网格社会治理和服务,将治理工作办细办实。曹桥社区成立暖洋洋志愿者服务队,按照志愿者们的自身特长、兴趣爱好,分为环境整治、交通安全、家庭教育等志愿服务小队,参与到社区治理的方方面面。

曹桥街道以连心“议站”为阵地,开展微网格治理服务工作,建立微网格治理议事清单和工作流程图,严格按照“收集—研判—交办—办理—跟踪—反馈”的流程闭环办理议事事项,通过多样化形式,听取收集更多的民情民意,并积极发动农户、商户、企业、新居民等群体全员参与社会治理,真正做到让老百姓有话说、有地说。

(三)推进数字化:智造便捷生活

面对社会发展的新动态、新特征和新挑战,横向构建共治同心圆,纵向打造善治指挥链,增强推进社会治理现代化的技术水平,是创新社会治理的主要着力点。落实到城乡社区,就是要善于运用数字化手段,积极探索基层治理创新之路,促进社区邻善之治,以社区治理现代化夯实“中国之治”。

数字治理的概念内涵阐述最早可追溯至英国学者登力维的《数字时代的治理理论》。他基于信息社会的时代背景,从信息社会的发展特征、现代信息技术的价值以及数字治理的目标三个方面论证了数字治理问题[①]。步入新时代，党的十九届五中全会进一步描绘出“十四五”时期数字社会前进的方向为“加快数字化发展。发展数字经济，推进数字产业化和产业数字化，推动数字经济和实体经济深度融合，打造具有国际竞争力的数字产业集群。加强数字社会、数字政府建设，提升公共服务、社会治理等数字化智能化水平”。

在信息技术高度发达的今天，农村公共事务的治理尤其是社会治理已经离不开互联网、大数据等手段，数字治理对于改善治理效率、提高服务质量具有重要的推动作用。平湖市积极实践数字治理，从推动数字化管理、提供数字化服务、规范数字化运营三个方面打造未来社区便捷生活格局。

推动数字化管理。平湖市96345社区服务中心自2004年创建以来，担当了17载的平湖“守夜人”。近年来，该中心依托信息系统改造提升，不断推动智慧数字化服务管理。在96345指挥大厅，大屏实时显示服务人员服务状态及所处位置，以就近为原则精准派送服务单，着力解决市民生活中的烦心事、愁心事。截至2021年4月，已累计服务市民138万多次，数字化应用已经成为96345服务管理中不可或缺的一部分。

96345指挥大厅的大屏幕上，跳动着代表不同身份的服务者、求助者。通过大屏实时监管到服务商的所处位置及服务状态等轨迹，红色代表师傅在忙碌中，绿色则表示空闲状态，黄色代表已派单……通过大屏幕对服务者的服务状态及足迹做到心中有数，就近派单为市民提供更加精准高效的服务。

提供数字化服务。从管理转向服务，是技术的进步，也是治理理念的转变。将数字技术运用到提高居民的生活质量上去，是未来社区的追求之一。对居民来说，96345热线、96345官方微信公众小程序已成为平湖市民日常生活中的实用数字工具。市民通过小程序可以自由选择服务商下单，

---

① 黄杰. 数字时代，如何使社区更“韧性”[J]. 江苏行政学院学报，2022(04)：105－111.

从下单到服务商联系10分钟即可完成。想要申请加盟,只需线上填写相关资料,上传相关证件……从申请到审核,实现了服务商只需“跑一次”或“零次跑”目标。中心依托大数据,更直观看到市民供需占比,以市民需求为出发点,不断优化加盟商队伍,使服务更加精准。

规范数字化运营。有服务,也要有监管,目前,“互联网+”是提升服务的一大手段,但是要在提升服务的同时,保障用户的信息安全,避免出现诈骗等违法犯罪行为。为此,96345进一步规范加盟商的队伍,并对其设置相应的规范和考核。每名服务者连接手机端,做到每派一单手机端都要实时上传服务内容、维修图片及维修价格到中心平台。同时,设定考核指标,实现网上考核,结果由系统自动生成,大大提升了工作效率。

第二节　未来社区新实践

立足新乡邻建设,奋力打造未来乡村的现代化治理场景,是平湖市未来农村社区治理创新的任务主线。站在新的历史条件下,我们要看到未来农村社区的构建是一个复杂而系统的工程,平湖市以新乡邻体系撬动新乡村建设,就是在深入学习贯彻习近平新时代中国特色社会主义思想和习近平总书记关于浙江工作的重要指示批示精神的前提下,以及全面落实《中共中央　国务院关于支持浙江高质量发展建设共同富裕示范区的意见》的背景下,更加突出“邻里和睦、以人为本”的生活主题,将邻治理贯穿于邻里、教育、健康、创业、建筑、交通、低碳、服务和治理等多个场景,打造有归属感、舒适感和未来感的集成系统,奋力谱写促进个体全面发展和乡村社会进步的时代大转型乐章。

一、四化引领:发展思路与建设定位

未来农村社区建设,首先要以新思想引领社区工作高质量发展。置身新时代,推进新乡邻等系列主题治理工作,应突出高品质生活主轴,坚持治

理主体多元化、治理机制社会化、治理技术专业化和治理流程法治化的建设思路,从而更好落实文化支撑、市场运作、体系推进、分类施策的工作要求,打响平湖农村社区治理的新名片。

(一)治理主体多元化

随着社会的发展,除政府外其他各类社会主体的力量越来越大,参与社会治理的意愿也越来越强。协同治理理论通过协调多元主体参与社会治理的主张进入了公共管理领域的视野。协同治理很好地促进了政府、企业、社会组织以及公民等主体的参与,使他们在表达各自诉求的同时,也积极与其他主体保持沟通和交流,实现了治理主体的多元化,各主体都可以在自己的范围内发挥其主动性和创造性。

社区作为社会治理中最小的单元,是居民、社会组织等多元主体参与社区治理的平台,也是各级政策的落实点、各类资源的交汇点[①]。在社区治理过程中,不仅仅要充分发挥政府的主导作用,更应动员社会力量积极参与社会治理活动。

以党建为引领,夯实社区治理基础。党组织自身坚强有力,不是一蹴而就的,必须持续发力、深入推进。完善党领导的社区治理体系,既需要确立社区党组织的领导地位,充分发挥党建引领作用;又要确保社区其他治理主体应有的地位,有效发挥基层政府主导作用、注重发挥基层群众性自治组织基础作用、统筹发挥社会力量协同作用,真正形成党组织领导的多元共治体系[②]。

同时,还要深度融合党建工作与社区中心业务。社区的业务工作很多,其中心工作也不是一成不变的。社区是离群众最近的地方,社区的党组织和党员干部每天同居民群众打交道,需要抓住社区工作的核心要义——服务群众,让群众生活和办事方便、表达诉求渠道畅通,让千家万户切身感受到党和政府的温暖。以政府为引导,加强社区治理支持。各级政

① 舒抒.大城善治,聚焦最小管理单元[N].解放日报,2021-08-23(014).

② 聂继凯,张宇.整合与下沉:国内社区治理多元主体合作研究的未来走向[J].云南民族大学学报(哲学社会科学版),2021,38(02):67-77.

府应切实转变职能，通过民主选举、民主决策、民主管理、民主监督和民主协商，推动社区组织机制不断增强活力。

同时，要完善制度，依法行政。社区建设应当适应国家发展要求，建立与之相匹配的法规体系，使社区各项事务有章可循、有法可依。能够积极采取切实有效的行动，调研制定相关法律法规和规章制度，围绕社区建设和管理工作，明确社区性质和定位，规范社区运行方式，合理匹配权责结构，理清社区各种复杂的关系网络，以严格的法规要求规范居民及其他行动者行为，为社区的健康发展提供制度和法律保障。

此外，还要提供支持，给予帮助。政府应当重视群众性自治组织和各类非营利组织给社区发展带来的积极作用，通过提供必要的帮助和支持，培育它们不断发展壮大，更好地为社区建设服务。政府要为群众性自治组织和各类非营利组织提供涉及社区发展项目的税收、办证、用工、用地等政策倾斜，在政策允许范围内提供一定便利。

以居民为根本，增强社区治理主体。社区应坚持以居民为主体，全面整合基层党组织、居民、社会组织等各方资源和力量，搭建治理平台，举办各类活动，满足居民物质、文化、心理、情感等不同方面的合理需求。在社区规划决策等重要节点以及活动进行的各个阶段，要深入社区楼宇、入户走访、询问沟通、听取呼声，汇集形成居民的共同意志，让居民在形式、内容、效果等方面的实质性参与和切身体验中，不断降解无权感，强化社区认同，推动形成参与社区治理的“自觉”。

（二）治理机制社会化

在社会治理中，既要发挥政府部门的主导作用，也要有效调动各类社会力量，整合各方面资源，坚持社会化的发展方向。社会化治理兴起于20世纪90年代，西方国家面对经济增长乏力等现实情况，提出要加强非政府组织、各种社会组织以及公众的作用，以此来解决社会问题和回应多样需求。在社区治理中，面对矛盾化解、政策宣传等各类具体问题时，需要社会组织等社会力量参与进来，共同打造社会化治理的创新机制。

当前，社区治理机制更加强调政府和社会的“比邻合作”，从而形成政府主导和居民自治有机统一的治理格局。而协商民主、"五社联动"等社会化的治理机制有助于改变单一的治理方式,推动实现社区治理的现代化。

不断完善协商民主机制。首先,强化农村社区协商治理的党建引领机制。一是坚持党建引领,以党内协商引领社区协商的方向。尊重党员权利,引导党员参选村民代表及议事代表,村党组织成员可以兼任议事会代表,充分发挥农村党组织在农村社区协商治理中的领导功能。二是强化农村党组织在农村社区协商治理的议题、主体、内容、形式、程序和成果应用等方面的引导性。协商前,农村基层党组织要广泛听取多方意见建议,引导议题形成;协商中,党组织对协商的主体、内容、形式、程序要严格规范,按照协商议事规则形成书面的协商意见;协商后,要及时公布协商成果,并监督相关责任主体落实协商成果。

其次,构建农村社区协商治理的多元参与机制。农村社区是一个"熟人社会",各种地缘、血缘、姻缘都能在农村社区协商治理过程中发挥积极作用,需要调动农村老党员、老干部、老教师、老军人等新乡贤的主动性,发挥他们在农村社区协商治理中的独特优势。应强化与农村社会组织之间的协商、沟通、互动,推动农民利益诉求、利益表达、利益参与的组织化、理性化。同时,针对社区协商治理的难点、痛点、堵点等瓶颈问题,可以引入专家学者、律师、外来群体代表等外部性力量,优化协商治理的结构,健全农村社区多元主体协商共治体系。

持续创新"五社联动"机制。"五社联动"是以社区(村)为平台、社会组织为载体、专业社工人才为力量、社区企业为支撑、社区居民为主体,通过项目化方式进行运作,建设、培育社会组织和社会工作现代化体制,实现多方资源整合对接,促进政社联动、社企协作、社群沟通、数据共享,营造共建共治共享的社会治理格局①。

首先,完善以政府购买服务为保障、以项目化运作为纽带的运行模式。

---

① 顾永红,刘宇.行政吸纳服务:双重委托代理困境下政府购买养老服务策略研究——基于武汉市"五社联动"经验[J].社会保障研究,2022(02):10-18.

探索完善“五社联动”项目化运作的流程,进一步明确“五社联动”服务项目的发布内容、申报方式、申报要求、申报条件、工作程序、具体安排、资金管理和使用规则,依托各类项目实现“五社联动”。健全政府购买社会服务目录,完善政府购买社会服务制度,通过政府购买服务的形式建立“社会组织承接项目、社工团队执行项目、面向社区实施项目”机制。

其次,发挥好社区基础平台作用。各地可以结合实际情况,统筹社区服务设施、基础设施和信息化建设,建立健全功能完备、覆盖全体社区居民的社区综合服务设施体系,同时要坚持开门搞服务、开放办平台,以便更好地发挥社区综合服务设施的功能,实现已有社区公共设施的充分利用,不断优化提升联动平台。

最后,建立健全多元主体合作机制。建立完善多元治理主体之间的“横向协调机制”,继续探索在街道(乡镇)层面建立由社区、社会组织、社工、居民、社企参与的“五社联动”联席会议制度,实现不同治理主体在结构上的嵌入、功能上的互补、行动上的协调和资源上的整合。建立完善不同层级政府及其部门内部的“纵向协作机制”,既要加强省、市、街道(乡镇)不同层级政府部门在“五社联动”推进中的协作联动,也要强化不同层级民政部门内部社区建设、社会组织管理及社会工作发展机构之间的协作联动。

(三)治理技术专业化

党的十九大报告中明确提出要提高社会治理社会化、法治化、智能化和专业化水平,打造共建共治共享的社会治理格局。专业化就是指要用专业知识、方法和标准处理社区事务。社区治理专业化需要专业化的治理理念、专业的人才队伍、专业的社会组织、专业的治理技术等要素[①]。高效处理复杂社区治理问题,需要通过大数据、云计算、人工智能等技术,推动社区“智治”。其中,互联网信息技术和“社团+”技术的运用,为社区治理

① 罗家为,冯志峰.城市社区治理的模式转向:社会化与专业化[J].甘肃行政学院学报,2017(06):114-124,128.

的专业化、精细化奠定了基础。

充分运用“互联网＋”网络信息技术。总体上来看，农村社区治理全面迈向“信息化”治理时代，还需要构建三个基础条件，通过不懈的努力，最终通过信息技术真正构建一个为民众提供更科学的管理与更健全的服务的新型农村智慧社区。

1. 建立下沉网络平台。依托信息化手段推进社区治理，首先需要形成以市为主干、乡镇为节点、农村社区为核心、村组为末梢，内网和外网互相衔接的下沉信息网络平台。市级平台作为主干指导平台，负责协调基层“市—街道（乡镇）—社区”三级平台的作用；乡镇负责指挥协调；农村社区充分利用物联网技术，统筹调控社区各种人力物力财力资源，有效维护民众的合法权益。

2. 打造“微政务”管理服务单元格。“微政务”管理服务单元格是社区服务管理平台在移动终端上的个性化缩影，既包括政策的宣传、解读以及政务的公示，也包括社区管理与服务的受理终端。要借助信息网络平台，打造实体与虚拟的“微政务”管理服务单元格，如微格自治、小组自治实体单元格，以及微信群、QQ 群、政务微博、政务公众号等虚拟单元格。

3. 推进“社团＋”社区组织发展战略。培育发展社区社会组织，组成社团，融入社区，实现高效率邻里互动，对于加强和创新社会治理具有重要意义。因此，一是要善于开展“邻里守望”系列社区志愿服务活动，引导社区社会组织在城乡基层党组织领导、基层群众性自治组织指导下，以“邻”为主题，开展有特色、有实效的主题志愿服务活动。通过综合包户、结对帮扶等多种方式，重点为社区内特困人员、空巢老人、困境儿童、随迁子女等困难群体提供生活照料、心理疏导、法律援助等各类关爱服务。二是要善于组织“共创平安”系列社区治理活动。发挥社区社会组织在社区治安综合治理中的积极作用，指导社区社会组织开展社区矛盾化解、纠纷调解、心理服务等工作。推动社区社会组织参与平安社区建设，协助做好社区矫正、社区戒毒、重点人员帮扶、社区康复，有序参与应急救援、疫情防控等工作。针对社区治安、环境卫生、物业管理、流动人口管理服务等社区突出问题,以社区社会组织为载体,广泛调动社区居民和驻社区单位参与治安巡逻、商圈整治、垃圾分类、就业对接等活动。三是要善于推进"文化铸魂"系列精神文明创建活动。以社区社会组织为平台,围绕践行社会主义核心价值观,指导社区社会组织广泛开展歌咏、读书、书法、朗诵、科普知识等群众性文化、教育活动,或通过开展文化演出、"非遗"展示、民俗展演、文旅宣传、体育竞赛等活动,推动形成具有本地特色的社区文化、村镇文化、节日文化、广场文化。

(四)治理流程法治化

法治是治国理政的基本方式,也是社会治理的必要手段。在全面依法治国,倡导社会治理体系和治理能力现代化的大背景下,提高社区治理法治化水平,规范治理流程,加强普法宣传,改进治理手段显得尤为重要。社区治理法治化有利于社区治理体系实现统一和规范,实现治理流程的规范化[①]。加强和创新社会治理,一项基础性工作是聚焦社区治理中的矛盾与问题,提升社区治理法治化水平,将社区各项事务纳入法治轨道,实现规范运行。

《村民委员会组织法》和《城市居民委员会组织法》作为我国基层城乡社区治理的法律依据,其强调城乡与社区治理程序要在法律的规定下实施,保障社区基层群众的合法权益,充分调动广大人民参与社区治理现代化的积极性、主动性、创造性。

社区的主要服务对象是广大的居民,但居民之间在教育背景、生活阅历以及认知基础等方面存在巨大差异。因此,需要通过采取通俗易懂、易于消化吸收的形式大力开展法治文化教育,不断培养公民的法治意识。通过组建"法治驿站""义工法律诊所"等社区社会组织,让百姓在参与中了解法律和规则,增强法治观念。或通过使用通俗的宣传语言、便捷的新媒体信息化宣传形式以及常态化、趣味化的社区活动,努力在社区群众中间

① 易有禄,熊文瑾.城市社区法治化治理:目标定位、要素构成及路径选择[J].南昌大学学报(人文社会科学版),2022,53(03):82-92.

培育法治文化。

村规民约、居民公约等“邻公约”，是村（居）民进行自我管理、自我服务、自我教育、自我监督的行为规范。法治在处理复杂事务时固然重要，但村规民约作为一种“软治理”，在调整社区关系中比法律更加宽泛，在处理农村社区事务时更加张弛有度，可以通过发挥传统乡土礼俗的约束规范效应取得良好的治理效果。

修订和完善“两约”，应持群众标准。各村社党组织与多元主体协同成立“两约”起草工作组，坚持围绕治理难点开展修订，既明确“该做什么”“不该做什么”“倡导什么”“摒弃什么”，又要规定“违反后怎么办”，全心全意解决群众最迫切需要解决的问题。坚持围绕中心工作开展修订，将美丽乡村建设和精神文明建设纳入“两约”，将上级要求有效转化为居民自觉行动。坚持因地制宜原则，制定符合当地风俗民情的落地公约，从遵纪守法、倡树新风、团结邻里、孝敬父母等方面对村民行为习惯进行约定。

在此基础上，应多措并举，提高“两约”知晓率和执行力。通过设立公示栏、宣传标语、墙上画等多种形式将《村规民约》修订过程、五大家园篇章等内容进行展示，或将公约内容编制为快板、民谣、三句半、顺口溜等群众喜闻乐见的宣传形式，促使村规民约、社区公约深入人心。同时，要采用以正向激励为主的方式，对遵守村规民约的模范村民给予表扬奖励，树立榜样效应倡导文明新风。

二、九大画卷：舒展未来乡村新场景

以新乡邻为载体，高标准推进未来农村社区建设，努力打造更加幸福美好的生活，是平湖市全市上下的美好愿景。展望未来，平湖市将在贯彻落实浙江省未来社区建设统一规划的基础上，保留自身特色，继续推行社区治理“邻治理＋”理念，强化社区“邻治理”模式，把“邻治理”连同教育、健康、创业、建筑、交通、低碳、服务和治理等画卷有机结合起来，尽情书写新时代平湖农村治理新场景。

（一）幸福邻里和谐画卷

俗话说“远亲不如近邻”，未来社区希望通过营造交往、交融、交心的人文氛围,解决现在社区发展普遍重房产轻人文、邻里关系淡漠、缺少文化交流载体平台的痛点。邻里特征会对邻里内部居民的生活态度、社会行为和社会经济地位造成影响,甚至会遭到邻里外部群体的社会排斥①。社区的邻里环境会影响居民的教育、就业、思维和行为方式等。这是邻里效应理论的核心观点②。未来社区打造邻里场景,就是要消除邻里效应带来的负面影响,营造特色的邻里文化,构建社区邻里和谐关系③。

营造和谐生活氛围。中央电视台曾以“你幸福吗”为题做随机采访,引发了人们对于何谓幸福、如何生活的思考。当前,越来越多的人认为,在一个物欲快速膨胀、经济飞速发展、生活节奏加速的年代,“幸福”更多地表现为一种和谐。这种和谐,是物质生活与精神世界的和谐,也是与人为善、与人为伴的和谐。未来社区以通过邻里公共空间、开放社区形态、城市文化公园的创建,打造邻里空间印象,为居民提供邻里交流空间,营造出和谐温暖的生活氛围。

钟埭街道西林寺社区和谐俱乐部“先锋平安之家”,是社区唯一设在居民家中的睦邻点,由退休居民王女士组织创建。以前的城西新村,人员杂、治安差,王女士发动左邻右舍的老姐妹组建起了一支义务巡逻队,来维护小区治安。十几年来,这支巡逻队不畏严寒酷暑,穿梭于社区各处,使小区治安明显改善。如今,王女士又创办了“王大妈工作室”,平安巡逻队两人一组,为居民排忧解难,守护着西林寺的一方平安,并协助社区做好日常事务。

打造邻里特色文化。一个温馨而和谐的社区,必须坚持以和合文化为引领,以乡愁记忆和历史文脉为基础,打造承载民俗节庆、文艺表演、亲子互动等活动的邻里交往空间。与此同时,在此邻里空间中,既充分构建起

① 王列生.论居缘作为未来社区生存的内在维系[J].山东大学学报(哲学社会科学版),2021(05):29-38.

② Sam S. The Truly Disadvantaged: The Inner City, the Underclass, and Public Policy [J]. Journal of Urban Affairs, 2016,3(11):315-326.

③ 叶原源,刘玉亭.社区的邻里性本质:内涵、特征及其实践意义[J].人文地理,2022,37(03):7-20.

服务换积分、积分换服务等创新激励机制,又制定了行之有效的村民公约或社区公约,还能够发挥居家办公人员、自由职业者、志愿者及退休专业人员等群体的特长优势,从而为社区居民提供舒适周到的服务,形成“远亲不如近邻”的邻里氛围。

钟埭街道西林寺社区位于平湖城区西北,区域面积较大,外来人口众多,团体黏合度相对不足。近年来,西林寺社区以党建为引领,打造了由服务亲林、邻里和林、文化善林、环境美林这“四林”组成的“幸福林”,并组织起“先锋睦邻点”这一接地气、具灵气、富活力的特色项目。

先锋睦邻点设立至今,坚持党员示范、居民参与和社区自治,打造了文艺俱乐部、和谐俱乐部、书画俱乐部和健康俱乐部, 做到了每月有活动、每季有主题、半年有总结、全年有规划。例如,文艺俱乐部“幸福哆来咪”,由退休党员娄女士组织成立, 聚集了社区内一批文艺爱好者。该俱乐部每周二的“睦邻大家唱”,声声传唱睦邻情,每年 8 月纳凉晚会,为小区居民拂去暑热……这支活跃的团队,通过文化创建撒下了邻善之种,带动了周边社区文化的发展与提升。

构建邻里积分机制。积分机制在社区志愿服务和社区日常活动中已经得到广泛应用,但从各地的实践来看,积分机制或不能激发居民参与热情,或不能提供优质的兑换服务,或处于停摆层面。[①] 未来社区希望创建“人人贡献”积分机制,打通积分和服务之间的阻碍,丰富积分和服务之间的兑换渠道和内容。在服务换积分方面,推出党员群众爱心银行,邻里共享育儿积分,居民特长贡献积分;在积分换服务方面,推出居民信用贷款增信,个性定制家居服务,社区特色消费抵用。

(二)居家康养健康画卷

“病有所医,老有所养,居者有其屋”,健康生活、幸福养老这是亘古以来人们的普遍愿望。党的十九大报告中强调,要进一步实施健康中国战

---

① 刘雪姣.从制度安排到实际运行:积分制的两难困境及其生成逻辑:基于鄂中 T 村的调研分析[J].甘肃行政学院学报,2020(06):80 - 90,127.

略，更是把健康提升到了新的高度。健康，不仅指代身体健康，也囊括心理健康和精神健康，由此才能构成一个活着的、完整的和自洽的身体。

因此，幸福且美好的城乡社区，一定是一个生态、环保、休闲与和谐的共同家园。未来社区面向全人群与全生命周期，构建“全民康养”未来健康场景。解决社区医疗“看得起”但“看不好”、养老设施与服务缺失、健康多元化需求难以满足等痛点，打造健康生活场景，提供优质医疗服务，实现幸福养老构想。

未来的社区，需要促进基本健康服务全覆盖，即通过建立全生命周期健康电子档案系统、完善家庭医生签约服务机制等手段，促进优质医疗资源普惠共享①。需要更新和运用新一代的智能便捷设备，如推广可穿戴设备等终端应用，合理配备智能健身绿道、虚拟健身设备等运动设施。需要创新休闲康养服务，普及营养膳食、疾病预防、保健理疗等养生知识，打造集风景区、美丽乡村、农家乐旅游为一体的休闲福地，健全居家养老服务中心、嵌入式养老机构等场所配置。

广陈镇龙萌村位居平湖市东北部，与上海市金山区廊下镇毗邻，是平湖市农业经济开发区，历来注重美丽乡村创建。2019 年，该镇开展了以生态创新型为主的农村治理模式，围绕“远亲不如近邻”的治理理念，通过平台共建、资源共享，全力构筑跨域发展排头兵。如通过招商引资引入的龙萌湾民宿群项目，入驻该镇龙萌村，规划总面积 45.5 亩，主打亲子市场，以上海以及周边的家庭消费者为主，配套采摘、农耕、田园课堂等内容。

除了舒适的入住体验，民宿内的田园耕种、农园采摘、野趣垂钓等项目同样令人心旷神怡，回归自然。特别是对于育有子女的家庭而言，在假期家长带着孩子来此亲近自然，放松身心，寓教于乐，便可享受美好的亲子时光。

（三）爱心育苗教育画卷

教育是百年大计、千秋大业，攸关国家发展和民族兴衰。未来社区服

---

① 罗津．深度老龄化背景下城市社区居家养老的治理机制[J]．上海交通大学学报（哲学社会科学版），2021，29（04）：63－70，129．

务社区全人群教育需求，构建“终身学习”未来教育场景，旨在解决托育难、入幼难、课外教育渠道有限、优质教育资源稀缺、覆盖人群少等痛点问题[①]。

配置高质托育服务，打造优质教育平台。目前，托育服务是现代社会公共服务的重要内容，也是当前困扰诸多年轻家长的现实难题。调查显示，“全面二孩”政策放开后，高达86.5%的家庭把“无人照管”列为养育二孩的最大难题。由此可见，推进幼儿托育服务、儿童辅导服务是推动“全面二孩”乃至“放开三胎”政策落地的重要因素。

为此，在政府提供政策、场地、硬件等支持下，依托社区建立3岁以下小规模幼儿托管点，打造3~15周岁社区青少年线上线下联动的学习交流平台，提升扩容幼小服务设施，扩大优质教育资源供给，打通优质教育资源进社区的渠道，是城乡社区当前及今后一个时期的重点努力方向。就当前而言，迫切需要搭建城乡社区邻里共享学堂、共享平台等，探索建立居民互动的知识技能共享机制，丰富和延展教育培训内涵，倡导全民终身学习新风尚。

当湖街道永丰社区地处城乡接合部，14岁以下儿童约2300名，一度缺乏儿童学习、看护、娱乐的公共空间。如何营造供儿童学习与娱乐的公共场地，加强邻里之间家长和孩子的交流，推动社区生活共同体的发展，成为该社区发展的重点。

2018年，永丰社区连同社会组织和业委会等单位建设了一个综合性、多功能儿童梦想中心，受到大小朋友们的青睐。2019年，永丰社区在海德城建立了梦想友邻点，设置童玩中心、乒乓球室、独立阅读室、会议室、活动室等空间，着力把该友邻点打造成为社区休闲、交流、学习和议事的共治共享场地，为社区儿童在个人看护和兴趣培养等方面提供了诸多支持。

永丰社区以需求为导向，针对儿童兴趣，组织了幼儿绘本、科创制作、暑期夏令营等系列公益课程活动。针对部分有需要的儿童开展了小组服

① “面向21世纪中国社区中的终身学习的调查与研究”课题组．社区终身学习理念与我国社区教育转型：关于我国社区教育现状、问题及发展对策的调查研究[J]．教育研究，2002(11)：40-45+50.

务和个别服务,如组织社区儿童或话剧爱好者自创自演剧目,又如招募小演员表演话剧。同时,为增进此类活动的组织性和常态化,社区专门成立了儿童议事会,议事会成员由关心社区事务的热心居民和儿童家长组成,引导社区儿童有序、合理参与社区各类活动,促进儿童的公德意识和责任感培育。截至2020年末,该社区梦想友邻点已成为服务儿童发展、促进居民交流、收集社情民意、推动协商共治的多功能平台,建立了儿童议事会、家长议事会等居民自治组织,共服务了500余名儿童。

(四)美丽经济创业画卷

就业是最大的民生,其背后是渴求安居乐业的家庭,以及一个个为理想拼搏的创业者。时过境迁,如今的创业者或就业者,接受的教育程度整体提高,对就业的期望值也越来越高。新时代的人们,择业范围更加包容和多元,就业形式也越来越灵活多样,与此同时可享受到的免费公共就业服务也日趋增多。

构建生活无界、服务无距、制度无忧的创业与就业环境,是城乡社区适应新发展、新变化、新挑战的应有之义。当前及今后一个时期,社区不仅仅要扮演就业信息发布、就业岗位宣传等"传声筒"角色,而且要充分利用自身的独特区位优势,结合地方主导产业培育,按照数字经济、文化创意等领域特色创业需求,以及"家门口就业"的民生目标,搭建社区"双创"空间,营造社区创新创业良好生态。

虽然"原子化"的社区,在资金支持、人才储备、市场活跃度等方面,无法与集群式的商圈乃至都市相比,但社区可以挖掘独特的自然与人文资源,"靠山吃饭";或借着政策的东风,改善软硬件条件,继而营造就业环境、增设就业岗位。

钟埭街道钟埭村位于平湖市最西北面,是从上海、杭州等地进入平湖市的北大门。之前,在经济发展的同时,该村也暴露出一些深层次问题,最主要的就是经济发展与人居环境的矛盾。表现为政府资金投入力度大但由于长效管理机制没跟上,导致矛盾反弹。近年来,该村通过睦邻站点"三包五岗"责任区这一载体,以动员站内党员和站员包河、包路、包区域,以及立定政策宣传岗、河道保洁岗、扮美家园岗、巡检督查岗和民情传递岗,不断完善体制机制,从而推动广大党员群众积极投身到美丽乡村建设中来。

美丽乡村也隐喻着美丽经济的发展。优美环境的打造,与政策支持、区位优势等因素的叠加,就可以把美丽乡村建设优势转化为美丽经济发展,如依托当地人文风貌大力发展特色农业,积极探索民宿、农家乐等产业,发展别具特色的乡村旅游,从而做大做强一方经济,让更多创业机会和就业岗位冒出来。

经过共同努力,钟埭村美丽乡村建设成效显著,呈现一道“水清岸绿、绿树成荫、粉砖黛瓦”的亮丽风景线。2017 年 12 月,地处钟溪樱姿美丽乡村风景线上的三家村农家乐正式开业,该农家乐以本地特色菜品油豆腐、油墩子、油卷和米酒“三油一酒”为卖点,游客慕名而来,年营业额达到 80 万元。

与此同时,位于该自然村落的三家酒坊,米酒年销售额也达到了约 30 万元。百舸争流、千帆竞发,同村居民的成功案例诱发经济“热潮”,部分村民将自家闲置的房屋改造成农家乐或民宿,推动存量资源充分利用。钟埭村以美丽乡村建设为支点,撬动了社区居民自主创业、产业投资的热情,走出了一条文旅融合、强村富民的新路子。正因为此,该村先后获得了浙江省美丽乡村特色精品村、浙江省森林村庄、嘉兴市优美庭院示范村等荣誉称号。

(五)齐抓共管治理画卷

提到社群,人们很容易想到各式各样的组织模式,无论政府机构、军队系统、商会组织等,都是具有一定社会属性的群体性组织。

法国社会学家艾米里·杜克海姆(Emile Durkheim)在 1887 年最早提出“社群主义”[1]。合作探询、共同价值观和相互责任感以及公民参与被认为是社群主义的三个原则。根据社群主义理论,人既要有自己的生活,又

[1] Beiner R. A Communitarian Defense of Liberalism: Emile Durkheim and Contemporary Social Theory [J]. American Political Science Review, 1994,3(87): 339 -763.

需与安身立命的社群契合无间、唇齿相依；人们关心所在社群的利益,既要有自己的生活,又与构成自己特征的社群息息相关。社群主义理论主张鼓励居民的参与与合作,强调人与人之间的共同价值观和相互责任感①。

社会治理,本质上说,是指政府、社区、社会组织、企事业单位、居民等多种主体,通过对话、合作、协商、沟通等方式,依法依规对社会事务、社会组织和社会生活进行引导或规范,进而实现公共利益最大化的过程,具有过程性、协调性、互动性等特征②。

未来社区主张人与人之间的交流合作与互帮互助。在未来的治理场景中,强调政府、社区和居民三方共同参与治理,采用党建引领、居民自治的方式,让居民参与表达诉求,实现社区善治。从这个角度出发,平湖市的“邻治理”,就是发动左邻右舍、线上线下、个体或组织的“邻”,让他们形成齐抓共管的合力,共同参与到美好家园的创建中来。

未来社区建设,关键是要构建党建引领、社会协同、公民参与、智慧治理的社区现代化治理体系。即构建党组织统一领导的基层治理体系,以社区基金会、社区议事会、社区客厅等形式,推动多方主体广泛参与社区治理。在此基础上,搭建数字化和精细化管理服务平台,强化基层事务统筹管理、流程优化再造、数据智能服务,从而推进基层服务与治理现代化。

加强基层党建,就是要推动管理重心下移,推动管理和服务力量向基层倾斜,实现从管理到治理的转变。如钟埭街道钟南村,为提升治理能力,在平湖市首推“平安书记”。特别是担任该村平安书记的胡惠林警官,以“老胡暖心室”的形式帮助村民解决了不少烦心事,架起了党群联系的桥梁。为推广这种经验,平湖市在全市范围内选派了优秀“三官一师”(法官、检察官、警官、律师)到各村担任平安书记,负责维稳与服务群众工作,及时捕捉村里矛盾并使之得到圆满消除。

---

① 俞可平. 当代西方社群主义及其公益政治学评析[J]. 中国社会科学,1998(03):105-121.

② 章群,牛忠江. 市域社会治理现代化:内涵逻辑与推进路径[J]. 西南民族大学学报(人文社会科学版),2022,43(08):80-86.

推进社会协同,就是要培育多元化社区治理主体,开展社区民主协商,实现社区从“一元管理”到“多元治理”的转变。当湖街道滨湖社区园丁新村,有100余名退休教师,普遍存在年龄大、行动不便问题。滨湖社区自友邻基金项目开展以来,建立了一支“银杏伙伴”志愿者队伍,结成10对伙伴,实现一对一帮扶。通过每天一声的问候,陪伴老教师出门散步,组织志愿者和受助者交流互动,不仅充实了高龄退休教师的生活,也发挥了低龄老教师的余热。

促进公民参与,就是要不断落实居民自治理念,优化社区治理、培育社区领袖、营造熟人社区、提升社区温度。钟埭街道永兴社区红建花苑小区,其居民来自五湖四海,彼此之间普遍缺乏联系,存在破坏环境、设施等问题。社区经过探索,决定在红建花苑小区选取10个楼道,以“楼道长+自治模式”推进楼道自治提升。即先选取一批富有志愿精神的楼道长,制定一套有特色的楼道长职责规定,商定一份文明公约,绘制一块楼道展区,践行一项考核制度,使楼道成为睦邻、友邻、自治的集结地。

(六)古今合璧建筑画卷

建筑既是一种艺术,也是生活的缩影,更是民族文化与区域文明的彰显。当前,人们对于建筑的要求,不再满足于遮风挡雨、防水保温等一般功能,还追求更高水平的视觉设计和用户体验。对社区来说,建筑是集时间、空间、人文、自然等于一体的综合性工程,一系列建筑以不同的空间和顺序出现,将展现给人们不同的艺术审美价值与政治伦理价值。未来社区作为人们重要居住场所之一,其中蕴含着广大群众对未来安定团结、休闲舒适生活的向往[①]。

创新空间集约利用和功能集成,打造“艺术与风貌交融”未来建筑场景,要解决土地集约利用效率低、建筑品质不高、建筑风貌缺乏特色、公共

① 沈费伟.未来社区的空间实践与调适治理:基于空间生产理论的研究[J].河南社会科学,2022,30(07):88-96.

场所与开放空间不足等痛点[1]。

看一个社区的建筑，从根本上说就是要看其是否兼具物质性功能与审美性功能。时代在变，建筑的功能价值和美学内涵亦发生改变，但“以人为本”的核心设计理念将一以贯之。未来，优质的社区建筑，将以打造绿色宜居宜业空间为牵引，优化青年创业公寓、新型养老公寓等配比，推动地上地下空间高强度复合开发，推广智慧家居系统普及和应用，建立健全科学合理的管理与服务机制。同时，越来越多的社区建筑突出个性化与数字化的特征，打造艺术、历史、文化相交融的场景，以搭建数字化规划建设管理平台，实现规划、设计、建设全流程数字化。

独山港镇区域大、面积广，全镇农户房前屋后违建具有量多、分布零星的特点。近年来，独山港镇通过“邻治理”“微自治”等项目，积极探索社会治理新方法，大力提倡垃圾分类，积极创造优美环境，努力弘扬文明新风。为了帮助村民在潜移默化中养成垃圾分类的习惯，该镇除了在各个村邻坊中心开展“微自治”项目外，还在一些自然村落创新建立了垃圾分类智能收集屋。

垃圾分类智能屋每天早晚运营共计五个半小时，引入了“互联网 +”智慧管理系统，村民拿出一张二维码卡片，对准垃圾分类箱边的感应区轻轻一扫，系统就会根据分类的垃圾重量兑换成积分，转至本人的“绿色账户”中，分数累积到一定数目，便可兑换小礼物。

为了进一步强化垃圾分类的常态化、长效化管理，夯实“软件”，前进村还充分挖掘并发挥历史文化的涵养与濡化作用。前进村山家宅基，有55户人家，相传为南宋名将岳飞后人，家族以一直传承的家风家训在全塘一带享有盛名。为了让山氏后代继承和弘扬优良的品德，山家人主动将老屋、文化礼堂等作为乡邻点，以这些老建筑为载体，配合现代化的技术与设施，将古老祖训的精神内涵和当下盛行的家风家训一起宣传，敦促山家人和周边村民养成健康、文明的生活习惯。

---

① 王兢. 浙江省未来社区规划中立体绿化体系设计[J]. 规划师，2021，37(S1)：68－72.

(七)人畅其行交通画卷

城市发展随着时代的变化会不断地更新,起源于20世纪50年代的城市更新理论指导了大量的社区发展实践,并应用了“社区规划”“自愿式更新”“公众参与”等创新理念①。

在这些实践中,人们总结出社区的建设和改造不能脱离人的感受和需要,要符合人的尺度,同时要在物质环境中加入对历史、社会、文化等方面的关怀,保护社区环境中的宜人部分,实现社区的“有机更新”②。城市更新理论指出,城市的升级与更新应该首先满足人的需求,社区的发展也要注重人本化。未来社区建筑、交通运输方面,要更具合理化、人性化,让群众住得好、过得好。

今天的平湖,即使是一位老年居民,他在以家为中心的短短10分钟路程内,也可享受到文化、体育、医疗、商业、休闲等公共服务设施带来的便利与幸福。对平湖人来说,“要多方便,就有多方便”似乎逐步成为现实。随着未来社区的进一步落实,停车难、公共交通出行不便、物流配送服务不完善等难题将不复存在。

“10分钟生活圈”的落地,是“为民服务、便民出行”理念的现实反映,也是增进社区居民幸福感和获得感、节省其时间成本的重要手段。在平湖市镇街普遍设立了睦邻馆,睦邻馆以“10分钟生活圈”为目标,为居民提供托底服务、多元服务、专业服务、公益服务和体验服务,并配备了生活所需的基础设施与活动平台,一条龙式地解决了大到医疗和教育、小到买菜和吃饭等生活所需。

平湖市新仓镇为更好地服务社区居民出行,推动搭建“10分钟生活圈”骨架,以芦川、安桥、新庙三个社区服务中心为建设载体,不断提升社区生活圈的配套条件。新庙社区服务中心,将该镇的老干部活动中心和原

---

① 张庭伟.从城市更新理论看理论溯源及范式转移[J].城市规划学刊,2020(01):9－16.

② 茹晓琳,线实,顾忠华.基于列斐伏尔空间生产理论的城市更新空间异化研究:以广州市恩宁路为例[J].现代城市研究,2020(11):101－109.

社区便民服务中心实现空间与资源共享,设置居家养老中心、社区便民中心、青少年服务中心、居民驿站、老年食堂和老年人活动中心,满足不同人群的多样需求。

芦川社区服务中心,则以党建为引擎,建立“一门受理、多门办理”的工作机制,配备7支志愿服务队和8支常规队伍,为社区居民提供固定服务、点单服务、项目服务,该机制坚持“以人民为中心”的理念指导,依托互联网信息通信技术,致力于打造法治社区、责任社区与数字社区。又如安桥社区服务中心,整合夕阳红食堂、新仓电影院、文化家园等设施,全面提升社区服务功能。

未来社区的交通情景以实现“车畅其道”与“物畅其流”作为目标。一方面,要设计好社区内部交通道路布局,做好社区主出入口设计,做到慢行车道和公交站台的无缝对接,建立健全非机动车道设施,搭建邻里共享出行平台,优化停车充电配套服务。另一方面,要打造物流设施集成服务,既要搭建物流配送技术设施,又要完善智慧物流同步服务,实现30分钟“社区—家庭”配送服务。[①]

(八)绿色生态低碳画卷

“今天,你低碳了吗?”这样一句颇为时尚的问话,让人们相信每一抹绿色都可以视为生活的潮流和时尚。2018年,中国首份《公民生态环境行为规范(试行)》发布,为我们提供了绿色低碳生活方式的行动指南,引导我们在日常生活的每一天都从节电、节水、节油、节气等小事做起,从而产生巨大的绿色效益。试点方案聚焦多能集成、节约高效、供需协同、互利共赢,构建“循环无废”未来低碳场景。

在未来,光伏材料将广泛应用于社区建设,长廊、路灯、墙壁等都会采用光伏材料[②];居住的房屋中,集中供暖供冷成为标配,居民可享受四季如

---

① 王燕,康睿,张卫东.开放式社区交通微循环体系规划与运营[J].城市发展研究,2012,19(08):102-106.

② 付琳,杨秀,狄洲.我国低碳社区试点建设的做法、经验、挑战与建议[J].环境保护,2020,48(22):62-66.

春的环境体验;家家都是智能家居和家电,提供多元化供应套餐、差异化节能方案,大大降低能耗成本;雨水会回收利用,滴灌下凹式绿地花园,喷洒景观园林;厨余垃圾、大件垃圾、装修垃圾会分类投放。

我们每个人都是世界上独一无二的个体,唯有共同行动起来,践行勤俭节约、绿色低碳的生活方式,才能建设山清水秀、物阜民丰的美丽中国。然而,检视当下城乡社区,不绿色、不低碳的行为随处可见。红白喜事攀比之风愈演愈烈,婚丧嫁娶大操大办,各种名目的酒席越来越多,人情消费越来越高……不仅破坏生态环境,而且加重了百姓的生活负担。因此,提倡低碳迎亲、环保婚礼(自行车婚礼、植树婚礼),反对乱贴红纸、过度燃放鞭炮、鸣放礼炮等,是广大社区倡导绿色低碳生活、增进居民福祉的行之有效的方式方法。

当湖街道梅兰苑社区曹杨小区通过走访利益相关方(居民、物业企业、殡葬服务组织、殡仪馆等),召集居民座谈、投票,制定了白事简办理事会章程和《曹杨小区白事简办公约》,明确白事简办的事前报备、事中监督、事后评估全流程,实现理事会全程推进、全程监督、事后评估,累计组织居民签署承诺书32份,覆盖辖区家庭住户67%以上。

与此同时,社区编排情景剧《与文明同行》、钹子书《白事简办都说好》、小品《自讨苦吃》等节目,以喜闻乐见、通俗易懂的方式传达项目宗旨,增进群众理解。其次,社区结合《嘉兴市文明行为促进条例》,以及小区居民的要求,自发成立平湖市当湖街道梅兰苑社区白事简办理事会,由居民民主选举产生理事会会长1名,副会长2名,秘书长1名,委员5名,制定理事会章程和移风易俗公约。

白事简办活动获得了当湖街道友邻基金资助,由社区与平湖市壹起来公益发展中心结对开展。同时,邀请了杭州福德礼仪服务有限公司专题组织培训,内容涵盖民俗文化、丧葬礼俗、殡葬改革、移风易俗典型案例、政策解读等。截至目前,该小区丧事办理中全程禁止燃放烟花爆竹,转变了原先大操大办三天三夜、七七四十九天做七、焚烧陪葬用品的治丧习俗,控制了宴席规模及排场,逝者骨灰全部安置于节地生态场所。

(九)便民惠民服务画卷

不管时代如何变化,好社区必将以服务为本质,以科技为辅助,以人文关怀为支点。优质的服务已然成为现阶段公共管理领域的目标和追求,新公共服务理论有别于新公共管理理论和旧公共行政,对于服务的重视是其显著特点。新公共服务强调政府应该重视服务而不是掌舵,是为公民服务而不是为顾客服务,公共利益是公共服务的目的而不是副产品等,这对于未来社区加强服务优化,提高服务能力具有指导意义①。

2017 年 12 月中央农村工作会议提出,要逐步建立健全全民覆盖、普惠共享、城乡一体的基本公共服务体系,说明推进农村公共服务建设是我国农村居民的现实需求。当前,社区服务仍存在老旧小区物业服务不足、物业收费与服务品质不匹配、便民惠民服务设施覆盖不全等问题。

未来要提升农村社区公共服务能力,就需要通过提供清单化、规范化和差异化的服务,从而推动农村社区公共服务均等化、普惠化和便捷化目标的实现②。概而言之,要推广"平台 + 管家"的物业服务模式,实现物业、商业、政务、生活等服务功能的集成,同时给予管家和居民最大的方便。要建立便民惠民社区商业服务圈,精选各类优质供应商并在社区范围内推广,支持其创新和做大。要树立数字化服务理念,如围绕社区的安保工作,应用人脸识别、语音识别等技术,推广数字身份识别管理,并实现零延时数字预警和应急救援。

"将社区建设成为管理有序、服务完善、文明祥和的生活共同体",一直是平湖孜孜以求的治理目标。为此,全市各镇街、村社以"新乡邻"实践为载体,积极创新服务体制与机制,奋力打造绿色集约、和谐共治、智慧共享的绿色服务体系。新埭镇星光村作为省级民主法治村和"无讼"村(社区)创建工作试点村,自 2017 年起,便打造全村集协商议事、矛盾调解、文

---

① 曾保根. 新公共服务理论的"四位一体"解构[J]. 学术论坛,2010,33(04):42 - 46.

② 姚威,张婉滢. 新公共服务视角下科技管理部门职能转变研究:以浙江省为例[J]. 科技管理研究,2018,38(17):29 - 35.

化宣传于一体的综合性平台“无讼站”，把息事无讼、安居乐业作为全村的工作重心。

无讼工作站设在村部，选配1名无讼调解员、10人无讼志愿者队伍和相关法律业务专家，按照“提、议、调、督、评”的“无讼”五步工作法，分类梳理出涉及村务的事项，由乡镇干部、村民议事会成员、乡贤参事会成员、村法律顾问等人员共同商议，提出解决办法。正是基于此，全村法人的民商事案件从2017年的39件，下降至2018年的25件和2019年的20件。

为适应以智慧社区综合信息服务平台为支撑的现代化治理方式，星光村在“为民办实事”上不断实现创新性突破。全村坚持以党建为引领，借助数字技术手段，利用网格治理“民情码”这一载体，探索建立“网格事情马上办”工作品牌，即每户人家都有“民情码”，微网格长在得知村民的需求或困难后，可以立即扫码上报。同时，村民也可以扫描家门口的“民情码”，自主将事情上报，并监督全村工作。

第三节　未来社区新展望

一、未来社区的现实进路

未来社区是浙江省探索城市更新和社区治理新路径的重要实践，会在已有试点的基础上总结经验和模式，在全省范围内进行推广。在推广上，从试点到全域、从城市到乡村两措并举，为未来社区在全省乃至全国的推行提供空间。

（一）从试点到全域

从试点建设到全面推行向来是大型公共政策大范围执行的可行性路径。浙江省未来社区建设先后公布试点名单，通过不同类型的社区试点，为全域推进未来社区积累经验，总结方法。杭州市就是推动未来社区建设从试点走向全域的典型。2021年度杭州市未来社区创建名单，共计122

个社区，涵盖了老旧小区改造类、拆迁安置房提升类、商品房提升类、以轨道交通 TOD 为主的规划新建类和未来乡村五个类型。这五种类型基本涵盖了即将打造未来社区建设的各种社区类型，能够为其提供充分的案例和经验，为全域推行未来社区打下坚实基础。

推动未来社区从试点到全域的进路，具有其合理性和必要性。其一，未来社区在国内是较新的概念和全新的模式，需要通过试点工作不断地完善对于未来社区的认识和规划，给政府、社会和群众足够的适应时间。其二，未来社区建设不是一个单一性的工作，而是一项综合性的社会工程，需要多方主体共同参与和协作。这期间需要大量的沟通成本和时间成本，还需要各类配套政策和措施的出台，所以只能循序渐进地推进。其三，大量的试点能够为全域推行积累足够的经验。未来社区的试点涉及各种类型的社区，每一种社区在实际推进过程中都会遇到各种各样的问题，针对这些问题逐个解决，就能积累大量的经验，为全域推行做好准备。其四，试点能够为全域建设规避一定的风险。未来社区在国内还没有先例可循，如果直接在全域开展，就会面临标准不一、情况突发等问题，而处理的结果也可能是一地一法，缺乏全省范围内的规范性，所以从试点开始能规避此类风险。

综合来看，推动未来社区从试点走向全域，是未来社区建设的必要环节，对于保证建设质量、规避风险具有重要意义。

（二）从城市到乡村

未来社区建设从城市向乡村推进是实现未来社区在全域推广的必经之路，也是在追求共同富裕的背景下，实现城乡融合，缩小城乡差距的必然趋势和必然要求。长期以来，城市社区无论在治理水平还是治理成效上都要优于农村社区，城市社区相较于农村社区更加具备未来社区试点的条件。当城市社区取得一定的成效后逐步推广至农村社区，其具有更多的经验可以适用，从而提高建设效率。当然，城市社区和农村社区无论是治理环境还是先天条件，都有差异，所以在从城市走向乡村的过程中，也不能完全照搬照抄，要根据具体的情况变通。

浙江省衢州市在全省范围内率先探索乡村未来社区建设，提出以“人口净流入量＋三产融合增加值”作为综合指标,以特定乡村人群为核心,重点突出“邻里、风貌、产业、交通、教育、康养、文化、治理”八大场景的系统设计,通过改革、发展和民生之间的高度融合,从而实现进则配套完善创业无忧,出则乡土田园回归自然①。

推进未来社区从城市向乡村发展具有多重意义。

其一,发展乡村未来社区契合当下乡村振兴的国家大战略。乡村振兴不仅仅是产业、人才、生态的振兴,还包括居民生活的改善,要提高农村社区居民的获得感、幸福感和满足感。乡村未来社区建设将对居民生活从硬件和软件上进行全方位的升级,较高程度地便利人民的生活,提高其生活质量,这与乡村振兴战略目标不谋而合。

其二,发展乡村未来社区有利于打造共建共治共享的基层治理格局。未来社区不仅强调 9 个方面的升级改造,满足居民的硬件和软件上的要求,而且强调要注重生态化、人本化和数字化,提高居民的参与感。一方面,未来社区建设需要居民的参与,要加强基层民主建设,发挥居民的能动性,使之参与到社区治理的各项事务中来,开展社区协商议事,提高自治水平,共享社区建设成果。这将改善以往农村自治水平不高,居民参与感弱的局面。另一方面,乡村未来社区建设强调社会参与。作为一种社区建设新模式,未来社区同样主张多元参与,鼓励社会组织、社会企业等多元主体参与到社会治理当中,提供社会服务,而这也正是乡村所需要的,当众多社会力量进入乡村之后,乡村闲置的各类资源将得以盘活,各类主体活力也将激发。

其三,发展乡村未来社区是对城市未来社区建设的总结和提升,也是为全域发展未来社区奠定基础。城市和乡村存在较大的差异,在未来社区建设上也必然会有所不同。城市未来社区建设的经验和方法部分可以运用到乡村,同时也需要根据乡村社区的情况加以改造和发展。所以乡村和城市发展未来社区可以相互补充,相互促进,也为未来社区的推广打下坚

---

① 朱海洋.浙江衢州率先试点乡村版未来社区[N].新华网,2019－8－28.

实基础。

二、未来社区的推进路径

当前,未来社区建设尚处于起步阶段,无论在制度建设、市场环境还是社会意识方面,都还存在一些现实问题。但是也应该看到未来社区具有光明的前景,在实践中要始终坚持党建引领,充分吸纳社会力量,鼓励居民参与,打造社会参与、民众拥护的社区治理新模式。

(一)未来社区建设的现实问题

无论是从试点到全域,还是从城市到乡村,未来社区的建设目前都面临一些挑战和瓶颈。

第一,从试点到全域的推进过程中,各个部门之间的合作还不够紧密,协同机制还有待进一步的完善。从文件和政策的梳理可以看到浙江省的各个部门都在针对未来社区建设出台相应的配套措施,但是对于未来社区这样一个综合性的工程来说,各个领域的政策支持是不够的,还需要各个部门的协同合作,将这些政策和措施放到一个系统当中,避免出现政策矛盾、重叠或者政策真空,同时,要考虑到规划、设计、检查等各个环节之间的衔接,这也是当前未来社区建设所欠缺的部分。

第二,未来社区的推广性还有待加强。诚然,未来社区在选择试点时,已经涵盖了包括老旧小区、未来乡村在内的多种社区类型,但是面对复杂的基层治理现状,未来社区试点无法涵盖所有的类型和所有的区域。同时,在推广方面,没有系统的评价体系,对不同等级、不同层次的社区所采取的方式应该不同。

第三,缺乏较为全面的保障机制。以资金为例,当前,未来社区试点的经费大都由各个地方的财政支持,一旦开始全域推广未来社区,仅仅靠政府的财政支持显然是不够的,这就需要社会力量的参与,这一环节是在试点阶段被忽视的要点。

综合当前浙江省未来社区的实践,尚存在以下几个主要问题。其一,未来社区的规划呈现"千城一面"的趋势。未来社区的建设强调结合当地资源,突出创新,发挥特色。但是,从当前已有的未来社区规划来看,很多都采取“垂直绿化＋立体交通”的设计思路。这相对于目前的社区环境来说确实是一种创新，但是如果所有的未来社区都照这般规划，那么也就失去了其新意。况且，这类垂直绿化的规划本身也存在一定的问题，比如植物的四季生长周期会影响美观，以及夏天的蚊虫等问题。其二，过于强调数字化和智能化。数字化确实是未来社区打造的重点目标，但不是全部目标，人本化和生态化不容忽视。技术运用能提升社区档次，数字治理能提高治理效率，但这些技术归根到底是要为人服务的，是要提高居民的获得感、幸福感和满足感。如果过分强调智能化，那么可能会陷入对数字和技术的迷信当中，缺少了人文关怀，缺失技术温度，反而减少了人与人之间的沟通和交流，让居民之间只有靠冷冰冰的数字和软件链接。其三，资金来源和合作机制不明晰。未来社区是一个大工程，那么建设的资金必然需要社会资金的投入，但是当前的规划中缺少政府和市场的合作机制，后续的资金输入和获利渠道尚不明确，这会让市场主体降低投资欲望，从而无法持续推进未来社区的大规模建设。最后，缺乏统一的评级标准。未来社区还处于建设初级阶段，对于未来社区九大场景的建设目标还没有量化的评价体系，这不利于后期的全面推广。同时，标准的缺失也会造成未来社区应急管理方面的缺位，对公共突发事件的应急方案应该通过标准体系加以规范。

（二）未来社区建设的推进路径

第一，坚持党建引领，加强顶层设计。未来社区建设一定要坚持党组织的领导核心，重视党建，在大问题、大方向上由党组织做好政治引领。但同时，也要充分发展其他主体的协同作用与各类工具和技术的支撑功能。具体来说，一是要做好党建的深入推进，充分运用党小组、党员等组织资源，调动居民的积极性，使其参与到社区治理当中。二是要完善党建引领决策、议事和监督机制，明确办事流程，完善党委领导、党组织宣传、党员参与的系列制度设计。三是要做好顶层设计，抓大放小，把握大方向，规避大风险。未来社区的顶层设计需要党组织统一部署，原则性问题提前规范，同时也给地方和下级执行留有足够的发挥空间。

第二，鼓励地方创新，发挥地方优势。未来社区要在党的领导下，发挥地方特色,探索符合当地实际情况的发展路径。一是要总结地方特点,发挥地方优势。未来社区的规划应该避免出现“千城一面”的现象,这就需要地方在总结当地的特色和经验的基础上,发挥地方的优势,让未来社区成为具有地方特色的综合住宅区。二是要大胆创新,在试点和推广过程中不断摸索,总结经验,在治理模式、治理手段、治理制度、设计理念等方面,为全国未来社区发展提供思路。

第三,发扬基层民主,培育社区自治。未来社区建设要鼓励居民参与,发挥自治强基作用,成为基层民主治理的典范。首先,要营造居民参与的环境和氛围,打通制度化、日常化的参与渠道,完善居民参与的制度、地方性法规建设,居民联合制定和修改自治公约。其次,健全诉求和意见表达、收集和回应机制。除了通过听证会、居民大会等制度化的形式参与,还应该有非制度化的日常表达机制,让群众的诉求得到及时回应。

第四,号召社会参与,加强合作链接。未来社区在国内尚处于起步阶段,除了政府,还需要各类社会力量的参与,共同谋划和建设。首先,鼓励各类市场主体参与未来社区的投资和建设,一方面有利于解决建设资金问题,另一方面也能够吸纳市场主体的创意和思路,同时,要建立后续的合作机制和利益分配机制,激发市场主体参与活力,达成长效的合作意向。其次,鼓励各类社会组织、社会企业等主体参与到未来社区的服务供给当中,共同完善未来社区在养老、医疗、教育、交通等多方面的服务需求。

第五,处理好人与自然、社会和技术之间的关系。未来社区建设需要技术投入,但是要警惕数字迷信,处理好人与技术之间的关系,让技术有温度。未来社区要秉承人本化,加强人与人之间的联系和沟通,注重人文关怀。未来社区也应强调生态化,一方面是做好环境保护,节能减排,打造高效节能的生态社区;另一方面要做好社区硬件、软件等各部分的衔接,共同构建舒适的生活圈。

三、未来社区与共同富裕

共同富裕是马克思主义的基本目标,是人类的共同理想,也是中国现代化的重要特征。2021 年 6 月 10 日,《关于支持浙江高质量发展建设共同富裕示范区的意见》出台,之后浙江省出台《浙江高质量发展建设共同富裕示范区实施方案(2021—2025 年)》,方案明确提出将未来社区打造成为共同富裕现代化基本单元。

浙江省未来社区建设遵循这一目标和定位,致力于探索社区治理新模式,为实现共同富裕提供了思路和启示。

第一,未来社区以满足人民对于美好生活的向往和需求为目标,这既是对基层治理体系和治理能力现代化的总目标的继承,也是对共建共治共享的基层治理体系的重组和超越[①]。

第二,未来社区为追求共同富裕打下坚实的基础。未来社区的定位就是共同富裕的基本单元,可以说,未来社区就是要实现社区范围内的共同富裕,让居民能够在社区范围内过上美好生活。从这个意义上,未来社区就是共同富裕的先行探索和示范,为后续全面实现共同富裕提供模板。

第三,未来社区为共同富裕提供了可行性方案。人本化、生态化和数字化本质上是要处理好人与社区、人与自然、人与技术之间的关系,实现社会和谐,并且通过九大具体的场景去巩固这种和谐关系,而处理好这几对关系也是共同富裕需要解决的问题。

高质量发展建设共同富裕示范区,未来社区是其中的关键环节。要突出社区美好家园的属性,综合运用新技术、新思维、新方法,高水平建设未来社区,推动基层治理体系和治理能力现代化。

---

① 黄祖辉,傅琳琳.浙江高质量发展建设共同富裕示范区的实践探索与模式解析[J].改革,2022(05):21-33.

结　　语

平湖微光，余波荡漾。时至今日，“两邻”实验依然在指导着平湖社区建设向善发展。平湖市以实验区实验内容为治理导向，将习近平总书记的“两邻”理念融入城市基层治理全过程，开展了基层治理“平湖模式”的实践，“与邻为善、以邻为伴”，既是一种思想方法、思维方式，也是一种实践指向、工作要求。

平湖市以整合和重构传统邻里关系为切入点，构建起“新、乡、邻”三维一体的治理体系，探索出生态创新型、邻域联动型、城乡融合型、多元发展型四大模式，秉承“微”理念，在微平台打造、微组织培育、微项目运作、微品牌塑造四个方面总结出社区治理新经验，打造“邻治理”新样本。

各美其美，美美与共。在全面建设社会主义现代化国家新征程上，社区治理需要直面时代需求，全面总结经验，勇于探索，完成未来社区建设新任务。未来社区需要以美好生活为根本属性，以城乡一体为关键要求，以共建共治为重要路径，以建设数字社会为治理目标，从而推动城乡社区成为展示共同富裕的现代化基本单元。

未来社区是城乡社区规划和建设的新思路和新实践，对于城市更新和城乡社区发展具有重要的指导和示范意义。当前，未来社区的试点工作在浙江省如火如荼开展，以平湖为代表的各地都在探索将已有社区治理经验和未来社区建设相结合的发展路径，试图探索社区发展的新模式。将“两邻”实验的成果和未来社区建设相结合，探索未来社区的平湖样板，总结未来社区的浙江经验，是平湖乃至浙江基层治理面临的又一重要课题。面向未来，期待未来社区的实践能够讲述经验丰富、成果显著的新“之江故事”，掀开具有中国特色的基层治理新篇章！

参考文献

著作类:

[1] 班固. 汉书[M]. 北京:中华书局,1962.

[2] 齐格蒙特·鲍曼. 共同体[M]. 南京:江苏人民出版社,2007.

[3] 杜佑. 通典[M]. 北京:中华书局,2016.

[4] 费孝通. 江村经济[M]. 北京:商务印书馆,2001.

[5] 费孝通. 乡土中国[M]. 北京:商务印书馆,2011.

[6] 敬乂嘉. 合作治理:再造公共服务的逻辑[M]. 天津:天津人民出版社,2009.

[7] 亨廷顿. 变化社会中的政治秩序[M]. 北京:华夏出版社,1988.

[8] 刘建军,宋道雷,李威利,等. 联动的力量:基层治理创新:以杭州市上城区为研究对象[M]. 上海:上海人民出版社,2018.

[9] 罗荣渠. 现代化新论[M]. 北京:北京大学出版社,1993.

[10] 马克思. 资本论[M]. 北京:人民出版社,1975.

[11] 马宗申. 农桑辑要译注[M]. 上海:上海古籍出版社,2008.

[12] 任继周. 中国农业伦理学汇编[M]. 南京:江苏凤凰科学技术出版社,2015.

[13] 徐勇. 中国农村村民自治[M]. 北京:生活书店出版有限公司,2018.

[14] 徐勇. 关系中的国家(第一卷)[M]. 北京:社会科学文献出版社,2019.

[15] 徐元诰. 国语集解(上)[M]. 北京:中华书局,2002.

[16] 袁方成,靳永广. 厚植"两山"根基 共建共治共享:新时代农村社区治理现代化的安吉经验[M]. 武汉:华中师范大学出版社,2021.

[17] 杨萍. 尚书[M]. 吉林:吉林人民出版社,1996.

[18] 赵树凯. 乡镇治理与政府制度化[M]. 北京:商务印书馆,2010.

[19] 朱熹. 论语集注[M]. 济南:齐鲁书社,1992.

[20] 赵永茂. 府际关系:新兴研究议题与治理策略[M]. 北京:社会科学文献出版社,2012.

中文期刊类:

[1] 艾理生. 试论社会资本在建设社会主义新农村中的作用[J]. 理论前沿,2006(09):12-14.

[2] 白雪娇. 治理有效视阈下"微治理"的实践探索及其运转逻辑[J]. 广西大学学报(哲学社会科学版),2020,42(01):131-136.

[3] 蔡禾,贺霞旭. 城市社区异质性与社区凝聚力:以社区邻里关系为研究对象[J]. 中山大学学报(社会科学版),2014,54(02):133-151.

[4] 曹海军,薛喆."三社联动"机制下政府向社会力量购买服务的三个阶段分析[J].中国行政管理,2018(08):41-46.
[5] 曹海军."三社联动"的社区治理与服务创新:基于治理结构与运行机制的探索[J].行政论坛,2017,24(02):74-79.
[6] 陈家刚.基层治理:转型发展的逻辑与路径[J].学习与探索,2015(02):47-55.
[7] 陈家喜.反思中国城市社区治理结构:基于合作治理的理论视角[J].武汉大学学报(哲学社会科学版),2015(01):84-89.
[8] 陈家喜.我国新社会组织党建:模式、困境与方向[J].中共中央党校学报,2012(16):36-40.
[9] 程佳俊,何鸣宇.社会工作嵌入基层治理的"平湖模式"[J].中国社会工作,2021(19):36-37.
[10] 陈文胜.论城镇化进程中的村庄发展[J].中国农村观察,2014(03):52-56.
[11] 曹堂哲.政府跨域治理的缘起、系统属性和协同评价[J].经济社会体制比较,2013(05):117-127.
[12] 陈亮,李元.去"悬浮化"与有效治理:新时期党建引领基层社会治理的创新逻辑与类型学分析[J].探索,2018(06):109-115.
[13] 陈瑞莲,刘亚平.泛珠三角区域政府的合作与创新[J].学术研究,2007(01):42-50.
[14] 陈友华,夏梦凡.社区治理现代化:概念、问题与路径选择[J].学习与探索,2020(06):36-44.
[15] 丁煌,叶汉雄.论跨域治理多元主体间伙伴关系的构建[J].南京社会科学,2013(01):63-70.
[16] 丁晓东.守住乡愁 振兴乡村[J].社会主义论坛,2021(11):54-55.
[17] 杜焱强,刘平养,包存宽,等.社会资本视阈下的农村环境治理研究:以欠发达地区J村养殖污染为个案[J].公共管理学报,2016,13(04):101-112,157-158.
[18] 费孝通.差序格局[J].当代学生,2020(Z4):66-67.
[19] 方亚琴,夏建中.社区治理中的社会资本培育[J].中国社会科学,2019(07):64-84,205-206.
[20] 郭丽兰.农村基层治理的主体变迁与机制创新:对广东省珠三角地区的考察与分析[J].中州学刊,2016(11):6-11.
[21] 顾永红,刘宇.行政吸纳服务:双重委托代理困境下政府购买养老服

务策略研究:基于武汉市“五社联动”经验[J]. 社会保障研究,2022(02):10－18.

[22] 国子健,钟睿,朱凯. 协同创新视角下的区域创新走廊:构建逻辑与要素配置[J]. 城市发展研究,2020(27):8－15.

[23] 何海兵. 我国城市基层社会管理体制的变迁:从单位制、街居制到社区制[J]. 管理世界,2003(06):52－62.

[24] 黄杰. 数字时代,如何使社区更“韧性”[J]. 江苏行政学院学报,2022(04):105－111.

[25] 韩鹏云. 乡村治理现代化的实践检视与理论反思[J]. 西北农林科技大学学报(社会科学版),2020,20(01):102－110.

[26] 何欣峰. 社区社会组织有效参与基层社会治理的途径分析[J]. 中国行政管理,2014(12):68－70.

[27] 贺艳华,邬建国,周国华,等. 论乡村可持续性与乡村可持续性科学[J]. 地理学报,2020,75(04):736－752.

[28] 黄祖辉,傅琳琳. 浙江高质量发展建设共同富裕示范区的实践探索与模式解析[J]. 改革,2022(05):21－33.

[29] 金小红. “以人为本”的社区建设刍议[J]. 人文杂志,2001(02):16－19.

[30] 刘安. 协商共治:建构农村基层治理的制度性合作关系[J]. 南京师大学报(社会科学版),2011(02):58－64,95.

[31] 李成贵,王现军. 中国农业:困境、原因和出路[J]. 农业经济问题,1994(12):45－49.

[32] 卢福营. 经济能人治村:中国乡村政治的新模式[J]. 学术月刊,2011,43(10):23－29.

[33] 刘海霞,王宗礼. 习近平生态思想探析[J]. 贵州社会科学,2015(03):29－33.

[34] 罗津. 深度老龄化背景下城市社区居家养老的治理机制[J]. 上海交通大学学报(哲学社会科学版),2021,29(04):63－70,129.

[35] 罗家为,冯志峰. 城市社区治理的模式转向:社会化与专业化[J]. 甘肃行政学院学报,2017(06):114－124,128.

[36] 刘祺. 理解跨界治理:概念缘起、内容解析及理论谱系[J]. 科学社会主义,2017(04):95－100.

[37] 李涛,王海斌,宋玉营. 党建引领公民参与城市社区治理问题研究:W社区“小社区＋大党委”治理模式的启示[J]. 广西社会科学,2020(04):59－65.

[38] 刘蔚.基层党组织何以引领乡村治理[J].人民论坛,2019(08):42-43.
[39] 刘雪姣.从制度安排到实际运行:积分制的两难困境及其生成逻辑:基于鄂中T村的调研分析[J].甘肃行政学院学报,2020(06):80-90,127.
[40] 李小艺.双轨动员:项目制社区自治的实践逻辑及其影响:对上海市P街道社会服务项目化运作模式的考察[J].天津行政学院学报,2020,22(03):60-69.
[41] 陆益龙.乡村振兴背景下乡村发展的路径选择[J].北京大学学报(哲学社会科学版),2021,58(04):18-26.
[42] 李迎生.探索社会工作介入社会治理创新的有效路径[J].社会工作与管理,2014(14):23-28,98.
[43] 刘子平.农村基层党组织社会影响力建设的现实梗阻及逻辑进路[J].探索,2016(05):108-112.
[44] 马树同.共建共治共享社会治理格局下乡村治理模式的生成逻辑:基于宁夏J县积分制的实践考察[J].宁夏社会科学,2020(04):133-138.
[45] 秦海燕.村民自治与居民自治的差异分析:以"让农民上楼行动"为例[J].行政与法,2012(02):43-46.
[46] 齐卫平.论党的领导与多元社会治理结构[J].探索与争鸣,2012(12):48-51,123.
[47] 钱玉英.城镇化背景下的基层治理:中国的问题与出路[J].苏州大学学报(哲学社会科学版),2008(05).
[48] 茹晓琳,线实,顾忠华.基于列斐伏尔空间生产理论的城市更新空间异化研究:以广州市恩宁路为例[J].现代城市研究,2020(11):101-109.
[49] 任中平.城乡统筹建设进程中的乡村治理:目前成都市乡村治理的调查与思考[J].当代世界与社会主义,2009(5):134-138.
[50] 沈费伟.未来社区的空间实践与调适治理:基于空间生产理论的研究[J].河南社会科学,2022,30(07):88-96.
[51] 宋林霖,黄雅卓.政府责任清单制度有效性分析:基于新制度主义政治学的视角[J].南开学报(哲学社会科学版),2021(06):21-31.
[52] 施雪华,林畅.社会资本视角下的中国乡村治理研究[J].北京行政学院学报,2008(02):1-4.
[53] 邵妍.以党建引领基层治理[J].人民论坛,2018(08):90-91.
[54] 童敏.中国本土社会工作专业实践的基本处境及其督导者的基本角色[J].社会,2006(03):194-204,210.

[55] 谭明方,郑雨晨.“城乡融合发展”视角的县域社会治理研究[J]. 南开学报(哲学社会科学版),2021(02):62-72.
[56] 唐晓清. 农村基层党群关系问题的思考及对策[J]. 中国特色社会主义研究,2013(03):92-95.
[57] 唐晓勇,张建东. 城市社区“微治理”与社区人际互动模式转向[J]. 社会科学,2018(10):79-90.
[58] 田毅鹏.“未来社区”建设的几个理论问题[J]. 社会科学研究,2020(02):8-15.
[59] 田毅鹏. 乡村“未来社区”建设的多重视域及其评价[J]. 南京社会科学,2020(06):49-56.
[60] 田毅鹏. 乡村未来社区:城乡融合发展的新趋向[J]. 人民论坛·学术前沿,2021(02):12-18.
[61] 王佃利,杨妮. 跨域治理在区域发展中的适用性及局限[J]. 南开学报(哲学社会科学版),2014(02):103-109.
[62] 吴惠芳,陈健,王惠,等. 多元主体参与乡村建设实践路径与效能的比较研究[J]. 中国农业大学学报(社会科学版),2022,39(01):62-74.
[63] 王浩林,程皎皎. 人口“空心化”与农村养老服务多元供给困境研究[J]. 河海大学学报(哲学社会科学版),2018,20(01):17-24,89-90.
[64] 吴海红,郭圣莉. 从社区建设到社区营造:十八大以来社区治理创新的制度逻辑和话语变迁[J]. 深圳大学学报(人文社会科学版),2018,35(02):107-115.
[65] 文军,吕洁琼. 社会工作专业化:何以可能,何以可为?[J]. 河北学刊,2018(38):156-163,174.
[66] 文军,吴越菲. 流失“村民”的村落:传统村落的转型及其乡村性反思:基于15个典型村落的经验研究[J]. 社会学研究,2017(32):22-45,242-243.
[67] 吴理财,解胜利. 文化治理视角下的乡村文化振兴:价值耦合与体系建构[J]. 华中农业大学学报(社会科学版),2019(01):16-23,162-163.
[68] 王列生. 论居缘作为未来社区生存的内在维系[J]. 山东大学学报(哲学社会科学版),2021(05):29-38.
[69] 吴梅芳. 农村基层党组织作用发挥状况的调查与思考[J]. 理论探索,2013(03):48-51.
[70] 王杨.“元网络”策略:社区社会组织培育效果的理论解释:基于多案例的分析[J]. 中国行政管理,2022(01):64-73.

[71] 王阳.从“精细化管理”到“精准化治理”:以上海市社会治理改革方案为例[J].新视野,2016(01):54-60.
[72] 王燕,康睿,张卫东.开放式社区交通微循环体系规划与运营[J].城市发展研究,2012,19(08):102-106.
[73] 吴业苗.新型农村社区建设:如何可为:以城乡一体化为视角[J].社会主义研究,2012(03):65-69.
[74] 肖群忠.论中国古代邻里关系及其道德调节传统[J].孔子研究,2009(04):17-23.
[75] 徐富海.“三社联动”如何“联”如何“动”?[J].中国民政,2015(12):16-28.
[76] 项继权,王明为.村民小组自治的实践及其限度:对广东清远村民自治下沉的调查与思考[J].江汉论坛,2019(03):40-48.
[77] 许开轶,朱晨晨.基层协商民主的制度认同论析[J].政治学研究,2018(04):80-89,127-128.
[78] 徐勇.城乡一体治理:社会主义新农村建设的方向与探索[J].东南学术,2007(02):33-34.
[79] 徐勇.两种依赖关系视角下中国的“以文治理”:“以文化人”的乡村治理的阶段性特征[J].学习与探索,2017(11):59-63,192.
[80] 徐勇.“政党下乡”:现代国家对乡土的整合[J].学术月刊,2007(08):13-20.
[81] 徐永祥,曹国慧.“三社联动”的历史实践与概念辨析[J].云南师范大学学报(哲学社会科学版),2016(02):54-62.
[82] 许小玲,马贵侠.社会组织培育:动因、困境及前瞻[J].理论与改革,2013(05):39-43.
[83] 谢正富.治理孵化器:社会工作视角下“微治理”实现机制探索:基于襄阳古城15个社区的调查[J].云南行政学院学报,2016,18(01):77-85.
[84] 俞可平.当代西方社群主义及其公益政治学评析[J].中国社会科学,1998(03):105-121.
[85] 叶南客,陈金城.我国“三社联动”的模式选择与策略研究[J].南京社会科学,2010(12):75-80,87.
[86] 杨煜.生态社区治理中知识元素的作用机制:基于SECI模型[J].求索,2022(02):133-140.
[87] 易有禄,熊文瑾.城市社区法治化治理:目标定位、要素构成及路径选择[J].南昌大学学报(人文社会科学版),2022,53(03):82-92.

[88] 叶原源,刘玉亭.社区的邻里性本质:内涵、特征及其实践意义[J].人文地理,2022,37(03):7-20.

[89] 张成福,李昊城,边晓慧.跨域治理:模式、机制与困境[J].中国行政管理,2012(30):102-109.

[90] 张陈一轩,任宗哲.精英回乡、体系重构与乡村振兴[J].人文杂志,2021(07):113-121.

[91] 曾保根.新公共服务理论的"四位一体"解构[J].学术论坛,2010,33(04):42-46.

[92] 张锋.农村社会组织参与农村社区治理的利益机制与制度建构[J].学习与实践,2020(08):96-104.

[93] 钟继敏,韩昊英.基于 CiteSpace 软件计量分析的国内外未来社区研究[J].城市发展研究,2022,29(08):109-117,37.

[94] 张雷,秦森.中国特色社会工作研究 16 社区治理"两邻"理念与社会工作创新[J].中国社会工作,2020(25):20-22.

[95] 祝灵君.党领导基层社会治理的基本逻辑研究[J].中共中央党校(国家行政学院)学报,2020,24(04):37-45.

[96] 祝灵君.党群关系:当代中国政治研究的视角[J].政治学研究,2008(02):22-29.

[97] 章群,牛忠江.市域社会治理现代化:内涵逻辑与推进路径[J].西南民族大学学报(人文社会科学版),2022,43(08):80-86.

[98] 章荣君."微治理":基层社会矛盾源头预防的有效机制:基于常熟市 H 社区"微治理"的案例分析[J].理论与改革,2017(04):51-58.

[99] 张庭伟.从城市更新理论看理论溯源及范式转移[J].城市规划学刊,2020(01):9-16.

[100] 赵霞.传统乡村文化的秩序危机与价值重建[J].中国农村观察,2011(03):80-86.

[101] 邹心平.乡村的封闭性及其对新乡贤培育的阻碍[J].农业经济,2018(06):56-58.

[102] 邹永华,陈紫微.未来社区建设的理论探索[J].治理研究,2021,37(03):95-103.

[103] 翟羽佳.推进基层治理现代化亟须重视的几大问题[J].人民论坛,2020(29):34-37.

[104] 张永琴.以空间重构为抓手补齐乡村振兴短板[J].人民论坛,2020(15):96-97.

[105] 朱战辉.农民分化视角下小农经济转型与乡村秩序再造[J].华南农业大学学报(社会科学版),2021,20(05):50-58.

英文类:

[1] Beiner R. A communitarian defense of liberalism:emile durkheim and contemporary social theory[J]. American political science review,1994,87,(3):339-763.
[2] Gates C. Community governance[J]. Futures,1999,31(5):519-525.
[3] James Coleman. Foundations of Social Theory[M]. Harvard University Press,1990.
[4] Leighton B,Wellman B. Networks,neighborhoods,and communities:approaches to the study of the community question[J]. Urban affairs quarterly,1979,14(3):363-390.
[5] Murdoch J,Abrams. Defining the limits of community governance[J]. Journal of rural studies,1998,14(1),41-50.
[6] Mckieran L,Kim S,Laskesr R. Collaboration:learning the basics of community governance[J]. Community,2000(3):23-29.
[7] Peter B,Evans. State-society synergy:government and social capital in development[J]. University of california at berkeley,1997,27(3):292.
[8] Sam S. The truly disadvantaged:The inner city,the underclass,and public policy[J]. Journal of urban affairs,2016,11(3),315-326.
[9] Joel S. Migdal:Strong societies and weak states:state-society relations and state capabilities in the third world[M]. Princeton university press,1988.
[10] Theda Skocpol. Bringing the state back in:strategies of analysis in current research[M]. Cambridge university press,1985:3-37.

其他类:

[1] 舒抒.大城善治,聚焦最小管理单元[N].解放日报,2021-08-23(014).
[2] 中华人民共和国国民经济和社会发展第十四个五年规划和2035年远景目标纲要[N].人民日报,2021-03-13.
[3] 朱海洋.浙江衢州率先试点乡村版未来社区[N].新华网,2019-8-28.
[4] 习近平.农村绝不能成为荒芜的农村[N].新华网,2013-07-22.
[5] 丁元竹.从"社会管理"到"社会治理"是必然趋势[N].南京日报,2013-12-03.